Bernhard Fleischer, Reiner Lauterbach und Kurt Pawlik (Hrsg.)
Rationale Entscheidungen unter Unsicherheit

Abhandlungen der Akademie der Wissenschaften in Hamburg

—

Band 8

Bernhard Fleischer, Reiner Lauterbach
und Kurt Pawlik (Hrsg.)

Rationale Entscheidungen unter Unsicherheit

—

DE GRUYTER
AKADEMIE FORSCHUNG

Herausgeber
Prof. Dr. Bernhard Fleischer
Bernhard-Nocht-Institut für Tropenmedizin
Bernhard-Nocht-Straße 74, 20359 Hamburg
E-Mail: fleischer@bnitm.de

Prof. Dr. Kurt Pawlik
Universität Hamburg, Institut für Psychologie
Von-Melle-Park 11, 20146 Hamburg
E-Mail: pawlik@uni-hamburg.de

Prof. Dr. Reiner Lauterbach
Universität Hamburg, Fachbereich Mathematik
Bundesstr. 55, 20146 Hamburg
E-Mail: lauterbach@math.uni-hamburg.de

Die Akademie der Wissenschaften in Hamburg ist Mitglied in der

UNION
DER DEUTSCHEN AKADEMIEN
DER WISSENSCHAFTEN

ISBN: 978-3-11-059830-8
e-ISBN (PDF): 978-3-11-060026-1
e-ISBN (EPUB): 978-3-11-059895-7
ISSN: 2193-1933

Library of Congress Control Number: 2018960720

Bibliografische Information der Deutschen Nationalbibliothek
Die Deutsche Nationalbibliothek verzeichnet diese Publikation in der Deutschen Nationalbiblio-
graphie; detaillierte bibliografische Daten sind im Internet über http://dnb.d-nb.de abrufbar.

Einbandabbildung: ultraforma_/iStock/Getty Images Plus

Satz: L42 AG, Berlin
Druck und Bindung: CPI books GmbH, Leck

www.degruyter.com

Grußwort

Menschen treffen täglich eine Vielzahl von Entscheidungen, entweder für sich selbst oder für andere. Individuelle Alltagsentscheidungen treffen sie meistens mit großer Sicherheit, weil Wissen, Erfahrung und Mut eine sichere Grundlage sind, um Nutzen und Risiko der Entscheidung abzuwägen.

Was aber sind die Grundlagen für Entscheidungen, wenn die Datenlage unsicher ist, weil eine völlig neue Situation erwartet wird oder schon eingetreten ist? Was tun, wenn es kein „richtig" oder „falsch" gibt? Können wir Risikokompetenz lernen? Welchen Beitrag kann die Wissenschaft zur Beratung der politischen Entscheidungsträger leisten?

Dies sind Fragen, mit denen sich auch zwei der interdisziplinär besetzten Arbeitsgruppen der Akademie der Wissenschaften in Hamburg aus ihrer je eigenen Perspektive auseinandersetzen: Zum einen die Arbeitsgruppe „Rationale Entscheidungen auf unsicheren Grundlagen", die zum Ziel hat, das Ausmaß, die Bedeutung und mögliche Folgen des Konfliktes zwischen unzureichender Informationsbasis und Entscheidungsnotwendigkeit anhand beispielhafter Szenarien zu untersuchen sowie den Grad erreichbarer Rationalität praxisrelevanter Entscheidungen für sachgerechtes Handeln in entsprechenden Problemsituationen zu entwickeln. Zum anderen die Arbeitsgruppe „Infektionsforschung und Gesellschaft", die sich auch mit den Einflüssen des technischen, sozialen und klimatischen Wandels auf den Verlauf und die Verbreitung von Infektionen befasst.

Gemeinsam organisierten daher beide Arbeitsgruppen 2017 ein Symposium, in dessen Zentrum die Frage stand, wie wir Unsicherheiten erkennen, bewerten und rational damit umgehen. Nach jedem Hauptvortrag führte ein fachnaher Kommentar in die Diskussion des Vortrags ein, wodurch ein intensiver, produktiver Austausch mit allen Teilnehmerinnen und Teilnehmern angeregt wurde.

Aus diesen Vorträgen und Kommentaren ist der vorliegende Band erwachsen. Mein herzlicher Dank gilt allen Beitragenden, dass sie ungeachtet ihrer vielen Verpflichtungen bereit waren, uns ihre Texte für diese Publikation in aktualisierter und überarbeiteter Form zur Verfügung zu stellen.

Dank gebührt weiterhin den beiden Arbeitsgruppen, namentlich ihren Sprechern, Werner Solbach und Jörn Henning Wolf, für die Initiative und Konzeption des Symposiums sowie ganz besonders den sie unterstützenden AG-Mitgliedern Bernhard Fleischer, Reiner Lauterbach und Kurt Pawlik, die diese Publikation als Herausgeber intensiv begleitet haben. Redaktionell und organisatorisch wurde das Projekt von Elke Senne und Florian Henri Besthorn sorgfältig unterstützt – auch ihnen sei an dieser Stelle herzlich gedankt.

Mit „Rationale Entscheidungen unter Unsicherheit" liegt nunmehr bereits der achte Band in der Reihe „Abhandlungen der Akademie der Wissenschaften in Hamburg" vor, deren Inhalte und Erscheinungsformen die fächerübergreifende und vielfältige Arbeit unserer Akademie widerspiegeln. Sie erscheinen in lockerer Folge im

https://doi.org/10.1515/9783110600261-201

Verlag De Gruyter, dem ich, und hier namentlich Simone Witzel und Jessica Kischke, an dieser Stelle einmal mehr für die konstruktive Zusammenarbeit und Unterstützung danke.

Hamburg, im Oktober 2018

Prof. Dr.-Ing. habil. Prof. E.h. Edwin J. Kreuzer
Präsident der Akademie der Wissenschaften in Hamburg

Vorwort der Herausgeber

Menschliches Entscheidungsverhalten, ihm zugrunde liegende Motive, Erwartungen und Zielsetzungen, wurden schon früh auch Gegenstand wissenschaftlicher Forschung, besonders in Mathematik, Ökonomie, Philosophie und Psychologie. Wichtige Parameter jeder Entscheidungssituation betreffen den Umfang und die Zuverlässigkeit an Information (über Randbedingungen, Chancen und Gewicht von Erfolg und Misserfolg der Entscheidung), auf die man sich im eigenen Entscheidungsverhalten stützen kann. Einen besonderen Grenzfall stellen Entscheidungen unter Unsicherheit dar, ohne jedwede derartige Information, auf die man sich verlassen könnte. Sie bilden seit Längerem ein Schwerpunktthema entscheidungstheoretischer Grundlagenforschung.

In der Akademie der Wissenschaften in Hamburg griff die im Frühjahr 2014 neu eingerichtete Arbeitsgruppe *Rationale Entscheidungen auf unsicheren Grundlagen* dieses Thema mit zwei Zielsetzungen neu auf: Zum einen Ausmaß, Bedeutung und mögliche Folgen des Konfliktes zwischen unzureichender Informationsbasis und Entscheidungsnotwendigkeit zu studieren und zum anderen den Grad erreichbarer Rationalität praxisrelevanter Entscheidungen für sachgerechtes Handeln in solchen Problemsituationen zu analysieren. Schon früh wurde deutlich, dass dazu neben der wissenschaftlichen Beschreibung und Modellierung von Entscheidungssituationen auch Verhaltensregeln und Heuristiken zu reflektieren sind, die erfahrene Praktiker in Führungs- und Entscheidungspositionen (so in öffentlicher Verwaltung, Wirtschaft oder Betriebsführung) für sich entwickeln und einsetzen lernen.

Mit „Entscheidungen unter Unsicherheit" war zu der Zeit in der Akademie auch die Arbeitsgruppe *Infektionsforschung und Gesellschaft* befasst; etwa bei der Aufarbeitung dokumentierter Erfolge und Pannen im Umgang mit Epi- und Pandemien und mit bislang unbekannten Krankheitserregern. Unter dem Titel *Epidemien: Erreger und Ausbreitungswege* trug dazu Bernhard Fleischer bereits im November 2014 in der Arbeitsgruppe *Rationale Entscheidungen* vor und im Herbst 2015 nahm diese gerne ein Angebot der Arbeitsgruppe *Infektionsforschung* zur Zusammenarbeit an. Bei einem Treffen beider Arbeitsgruppen im Februar 2016 wurden Probleme der Entscheidungsfindung bei Infektionsausbrüchen besprochen. Es wurde thematisiert, dass zu Beginn eines Ausbruchs naturgemäß Erreger und/oder dessen Quelle unbekannt sind und erste Maßnahmen oft in die falsche Richtung gehen. Bei dieser Gelegenheit wurde der Film *Contagion* aus dem Jahr 2011 angesehen, der unter wissenschaftlicher Mitarbeit des amerikanischen *Center for Disease Control* das Entstehen einer Pandemie sowie auch die Reaktion der Öffentlichkeit eindrücklich darstellt. Kürzliche Epidemien wie die Ebolavirus-Infektion in Westafrika oder der EHEC-Ausbruch in Hamburg haben ebenfalls gezeigt, dass hier ein rationales Vorgehen anhand von neuen Algorithmen nötig ist. Hinzu kommen die oft panischen Reaktionen sowie die Erwartungshaltung der Öffentlichkeit und der Medien, die bei jedem Vorgehen berücksichtigt werden müssen.

https://doi.org/10.1515/9783110600261-202

In der Folge verständigten sich beide Arbeitsgruppen auf die Vorbereitung eines gemeinsam organisierten Symposiums der Akademie für das Jahr 2017 zur Gegenüberstellung von wissenschaftlicher Entscheidungs*forschung* (in Empirie, Modellierung und Theorieentwicklung) und zurzeit geübter Entscheidungs*praxis* (in Umgang mit Epidemien und bei anderer Gefährdung öffentlicher Sicherheit). Es sollte Ergebnissen der wissenschaftlichen Entscheidungsforschung in Mathematik, Philosophie, Psychologie und Verhaltensökonomik die Praxis erfahrener Entscheidungsträger in Human- und Veterinärmedizin sowie in der öffentlichen Verwaltung gegenüberstellen, und umgekehrt – jeweils bezogen allein auf rationale Entscheidungen unter Unsicherheit.

Unter dieser Zielvorstellung für das Symposium gewann die Akademie Gerd Gigerenzer (Psychologie), Arne Traulsen (Mathematik/Spieltheorie), Andreas Lange (Entscheidungstheorie/Verhaltensökonomik) und Till Grüne-Yanoff (Philosophie) für Hauptvorträge zur entscheidungstheoretischen Forschung, Thomas Mettenleiter (Präsident des Friedrich-Loeffler-Instituts, des Bundesforschungsinstituts für Tiergesundheit) und Andrea Ammon (Direktorin des *European Center for Disease Control* in Stockholm) für Hauptvorträge aus infektiologischer Entscheidungspraxis. Zur Entscheidungspraxis in öffentlicher Verwaltung wandte sich die Akademie mit der Bitte um Hauptvorträge an Klaus Maurer (ehem. Oberbranddirektor der Hamburger Berufsfeuerwehr) und Ralf Martin Meyer (Polizeipräsident der Freien und Hansestadt Hamburg), zwei auch international erfahrene Entscheidungsträger im Raum Hamburg. Einem in der Akademie bewährten Modell folgend, sollte die Diskussion jedes Hauptvortrags durch einen vorbereiteten Kommentar eines geladenen Kommentators eingeleitet werden. Die Akademiemitglieder Michael Brzoska, Edwin Kreuzer, Ansgar W. Lohse und Werner Solbach sowie Till Grüne-Yanoff, Michael Fehling, Markus Knauff und Dirk Langemann nahmen die Einladung als Kommentator eines Hauptvortrags an. Das Verzeichnis auf den Seiten XIII–XIV gibt nähere Informationen zu den Hauptvortragenden und Kommentatoren.

Das eineinhalbtägige Symposium fand am 27. und 28. November 2017 in Hamburg als öffentliche Veranstaltung der Akademie der Wissenschaften statt; die Kapitelfolge in diesem Band entspricht der Abfolge der Beiträge im Symposium. Für die Veröffentlichung des Symposiums waren die Vortragenden gebeten, ihre Manuskripte gemäß den Publikationsrichtlinien der Akademie und des Verlags auch formal etwas zu überarbeiten. Wir Herausgeber danken ihnen für die gute und flexible Zusammenarbeit bis zur Endredaktion des Bandes im Juni 2018 (zugleich Sachstand der Texte und Zitate).

Die Beiträge zu diesem Band lassen Breite und Diversität wissenschaftlicher Methoden und Befunde zu rationaler Entscheidungsfindung unter Unsicherheit erkennen und illustrieren beispielhaft den gewachsenen Erfahrungsstand im praktischen Umgang mit solchen Entscheidungen. Schon heute zeichnen sich dabei erfolgsgestützt anwendbare Ergebnisse ab, etwa in der Entwicklung von Heuristiken für Entscheidungen. Ein unter allen Umständen begehbarer Brückenschlag zwischen

Entscheidungsforschung und -praxis steht trotz allem aber noch aus: Großen Fortschritten in formaler Modellbildung und experimenteller Forschung zu menschlichem Entscheidungsverhalten können in der Praxis „Übersetzungslücken" schon in elementaren Grundbegriffen gegenüberstehen. Kapitel 7 mag hier als Beispiel dienen, wenn der Begriff „Wahrscheinlichkeit" im Kommentar aus rechtswissenschaftlicher Perspektive in deutlich anderer Bedeutung als in der Mathematik verwendet wird. Dies sieht man an den Kommentaren von Michael Fehling und Dirk Langemann. Die Mathematik fasst die Wahrscheinlichkeit für ein Ereignis quantitativ auf. Eine solche Wahrscheinlichkeit ist eine Zahl zwischen 0 und 1, die in Anwendungen die relative Häufigkeit des auftretenden Ereignisses bei vielen Wiederholungen angibt. Ein anderes Verständnis von Wahrscheinlichkeit liegt vor, wenn man von einer qualitativen Deutung des Begriffes im Sinne von hoher oder an Sicherheit grenzender Wahrscheinlichkeit ausgeht.

Schon vor dem Symposium hatte Klaus Maurer, damals als Gastvortragender in der Arbeitsgruppe *Rationale Entscheidungen*, auf eine sich abzeichnende mögliche Konsequenz aus solchen „Übersetzungslücken" hingewiesen: die nach seiner Erfahrung schwindende Entscheidungsbereitschaft mancher Führungskräfte im Ernstfall, wenn handlungsbezogene Maßstäbe einer Entscheidung mit Maßstäben in einem späteren Haftungsfall möglicherweise nicht zur Deckung zu bringen sind.

Es fällt weiter auf, dass das Konzept der Heuristik aus dem theoretischen Vortrag von Gerd Gigerenzer in den Beiträgen aus der Praxis nicht auftritt. Deutlich wird im Vortrag von Klaus Maurer ein Konzept des Nachsteuerns des Entscheidungsprozesses durch eine Art Rückkopplung. Dies kennt man aus der mathematischen Steuerungstheorie, die aber in dem Symposium nicht vertreten war. Eine Art des Steuerns tritt im Beitrag von Arne Traulsen auf, der Anreize für ein kooperatives Verhalten vorschlägt.

Das Symposium hat auch deutlich werden lassen, dass heute die Evaluation von erfahrungsgeleitet operationalisierten Heuristiken zur Entscheidungsfindung, in diesem Band ausführlich in Kapitel 1, 6 und 7 behandelt, als eine dringliche Aufgabe in der Grundlagenforschung zu rationalen Entscheidungen unter Unsicherheit gesehen werden sollte.

Dem Symposium und diesem Band ging eine längere Vorbereitung voraus. Wir danken dem Präsidenten der Akademie, Professor Edwin J. Kreuzer, Mitglied der Arbeitsgruppe *Rationale Entscheidungen*, für seine stete Unterstützung und Mitwirkung bei der Vorbereitung des Symposiums und dieses Bandes und Frau Dr. Elke Senne für die organisatorische Betreuung sowie, zusammen mit Dr. Florian Besthorn, für allen herausgeberischen Support. Frau Veronika Schopka danken wir für ihre Hilfe bei der Durchführung des Symposiums, Frau Monika Jampert für Sekretariatsunterstützung.

Hamburg, im August 2018   Bernhard Fleischer
                                                          Reiner Lauterbach
                                                          Kurt Pawlik

Inhalt

Verzeichnis der Vortragenden

Kapitel 1
Prof. Dr. Gerd Gigerenzer
Direktor Harding Zentrum für Risikokompetenz,
Max-Planck-Institut für Bildungsforschung
Lentzeallee 94, 14195 Berlin
E-Mail: sekgigerenzer@mpib-berlin.mpg.de

Prof. Dr. Markus Knauff
Justus-Liebig-Universität Gießen – Allgemeine
Psychologie und Kognitionsforschung
Otto-Behaghel-Straße 10, Haus F, 35394 Gießen
E-Mail: markus.knauff@psychol.uni-giessen.de

Kapitel 2
Prof. Dr. Dr. h. c. Thomas C. Mettenleiter
Friedrich-Loeffler-Institut, Bundesforschungs-
institut für Tiergesundheit
Südufer 10, 17493 Greifswald – Insel Riems
E-Mail: ThomasC.Mettenleiter@fli.de

Prof. Dr. Werner Solbach
Universität zu Lübeck, Zentrum für Infektions-
und Entzündungsforschung
Ratzeburger Allee 160, 23538 Lübeck
E-Mail: werner.solbach@uni-luebeck.de

Kapitel 3
Dr. Andrea Ammon
European Centre for Disease Prevention and
Control (ECDC)
Granits Väg 8, 171 65 Solna, SWEDEN
E-Mail: andrea.ammon@ecdc.europa.eu

Prof. Dr. Ansgar W. Lohse
Universitatsklinikum Hamburg-Eppendorf,
I. Medizinische Klinik und Poliklinik
Martinistraße 52, 20246 Hamburg
E-Mail: alohse@uke.de

Kapitel 4
Prof. Dr. Arne Traulsen
Max-Planck-Institut für Evolutionsbiologie
August-Thienemann-Straße 2, 24306 Plön
E-Mail: traulsen@evolbio.mpg.de

Prof. Dr. Dirk Langemann
Technische Universität Braunschweig, Institut
Computational Mathematics, AG PDE
Universitätsplatz 2, 38106 Braunschweig
E-Mail: d.langemann@tu-bs.de

Kapitel 5
Prof. Dr. Andreas Lange
Universität Hamburg – Fachbereich Volkswirt-
schaftslehre
Von-Melle-Park 5, 20146 Hamburg
E-Mail: Andreas.Lange@wiso.uni-hamburg.de

Prof. Dr. Till Grüne-Yanoff
KTH Royal Institute of Technology
Brinellvägen 32, 100 44 Stockholm, SWEDEN
E-Mail: till.grune@abe.kth.se

Kapitel 6
Oberbranddirektor i. R. Klaus Maurer
Berufsfeuerwehr Hamburg
Westphalensweg 1, 20099 Hamburg
E-Mail: Poststelle@feuerwehr.hamburg.de

Prof. Dr. Edwin Kreuzer
Akademie der Wissenschaften in Hamburg
Edmund-Siemers-Allee 1 (Ost), 20146 Hamburg
E-Mail: praesident@awhamburg.de

https://doi.org/10.1515/9783110600261-203

Kapitel 7
Polizeipräsident Ralf Martin Meyer
Bruno-Georges-Platz 1, 22297 Hamburg
E-Mail: pb@polizei.hamburg.de

Prof. Dr. Michael Fehling
Bucerius Law School
Jungiusstraße 6, 20355 Hamburg
E-Mail: michael.fehling@law-school.de

Kapitel 8
Prof. Dr. Till Grüne-Yanoff
KTH Royal Institute of Technology
Brinellvägen 32, 100 44 Stockholm, SWEDEN
E-Mail: till.grune@abe.kth.se

Prof. Dr. Michael Brzoska
Institut für Friedensforschung
und Sicherheitspolitik
Beim Schlump 83, 20144 Hamburg
E-Mail: brzoska@ifsh.de

Gerd Gigerenzer

1 Rationales Entscheiden unter Ungewissheit ≠ Rationales Entscheiden unter Risiko[1]

Truth is ever to be found in simplicity,
and not in the multiplicity and confusion of things.
Isaac Newton

Zusammenfassung: Eine Entscheidung unter Risiko bedeutet, dass alle möglichen Ereignisse und deren Wahrscheinlichkeiten bekannt sind – wie bei einer Lotterie. In dieser Situation ist Wahrscheinlichkeitsrechnung ausreichend für rationales Entscheiden. Bei einer Entscheidung unter Ungewissheit, also in Situationen, die instabil oder neu sind, oder die Zukunft nicht wie die Vergangenheit ist, braucht man mehr: intelligente Heuristiken. Eine Heuristik sucht nach einer einfachen statt einer komplizierten Lösung und verkörpert die Kunst, sich auf das Wesentliche zu konzentrieren und den Rest zu ignorieren. In diesem Kapitel gebe ich eine Einführung in die wissenschaftliche Analyse von Heuristiken und die Frage, unter welchen Bedingungen weniger Information und Berechnung zu besseren Entscheidungen führen können. Die systematische Untersuchung von Heuristiken trägt dazu bei, besser zu verstehen warum es oft rational ist, einen Teil der Information zu ignorieren um damit schneller und sicherer entscheiden zu können.

Abstract: Making decisions under risk means that all possible events and their probabilities are known—as in a lottery. In such situations rational decisions can be made by calculating the probabilities. Making decisions under uncertainty, that is, in instable or new situations where the future is not like the past, requires more, namely intelligent heuristics. A heuristic searches for a simple rather than complicated solution and embodies the art of concentrating on what is important and ignoring the rest. In this chapter I provide an introduction to the scientific analysis of heuristics and to the question of under what conditions less information and calculation can lead to better decisions. The systematic investigation of heuristics helps sheds light on why it is often rational to ignore part of the information in order to make rapid and reliable decisions.

Wie trifft man gute Entscheidungen? Wenn Sie ein Buch über rationales Entscheiden in der Ökonomie, in der Verhaltensökonomie, in der Psychologie oder Philosophie öffnen, dann werden Sie wahrscheinlich folgende Botschaft lesen: Rationale Ent-

---

1 Editierte Transkription des aufgezeichneten Symposiumvortrages. Der Vortragssprechstil ist belassen worden.

https://doi.org/10.1515/9783110600261-001

scheidungen folgen den Gesetzen der Logik, dem Kalkulus der Wahrscheinlichkeitstheorie oder der Maximierung des erwarteten Nutzens. Heute ist die Gleichsetzung von rationalem Entscheiden mit diesen Prinzipien so stark wie nie zuvor.

Wahrscheinlichkeitstheorie ist eine schöne mathematische Theorie. Aber sie beschreibt nicht, wie die meisten von uns wichtige Entscheidungen treffen. Und auch nicht, wie jene Entscheidungen treffen, die diese Bücher schreiben, wie die folgende Geschichte illustriert: Ein Professor an der New Yorker Columbia University hatte einen Ruf von einer rivalisierenden Universität, es war Harvard, und er konnte sich nicht entscheiden – soll er gehen, soll er bleiben, soll er annehmen, soll er ablehnen? Ein Kollege nahm ihn beiseite und fragte, was denn sein Problem sei? „Maximiere doch ganz einfach den erwarteten Nutzen, das schreibst du doch immer in deinen Büchern." Erschöpft antwortete der Professor: „Hör auf damit, das ist jetzt ernst!"

Ich möchte Sie heute einführen in unsere Forschung am Max-Planck-Institut für Bildungsforschung: in die Wissenschaft der Entscheidungen. Insbesondere möchte ich einen Unterschied herausarbeiten, und zwar den, der im Titel steht: Rationales Entscheiden unter Ungewissheit ist nicht das Gleiche wie rationales Entscheiden unter Risiko. Wenn wir es mit Ungewissheit zu tun haben – und ich werde das noch definieren –, dann sollten wir nach einfachen Lösungen suchen. Haben wir es jedoch mit einer Welt von berechenbaren Risiken zu tun, dann sollten wir paradoxerweise nach komplizierten Lösungen suchen. *Fine-tuning* lohnt sich, wenn die Welt stabil ist, nicht aber unter Ungewissheit.

Die Unterscheidung zwischen stabilen Situationen mit berechenbaren Risiken auf der einen Seite und Ungewissheit auf der anderen Seite wird meist dem Ökonomen Frank Knight [1] zugeschrieben, sie findet sich aber auch in ähnlicher Form bei John Maynard Keynes [2] und Herbert A. Simon [3]. Ich definiere Situationen mit berechenbarem Risiko als jene, wo wir alle Alternativen und Konsequenzen kennen sowie auch die Wahrscheinlichkeiten sicher wissen. Wenn Sie heute Abend ins Kasino gehen und Roulette spielen, dann befinden Sie sich in der Welt von berechenbaren Risiken. Da können Sie sich ausrechnen, wie viel Sie verlieren werden auf lange Sicht. Bei berechenbaren Risiken braucht man keine Heuristiken, keine Intuition, nur zu rechnen. Ein großer Teil der Entscheidungstheorie befasst sich ausschließlich mit diesen Situationen wie Lotterien und experimentellen Spielen, in denen alle Alternativen, Konsequenzen und Wahrscheinlichkeiten festgelegt sind.

Die Welt von berechenbaren Risiken ist relativ klein im Vergleich zu der Welt von Ungewissheiten. Der frühere Präsident der Bank von England, Mervyn King, sagte einmal, wenn die Banken im Kasino spielen würden, dann könnten wir das Risiko auch berechnen. Nur agieren die Banken in einer ungewissen Welt. In der Welt der Finanzen, der Gesundheit oder im Umgang mit Menschen gibt es verschiedene Arten von Ungewissheit. Man kann diese am besten daran erkennen, dass man die Zukunft nicht vorhersagen kann, da man alle Optionen und Konsequenzen nicht im Voraus wissen kann. Die meisten Probleme, mit denen wir konfrontiert sind, sind eine Mischung aus Risiko und Ungewissheit: Einiges kann man berechnen, anderes bleibt ungewiss.

Jimmy Savage, der als Vater der modernen Bayesianischen Entscheidungstheorie bekannt ist, hat die Grenze zwischen Risiko und Ungewissheit mit zwei Beispielen markiert. Er sagte, es wäre *ridiculous*, seine Theorie außerhalb einer berechenbaren, bekannten Welt anzuwenden, und seine Beispiele für Ungewissheit waren „ein Picknick zu planen" und „Schach" [4]. Bei einem Picknick können unerwartete Dinge passieren, das heißt, dass die Menge aller Alternativen und Konsequenzen nicht vorhersehbar ist und man damit auch keine Wahrscheinlichkeitsverteilung angeben und den erwarteten Nutzen für jede Alternative bestimmen kann. Schach ist dagegen eine wohldefinierte Situation, in der alle Möglichkeiten bereits festgelegt sind und man auch weiß, dass eine optimale Zugfolge existiert. Nur kann kein Computer oder Schachgroßmeister diese bestimmen, da das Problem rechnerisch nicht bewältigt werden kann.

Dennoch beschränken sich viele Forscher auf die Analyse von Entscheidungen unter Risiko, und sie lassen Ungewissheit außen vor oder gehen sogar davon aus, dass alle Formen von Ungewissheit sich auf Risiko reduzieren lassen. Große Teile der Ökonomie und auch der Verhaltensökonomie definieren sich durch diese Einschränkung und wenden das bewährte methodische Instrumentarium von Savage gegen seinen Willen auf alle Probleme an.

Meine These ist dagegen, dass rationales Entscheiden unter Unsicherheit ein anderes methodisches Repertoire braucht als Entscheiden unter Risiko. Wahrscheinlichkeitstheorie und die Maximierung des erwarteten Nutzens reicht hier nicht aus. Wir brauchen andere Werkzeuge, welche mit Ungewissheit besser umgehen können: einfache, robuste Heuristiken. Da die meisten Situationen, wie bereits gesagt, eine Mischung von Risiko und Ungewissheit darstellen, braucht man am Ende beides: statistische und heuristische Methoden zur Entscheidung.

1 Bei Entscheidungen unter Unsicherheit gilt: Weniger kann mehr sein

Beginnen wir mit einem Beispiel [2]: In den öffentlichen Highschools in Chicago ist man über die steigenden Drop-out-Quoten besorgt. Man möchte wissen, wie man vorhersagen kann, welche von je zwei Schulen die höhere Drop-out-Quote haben wird. Zur Vorhersage sind die Werte auf 18 Variablen bekannt, wie die Klassengröße, der Anteil der Schüler afroamerikanischer und hispanischer Herkunft, das Einkommen der Lehrer und die Werte der Schüler auf standardisierten Tests. Die Frage ist, wie kann man mit diesen Variablen die beste Vorhersage treffen? Eine Standardmethode ist die multiple Regression. Wenn man diese auf den gesamten Datensatz anwendet und die sog. Beta-Gewichte fittet, dann kann man in 72 % aller Fälle die Schule mit der höheren Drop-out-Quote korrekt bestimmen.

Nun kann man diese Frage auch einfacher angehen. Statt für jede der Variablen das Beta-Gewicht zu schätzen, kann man einheitliche Gewichte, also +1 oder –1, vergeben und dann einfach zählen, welche Schule die größere Summe hat. Diese Methode heißt im Englischen *Tallying* („Strichliste") und ist eine Heuristik, da sie die Lösung des Problems vereinfacht. Wenn man Tallying anwendet, dann ist die Trefferquote 64 % statt 72 % bei multipler Regression [5]. Einfacher und daher weniger genau – das ist die übliche Interpretation von Heuristiken und soweit keine Überraschung.

Allerdings, wir haben bisher keine Vorhersagen getroffen, sondern die schon bekannten Daten „im Nachhinein erklärt" – ein Prozess, den man als das *Fitten* von Parametern (wie Beta-Gewichte) bezeichnet. Vorhersage betrifft dagegen Daten, die noch nicht bekannt sind. Die einfachste Form heißt *Out-of-Sample*-Vorhersage, auch Kreuzvalidierung genannt. Hier werden die Daten zufällig in zwei Hälften geteilt, und Regression und Tallying lernen ihre Parameter (Tallying braucht nur das Vorzeichen der Variablen, plus oder minus, zu lernen) an der einen Hälfte und müssen dann die Daten in der anderen Hälfte vorhersagen. Um zufällige Schwankungen zwischen den zwei Stichproben (Hälften) auszugleichen, wurde die zufällige Aufteilung des Datensatzes 1.000 Mal wiederholt. Wie gut sind nun beide Methoden in der Vorhersage? Vorhersage ist schwieriger als *hind-sight* (Datenfitten), also wird die Genauigkeit sinken. Aber wie weit?

Die multiple Regression erreichte in der Vorhersage nur noch 54 % Trefferquote statt 72 % beim Datenfitten. Die Tallying-Heuristik erreichte 62 % statt vorher 64 %. Das heißt, Tallying schnitt in der Vorhersage besser ab als multiple Regression. Der Grund liegt darin, dass multiple Regression die Daten zu gut „gefittet" hat, was man als *overfitting* bezeichnet, während Tallying relativ robust war. Unter Ungewissheit kann es also sein, dass man mit weniger Aufwand zu besseren Vorhersagen kommt: Weniger ist mehr.

Abb. 1.1 zeigt, dass dieser Fall keine Ausnahme ist. Hier sind insgesamt 20 Studien zusammengefasst, eine davon die Drop-out-Quoten-Studie. Die anderen befassen sich mit der Vorhersage von Variablen aus der Gesundheit, Psychologie, Ökonomie, Biologie und anderen Bereichen, und die Datensätze sind zum großen Teil aus Statistiklehrbüchern entnommen, wo sie als gute Beispiele für Regressionsmethoden eingeführt wurden. Die Anzahl der Alternativen (Objekte) variiert zwischen 11 und 395 und die Anzahl der Variablen (Attribute) zwischen 3 und 18. Der Wert „7,7" bedeutet, dass multiple Regression im Schnitt 7,7 Variablen zur Vorhersage verwendete, gemittelt über die 20 Studien, während etwa Take-the-Best nur 2,4 Variablen benötigte.

Auf der linken Seite („Fitting") erkennt man, dass über alle Studien gemittelt multiple Regression mit 77 % am besten abschneidet, genau wie in der Drop-out-Quoten-Studie. Wenn man sich aber die Vorhersagen ansieht, findet man wiederum den gleichen Abfall: Mit nur 68 % ist multiple Regression am schlechtesten. Tallying erreicht dagegen in der Vorhersage 69 %. Eine zweite Heuristik, Take-the-Best [6], erreicht sogar 72 % korrekte Vorhersagen. Take-the-Best beruht auf einer anderen Logik als Tallying: Statt die Gewichte aller Variablen zu vereinfachen, ordnet es die

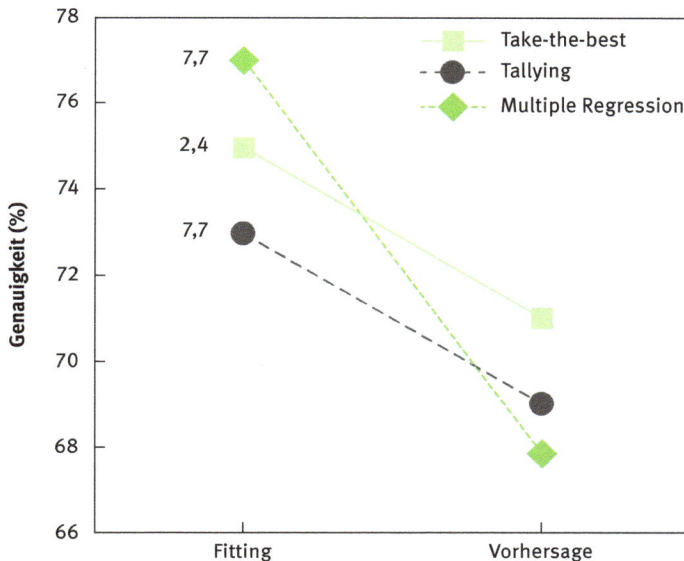

Abb. 1.1 Weniger kann mehr sein in Situationen von Ungewissheit. Gezeigt sind die gemittelten Ergebnisse von 20 Studien zur Vorhersage von psychologischen, ökonomischen und anderen Kriterien [2]. Zwei Heuristiken, Take-the-Best und Tallying, werden gegen multiple Regression getestet. Gibt es keine Ungewissheit ("Fitting"), dann hat die multiple Regression, die Methode mit den meisten freien Parametern, den besten Fit. Unter Ungewissheit (Vorhersage mit Kreuzvalidierung) treffen die beiden einfachen Heuristiken bessere Vorhersagen als die multiple Regression.

Variablen und trifft die Vorhersage nur aufgrund der ersten Variable, und wenn diese keine Vorhersage erlaubt, dann aufgrund der zweiten Variable usw. Daher benötigt Take-the-Best auch nur einen Bruchteil der Variablen, welche die anderen beiden Methoden verwenden (im Schnitt 2,4 statt 7,7).

Die linke Seite von Abb. 1.1 („Fitting") ist eine Situation, in der alle Daten bekannt sind, also ein Spezialfall von bekanntem Risiko. Fitting kennt keine Ungewissheit: Die Algorithmen bestimmen lediglich die Parameterwerte mit dem besten Fit, um die Daten im Nachhinein „vorherzusagen". Die rechte Seite („Vorhersage") ist dagegen eine Form von Ungewissheit – und zwar eine minimale Form, in der alle Alternativen (wie alle Highschools) sowie alle Variablen ebenfalls bekannt sind und darüber hinaus eine Zufallsstichprobe der Highschools mit deren Werten in allen Variablen bekannt ist. Die Ungewissheit liegt alleine in der anderen Hälfte der Daten, die nicht bekannt ist. Dennoch gilt bereits hier, dass die bessere Methode unter Risiko nicht immer die bessere Methode unter Ungewissheit ist.

Der Befund in Abb. 1.1 ist ein Existenzbeweis, dass einfache Heuristiken bessere Vorhersagen treffen *können*, nicht ein Beweis, dass Heuristiken *immer* bessere Vorhersagen treffen. Für diejenigen, welche komplexere Methoden als multiple Regression bevorzugen, sei hier angemerkt, dass ebenfalls gezeigt wurde, dass Take-the-Best oft genauso gute und auch manchmal bessere Vorhersagen als Classification-and-Regression Trees (CART) [7] und Support-Vektor-Maschinen (SVM) treffen kann [8] und das transparent und mit weniger Aufwand. CART sind komplexe Algorithmen welche Entscheidungsbäume erzeugen und SVM sind mathematische Verfahren der Mustererkennung aus dem Bereich des maschinellen Lernens. Damit stellt sich eine neue Frage: Wie können wir bestimmen, unter welchen Bedingungen derart einfache Heuristiken systematisch besser (oder schlechter) abschneiden als komplexe Methoden? Die Analyse der genauen Bedingungen, wann dies der Fall ist, ist Aufgabe der Studie der *ecological rationality* von Heuristiken (siehe unten). Die Bedingungen für Take-the-Best sind inzwischen bekannt [9],[10],[11].

2 Das Forschungsprogramm: Rationales Entscheiden unter Unsicherheit

Die erste Prämisse des Forschungsprogramms ist eine klare Unterscheidung zwischen Risiko und Ungewissheit. In Risikosituationen ist Logik und Wahrscheinlichkeitstheorie ausreichend für gute Entscheidungen. In Situationen von Ungewissheit können dagegen Heuristiken zu besseren Entscheidungen führen, die zugleich auch schneller und transparenter sind.

Eine Heuristik kann man allgemein dadurch definieren, dass sie einen Teil der Information ignoriert. Bspw. ignoriert Tallying die Gewichte der Variablen, indem es alle gleich gewichtet (abgesehen vom Vorzeichen); Take-the-Best trifft Entscheidungen nur aufgrund einer einzigen Variable und ignoriert alle anderen, die nachgeordnet sind.

Es wird oft unterstellt, dass wir einen Teil der Information ignorieren, weil wir kognitiv etwas beschränkt sind (z. B. [12]). Das ist so nicht richtig – es gibt gute Gründe dafür, unter Ungewissheit zu ignorieren. Eine Heuristik ignoriert einen Teil der Information und kann dadurch Schätzfehler reduzieren, etwa bei der Schätzung der Gewichte, und in dieser Fehlerreduktion liegt eine der Erklärungen, warum Heuristiken unter Ungewissheit erfolgreich sind. Heuristiken sind nicht einfach zweitklassig oder nur darin zu begründen, dass man damit weniger Aufwand hat, sondern sie können zu Weniger-ist-mehr-Effekten wie in Abb. 1.1 führen.

Die zweite Prämisse ist die Unterscheidung von Prozessmodellen und Als-ob-(*as-if*)-Modellen. Eine Heuristik ist ein Modell des Entscheidungsprozesses, also etwa, dass schlicht gezählt wird, für welche Alternative mehr Gründe sprechen (wie Tallying), oder dass man nach dem besten Grund entscheidet (wie bei Take-the-Best) und alle anderen ignoriert. Es gibt eine Vielzahl von experimentellen Studien, die zeigen, dass Take-the-Best und andere Heuristiken gute Modelle von Entscheidungsprozessen vieler Menschen sind – insbesondere in Situationen, wo die Heuristik ökologisch rational ist (z. B. [13],[14],[15],[16]). Ein Als-ob-Modell ist dagegen ein „behavioristisches" Input-Output-Modell und hat nicht den Anspruch, den Prozess der Entscheidung zu modellieren, sondern lediglich das Ergebnis vorherzusagen. Multiple Regression oder Algorithmen wie Support-Vektor-Maschinen sind nicht als Prozessmodelle menschlichen Urteilens gedacht, sondern nur um Ergebnisse zu liefern. Ein Prozessmodell kann nicht nur an der Vorhersage getestet werden, sondern auch im Prozess – etwa, ob nur ein Grund das Urteil bestimmt [14].

Das Forschungsprogramm baut auf diesen beiden Prämissen auf und hat drei Teile: Die empirische Untersuchung der Adaptiven Werkzeugkiste (*adaptive toolbox*), die mathematische und statistische Studie der ökologischen Rationalität von Heuristiken (*ecological rationality*) und die Anwendung der Ergebnisse beider Teile auf das Design von intuitiven Entscheidungssystemen und Entscheidungsumgebungen (*intuitive design*).

Adaptive Toolbox

Der Begriff der „adaptive toolbox" betont, dass menschliches Entscheiden nicht durch ein einziges Werkzeug geschieht, sondern durch mehrere. Es gibt eine Reihe von psychologischen Theorien, welche explizit oder implizit annehmen, dass es nur ein universelles rationales Werkzeug gäbe, wie etwa Bayes'sche Inferenz oder die Maximierung des erwarteten Nutzens. Das ist das Gegenteil vom Toolbox-Ansatz. Man kann jedoch zeigen, dass das Gehirn keine Bayesianische Inferenzmaschine sein kann, weil es dann nicht mit Ungewissheit umgehen könnte. Um bspw. eine A-priori-Verteilung von subjektiven Wahrscheinlichkeiten zu konstruieren, muss man alle Alternativen und deren Konsequenzen kennen, wie schon Jimmy Savage [4] betont hat (siehe oben). Wir wissen jedoch bei vielen wichtigen Problemen gar nicht, was die Alternativen und deren Folgen sind. Die Metapher der adaptiven Werkzeugkiste betont dagegen die Notwendigkeit multipler Werkzeuge, die an unterschiedliche Problemklassen angepasst sind, wie Hammer für Nägel und Schraubenzieher für Schrauben geeignet sind.

Heuristiken kann man in Bausteine zerlegen, etwa in Suchregeln, Stoppregeln und Entscheidungsregeln. Bspw. sucht Take-the-Best durch die Variablen in einer bestimmten Ordnung (definiert durch „Validität"), stoppt die Suche, nachdem die erste Variable gefunden ist, welche eine Entscheidung erlaubt und entscheidet für die Alternative mit dem höchsten Wert auf dieser Variable. Die Bausteine benutzen wiederum kognitive Kapazitäten wie Langzeitgedächtnis, Ordnen und Zählen. Zu den am besten untersuchten Heuristiken gehören neben Take-the-Best die *Recognition*-Heuristik [17],[18],[19], die *Fluency*-Heuristik [20], *Fast-and-Frugal Trees* [21],[22] und soziale Heuristiken wie Imitation [23]. Ein Überblick findet sich in [24].

Ecological Rationality

Die Analyse der *ecological rationality* von Heuristiken ist präskriptiv, während die Studie der „adaptive toolbox" deskriptiv ist. Die Frage ist, in welchen Situationen wird eine Heuristik erfolgreicher sein als eine komplexere Methode und wo wird es umgekehrt sein? Diese Frage wurde bisher kaum gestellt, da man im früheren *Heuristics-and-Biases*-Programm [12] davon ausging, dass Heuristiken immer zweitklassig seien und das Ignorieren von Information die Qualität der Entscheidung reduzieren würde – oder zumindest nicht verbessern kann. Dies ist jedoch nur korrekt in Situationen von bekanntem Risiko. In Situationen von Ungewissheit hat sich diese Auffassung jedoch als Irrtum herausgestellt.

In Situationen von Risiko kann man den Fehler in der Vorhersage durch zwei Komponenten beschreiben:

$$\text{Fehler} = \text{Bias} + \varepsilon, \quad (1)$$

wobei Bias die systematische Differenz zwischen der (durchschnittlichen) Vorhersage und dem wahren Wert ist und ε ein unsystematischer Fehler ist (also mit dem Bias unkorreliert und mit einem Mittelwert von null). Gleichung (1) ist implizit in den Argumenten im Heuristics-and-Biases-Programm, dass das Problem von Heuristiken lediglich ihr Bias sei und man daher den Bias auf null reduzieren sollte, um den Fehler zu reduzieren.

In Situationen von Ungewissheit sieht es jedoch anders aus [25]. Betrachten wir eine *Out-of-Sample*-Vorhersage wie in Abb. 1.1. Jede von S Stichproben ($s = 1, ..., S$) generiert eine Schätzung x_s. Die Variabilität dieser x_s um ihren Mittelwert $\bar{x}$ heißt Varianz und ist neben dem Bias eine zweite systematische Quelle von Fehlern. Die Varianz reflektiert die Abhängigkeit der Vorhersagen von den unterschiedlichen Stichproben aus der gleichen Population. Der Fehler der Vorhersage (die Summe der quadrierten Fehler) ist damit:

$$\text{Fehler} = (\text{Bias})^2 + \text{Varianz} + \varepsilon, \quad (2)$$

wobei

$$\text{Bias} = \bar{x} - \mu,$$

das heißt, die durchschnittliche Abweichung des Mittelwerts $\bar{x}$ der Vorhersagen vom wahren Wert μ, und

$$\text{Varianz} = \frac{1}{s} \sum (x_s - \bar{x})^2$$

das heißt, die durchschnittliche Abweichung der Schätzungen der einzelnen Stichproben von ihrem Mittelwert $\bar{x}$.

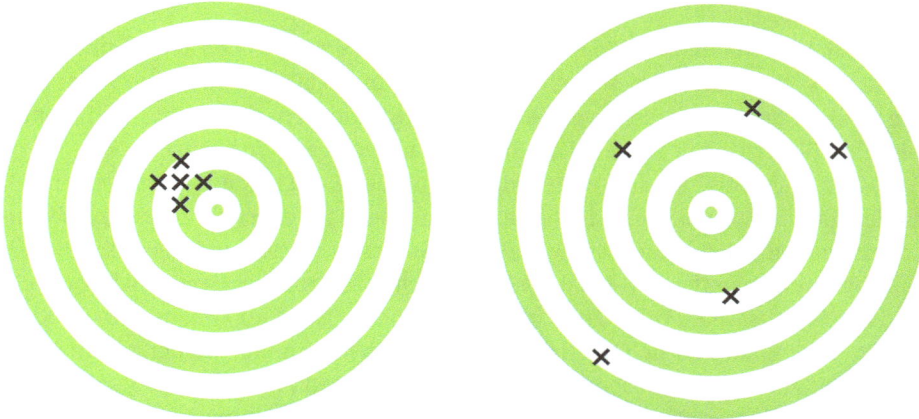

Eine Veranschaulichung der beiden systematischen Fehlerquellen von Vorhersagen: Bias und Varianz (siehe Text).

Abb. 1.2 zeigt eine Veranschaulichung von Bias und Varianz. Der Punkt in der Mitte der Dart-Zielscheiben steht für den wahren Wert und jeder Dart für den Schätzwert einer Stichprobe. Mr. Bias, dessen Darts auf der linken Scheibe landeten, zeigt einen systematischen Bias – zu weit links und oben –, aber kaum Varianz. Mr. Varianz, dessen Darts auf der rechten Scheibe landeten, hat keinen Bias, weil der Mittelwert seiner Darts genau im Zentrum der Scheibe liegt. Aber er zeigt eine hohe Varianz und damit ein insgesamt schlechteres Ergebnis. Das heißt, ein moderater Bias mit kleiner Varianz (links) kann zu besseren Ergebnissen führen als kein Bias und hohe Varianz. Unter Ungewissheit geht es nicht einfach darum, den Bias zu reduzieren, sondern Bias und Varianz zugleich.

Die Dart-Analogie in Abb. 1.2 erfasst jedoch nicht, dass typischerweise ein *Trade-off* zwischen Bias und Varianz besteht. Wenn man eine Methode komplexer macht, indem man mehr freie Parameter einführt, wie wenn man bspw. die Theorie des erwarteten Nutzens durch die Prospekt-Theorie ersetzt, dann wird man wahrscheinlich den Bias reduzieren, aber die Varianz erhöhen. Wenn man dagegen die Zahl der freien Parameter reduziert, etwa indem man die Theorie des erwarteten Nutzens durch die Theorie des Erwartungswerts ersetzt, dann passiert wahrscheinlich das Gegenteil: Die Varianz wird auf null reduziert (da die Theorie des Erwartungswerts keine freien Parameter hat), aber der Bias wird steigen. Die Varianz wird auch kleiner, je größer die Stichproben sind. Eine Heuristik ignoriert Information und versucht weniger Parameter zu schätzen und reduziert damit die Varianz-Komponente des Fehlers. Damit kann man analytisch verstehen, dass weniger oft mehr sein kann.

Intuitives Design

Schließlich verwenden wir die Erkenntnisse aus den ersten beiden Teilen, um Experten zu helfen, bessere und schnellere Entscheidungen zu treffen. Dazu nimmt man die Struktur der Heuristiken, welche Menschen intuitiv verwenden, und die Erkenntnisse zur ökologischen Rationalität, um diese auch adaptiv einzusetzen.

Viele deskriptive Studien zeigen, dass Menschen Entscheidungen oft sequenziell treffen, das heißt zuerst den wichtigsten Grund überlegen und wenn dieser keine Entscheidung ermöglicht zum zweitwichtigsten Grund übergehen und so weiter. Dies ist die Logik von Take-the-Best bei der Wahl zwischen Alternativen, aber auch von Heuristiken wie *Fast-and-Frugal Trees*, welche Personen (Objekte) zwei oder mehr Klassen zuordnen. Ein Beispiel: In England entscheiden Magistrate darüber, ob ein Angeklagter bis zur Gerichtsverhandlung auf freien Fuß gesetzt wird (*bail*), ob er Auflagen wie eine Kautionszahlung erhält oder ob er gar in Untersuchungshaft kommt (*jail*). Abb. 1.3 rechts zeigt, wie Magistrate in London diese Entscheidungen über „bail" und „jail" treffen [26]. Es gibt nur $n = 3$ binäre Variablen oder Fragen, und schon die erste Frage kann zur Entscheidung „jail" führen. Diese Heuristik ist ein Beispiel für einen Fast-and-Frugal Tree, der dadurch definiert ist, dass er genau $n + 1$ Entscheidungen (*exits*) erlaubt, wohingegen ein vollständiger Entscheidungsbaum 2^n vorsieht. Nun kann man die gleiche Struktur nehmen, die Menschen intuitiv anwenden, um Entscheidungsalgorithmen in anderen Gebieten intuitiver, transparenter und effizienter zu machen.

Ich gebe als Beispiel eine Standardsituation in der Medizin: Ein Mann wird mit starken Herzbeschwerden in die Notaufnahme gebracht. Die Ärzte müssen eine Entscheidung über Leben und Tod treffen, nämlich ob die Person in die Herz-Intensivstation gebracht oder in ein reguläres Bett mit Telemetrie gelegt werden soll. Wenn die Person einen Herzinfarkt hat oder bekommt, sollte sie in der Intensivstation sein, wenn nicht, dann besser nicht. In einem Krankenhaus in Michigan hatten die Ärzte 90 % aller Patienten in die Intensivstation geschickt, obwohl nur 15 % einen Herzinfarkt hatten. Diese Entscheidungen führten dazu, dass die Intensivstation überfüllt wurde, die Qualität nach unten ging und die Kosten nach oben. Der Grund für diese Entscheidung ist defensive Medizin: Der Arzt schützt sich selbst vor einer gerichtlichen Klage und gefährdet damit den Patienten [27]. Ärzte laufen Gefahr verklagt zu werden, wenn sie einen Patienten in ein reguläres Bett einweisen, der dann einen Herzinfarkt bekommt. Was tun?

Die erste Idee war: komplexes Problem, komplexe Lösung. Eine Gruppe von medizinischen Wissenschaftlern aus der Universität Michigan führte eine solche Lösung ein, nämlich eine Karte mit ungefähr 50 Wahrscheinlichkeiten und einem Taschenrechner, in den eine logistische Regression einprogrammiert war. Der Arzt gibt für jeden Patienten die relevanten Parameter ein und dann errechnet das Programm eine Wahrscheinlichkeit. Wenn diese über einer Schwelle liegt, dann ist die Entscheidung „Intensivstation", ansonsten das reguläre Bett. Dieser Algorithmus war zwar besser

Gibt es eine Anomalie im ST-Segment im Elektrokardiogramm?		War die Staatsanwaltschaft für Auflagen und gegen Freilassung?	
Nein	Ja	Nein oder keine Antwort	Ja

Sind die primären Schmerzen Brustschmerzen?	Kardiologische Intensivstation	Wurden von einer Vorinstanz Auflagen oder Untersuchungs- haft angeordnet?	Untersuchungs- haft
Nein — Ja		Nein oder keine Antwort --------- Ja ---------	

Normales Pflegebett mit Telemetrie	Treten weitere Symptome wie etwa [NTG, MI, St ↔, ST$_{\sim}$, T$_{\sim}$] auf?	Hat die Polizei Auflagen verhängt oder Untersuchungs- haft beantragt?	Untersuchungs- haft
	----- Nein ----- Ja	Nein oder keine Antwort --------- Ja ---------	

Normales Pflegebett mit Telemetrie	Kardiologische Intensivstation	Angeklagter wird bis zur Gerichtsverhandlung auf freien Fuß gesetzt	Untersuchungs- haft

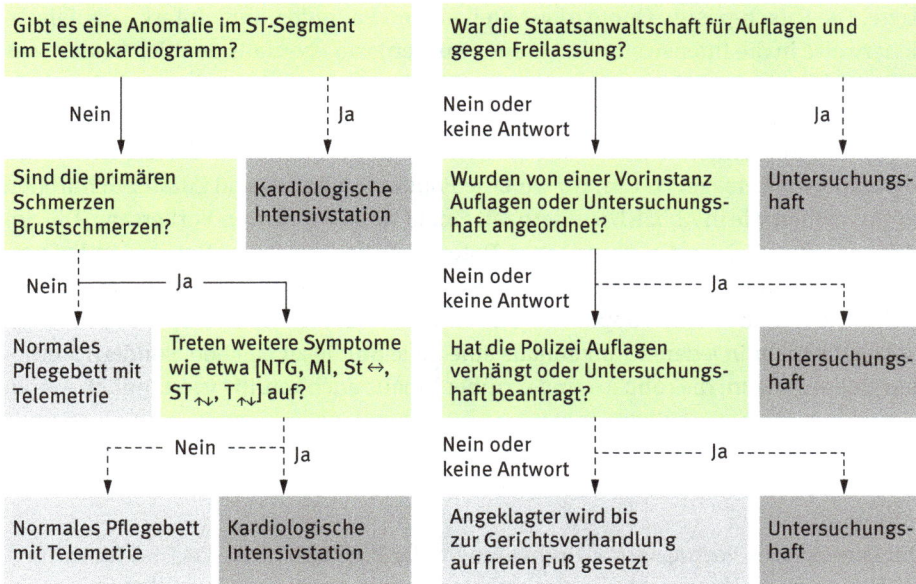

Abb. 1.3 Der Fast-and-Frugal Tree links ist ein Beispiel für intuitives Design. Er hilft Ärzten in der Notaufnahme zu entscheiden, ob ein Patient mit schweren Herzbeschwerden in die Herz-Intensivstation („Coronary Care Unit") oder in ein reguläres Bett mit Telemetrie („Regular Nursing Bed") eingewiesen wird [28]. Der Fast-and-Frugal Tree rechts ist ein Beispiel für ein deskriptives Modell über den Entscheidungsprozess von Magistraten (Laienrichtern) in London. Sie entscheiden darüber, ob ein Angeklagter bis zur Gerichtsverhandlung freikommt („auf freien Fuß") oder in Untersuchungshaft kommt bzw. andere Auflagen wie Kaution erhält („Untersuchungshaft") [26]. Abbildung adaptiert von [22].

als die defensive Medizin, aber nicht intuitiv verständlich – sobald die Wissenschaftler die Klinik verließen, gingen die Ärzte zurück zur defensiven Medizin.

In dieser Situation hörte der PI (*principal investigator*) des Teams der Universität von Michigan von unseren Arbeiten über Heuristiken und konstruierte einen Fast-and-Frugal Tree für die Entscheidung über die Einweisung in die Intensivstation (Abb. 1.3 links). Wiederum kann nach jeder Frage eine Entscheidung getroffen werden. Die erste Frage lautet, gibt es eine Anomalie im ST-Segment im Elektrokardiogramm? Wenn ja, dann sofort in die Intensivstation. Wenn nicht, geht man zur zweiten Frage. Sind die primären Schmerzen Brustschmerzen? Wenn nicht, dann kommt der Patient in ein reguläres Bett. Und so weiter. Die Heuristik ist transparent, schnell und kann einfach gelernt werden.

Dieser einfache Entscheidungsbaum ist schnell und transparent. Aber wie gut ist er? Eine Studie an der Klinik zeigte, dass er eine höhere Sensitivität (der Anteil an den Patienten mit Infarkt, die richtig in die Intensivstation gesandt wurden) hatte als das komplexe Diagnosesystem und auch als die defensiven Entscheidungen der

Ärzte. Die Falsch-positiv-Quote (der Anteil an den Patienten ohne Infarkt, die fälschlicherweise in die Intensivstation gesandt wurden) war ebenfalls deutlich besser, was man an der sog. ROC-Kurve sehen konnte [28]. Also haben wir wieder einen Weniger-ist-mehr-Effekt.

In der Notaufnahme haben wir es nicht mehr mit minimaler Unsicherheit (Out-of-Sample-Vorhersage) zu tun, wo wir eine Population haben und Zufallsstichproben daraus ziehen wie in Abb. 1.1, sondern mit einer *Out-of-Population*-Vorhersage. Die originale Studie, welche die empirischen Daten und die logistische Regression lieferte, wurde in Boston durchgeführt, die Anwendung ist aber in Michigan, und wir wissen nicht, wie sich die beiden Populationen von Patienten unterscheiden. Und der Punkt ist ja auch nicht in jedem Krankenhaus eine neue Studie zu machen, sondern Methoden zu entwickeln, die robust – und darüber hinaus auch intuitiv verständlich – sind.

3 Ungewissheit ernst nehmen

Die These dieses Vortrags ist: Entscheidung unter Risiko ist nicht das Gleiche wie Entscheidung unter Ungewissheit. Dies steht im Gegensatz zu einer Tradition in Psychologie, Verhaltensökonomie und Neurowissenschaften [29], die sich auf Situationen von bekannten Risiken beschränkt oder sogar annimmt, dass sich alle Formen von Ungewissheit auf Wahrscheinlichkeiten reduzieren lassen würden. Damit hat man eine Entscheidungstheorie geschaffen, die sich derart beschränkt, dass sie von wenig Nutzen für die wirkliche Welt ist.

Die Konzepte der adaptiven Toolbox, „ecological rationality" und des intuitiven Designs erlauben eine Alternative, welche Ungewissheit ernst nimmt und systematisch Heuristiken untersucht, die damit umgehen können. Heuristiken sind nicht die einzigen Werkzeuge für Ungewissheit. Dazu gehören auch Szenarien wie sie etwa die Hamburger Feuerwehr verwendet (siehe Kapitel 6 in diesem Buch) und Narrative, welche Entscheidungen beeinflussen, bspw. das Narrativ vom Equilibrium und der Optimierung, das trotz der letzten Finanzkrise weiterhin vorherrscht [30].

Und am Ende ist die Methodologie wichtig. Hier möchte ich drei Prinzipien hervorheben: (1) formale Modelle von Heuristiken, (2) kompetitiver Test von Modellen und (3) Tests in der Vorhersage. Die Studien in Abb. 1.1 illustrieren diese Prinzipien. Erstens, Tallying, Take-the-Best und Fast-and-Frugal Trees sind formale Modelle, für die man testen kann, wie gut sie menschliche Entscheidungen vorhersagen können, aber auch, wie gut sie als diagnostische Techniken sind. All das kann man mit rein verbalen Labeln wie *availability heuristic* oder *affect heuristic* oder unklaren Dichotomien wie „System 1 versus System 2" nicht leisten ([31],[32]). Zweitens, ein Modell einer Heuristik sollte kompetitiv getestet werden gegen die besten Alternativen, nicht einfach nur gegen eine Nullhypothese. Und schließlich müssen wir klar unterscheiden zwischen einem guten Fit und einer guten Vorhersage. Einen guten Fit kann man durch das bloße Hinzufügen von freien Parametern erreichen, aber das ist eben kein guter Modelltest.

Am Ende geht es darum, Situationen von Ungewissheit ernst zu nehmen statt so zu tun, als ob es ein einziges Werkzeug gäbe – etwa die Wahrscheinlichkeitstheorie –, das uns für alle Spielvarianten von Risiko und Ungewissheit immer die besten Entscheidungen liefert. Weder Logik noch Heuristik sind immer rational; wir sollten daher mehr über ihre „ecological rationality" nachdenken. Unsicherheit charakterisiert nicht nur ärztliche Diagnose oder richterliches Urteil (wie in Abb. 1.3), sondern auch die Wissenschaften. Georg Polya hat über Heuristiken in der Mathematik geschrieben, also etwa Methoden um einen Beweis zu finden (nicht zu prüfen, hier braucht man Logik), und Albert Einstein hat den Begriff „heuristisch" in den Titel seines Nobelpreis-gekrönten Artikel über Quantenphysik gesetzt. Für die Psychologie geht es darum, jene Heuristiken, welche Menschen verwenden, ernst zu nehmen und systematisch zu untersuchen, statt sie a priori als Quelle von Fehlern zu interpretieren. Ich hoffe, dass dieser kleine Ausflug in die Wissenschaft von Entscheidungen gezeigt hat, dass rationales Entscheiden unter Risiko nicht das Gleiche ist wie rationales Entscheiden unter Ungewissheit.

Literatur

[1]   Knight FH. Risk, uncertainty and profit. Boston: Houghton Mifflin, 1921.
[2]   Keynes JM. The general theory of employment, interest and money. London: Macmillan, [1936].
[3]   Simon HA. Invariants of human behavior. In: Annual Review of Psychology. 1990;41:1–19.
[4]   Savage LJ. The foundations of statistics. New York: Wiley, 1954. 16.
[5]   Czerlinski J, Gigerenzer G, Goldstein DG. How good are simple heuristics? In: Gigerenzer G, Todd PM, the ABC Research Group. Simple heuristics that make us smart. New York: Oxford University Press, 1999. 97–118.
[6]   Gigerenzer G, Goldstein DG. Betting on one good reason: The Take The Best heuristic. In: ibid. 75–95.
[7]   Brighton H, Gigerenzer G. Bayesian brains and cognitive mechanisms: Harmony or dissonance? In: Chater N, Oaksford M (eds.). The probabilistic mind: Prospects for Bayesian cognitive science. New York: Oxford University Press, 2008. 189–208.
[8]   Brighton H, Gigerenzer G. Are rational actor models "rational" outside small worlds? In: Okasha S, Binmore K (eds.). Evolution and rationality: Decisions, co-operation and strategic behavior. Cambridge / MA: Cambridge University Press, 2012. 84–109.
[9]   Baucells M, Carrasco JA, Hogarth RM. Cumulative dominance and heuristic performance in binary multi-attribute choice. 2006 (Available at SSRN: http://ssrn.com/abstract = 962652).
[10] Gigerenzer G. Towards a rational theory of heuristics. In: Frantz R, Marsh L (eds.). Minds, models, and milieux: Commemorating the centennial of the birth of Herbert Simon. New York: Palgrave Macmillan, 2016. 34–59.
[11] Martignon L, Hoffrage U. Fast, frugal, and fit: Simple heuristics for paired comparison. In: Theory and Decision. 2002;52:29–71 (doi:10.1023/A:1015556217425).
[12] Kahneman D. Thinking fast and slow. London: Allen Lane, 2011.

[13] Bergert FB, Nosofsky RM. A response-time approach to comparing generalized rational and take-the best models of decision making. In: Journal of Experimental Psychology: Learning, Memory and Cognition. 2007;331:107–129.

[14] Bröder A. The quest for take-the-best. In: Todd PM, Gigerenzer G, the ABC Research Group. Ecological rationality: Intelligence in the world. New York: Oxford University Press, 2012. 216–240.

[15] Nosofsky RM, Bergert FB. Limitations of exemplar models of multi-attribute probabilistic inference. In: J Exp Psychol: Learn Mem Cogn. 2007;33:999–1019.

[16] Rieskamp J, Hoffrage U. Inferences under time pressure: How opportunity costs affect strategy selection. In: Acta Psychol. 2008;127:258–276.

[17] Gigerenzer G, Goldstein DG. The recognition heuristic: A decade of research. In: Judgment and Decision Making. 2011;6:100–121.

[18] Pachur T, Todd PM, Gigerenzer G, Schooler L, Goldstein DG. The recognition heuristic: A review of theory and tests. In: Frontiers in Cognitive Science. 2011;2:147 (doi:10.3389/fpsyg.2011.00147).

[19] Marewski JN, Gaissmaier W, Schooler LJ, Goldstein DG, Gigerenzer G. From recognition to decisions: Extending and testing recognition-based models for multi-alternative inference. In: Psychonomic Bulletin & Review. 2010;17:287–309 (doi:10.3758/PBR.17.3.287).

[20] Schooler LJ, Hertwig R. How forgetting aids heuristic inference. In: Psychol Rev. 2005;112:610–628.

[21] Martignon L, Vitouch O, Takezawa M, Forster M. Naive and yet enlightened: From natural frequencies to fast and frugal decision trees. In: Hardman D, Macchi L (eds.). Thinking: Psychological perspectives on reasoning, judgment, and decision making. Chichester UK: Wiley, 2003. 189–211.

[22] Luan S, Schooler L, Gigerenzer G. A signal detection analysis of fast-and-frugal trees. In: Psychological Review. 2011;118:316–338 (doi:10.1037/a0022684).

[23] Hertwig R, Hoffrage U, the ABC Research Group. Simple heuristics in a social world. New York: Oxford University Press, 2013.

[24] Gigerenzer G, Hertwig R, Pachur T (eds.). Heuristics: The foundations of adaptive behavior. New York: Oxford University Press, 2011.

[25] Geman S, Bienenstock E, Doursat R. Neural networks and the bias/variance dilemma. In: Neural Computation. 1992;4:1–58.

[26] Dhami MK. Psychological models of professional decision making. In: Psychol Sci. 2003;14:175–180.

[27] Gigerenzer G. Risiko: Wie man die richtigen Entscheidungen trifft. München: Bertelsmann, 2013.

[28] Green L, Mehr DR. What alters physicians' decisions to admit to the coronary care unit? In: J Fam Pract. 1997;45:219–226.

[29] Volz KG, Gigerenzer G. Cognitive processes in decision under risk are not the same as in decisions under uncertainty. In: Frontiers in Decision Neuroscience. 2012;6:105 (doi:10.3389/fnins.2012.00105).

[30] Tuckett D. Minding the markets: An emotional finance view of financial instability. London: Palgrave Macmillan, 2011.

[31] Gigerenzer G. On narrow norms and vague heuristics: A reply to Kahneman and Tversky. In: Psychological Review. 1996;103:592–596.

[32] Kruglanski A, Gigerenzer G. Intuitive and deliberate judgments are based on common principles. In: Psychological Review. 2011;118:97–109 (doi:10.1037/a0020762).

Markus Knauff

Heuristiken ≠ immer gut und Logik ≠ immer schlecht[1]

Kommentar zum Beitrag „Rationales Entscheiden unter Ungewissheit ≠ Rationales Entscheiden unter Risiko" von Gerd Gigerenzer

1 Heuristiken und Bauchentscheidungen

Gigerenzer argumentiert in seinem interessanten Beitrag, dass die Regeln der Logik, Wahrscheinlichkeitsrechnung und mathematischen Entscheidungstheorie zwar schöne formale Werkzeuge sind. Sie geben aber, so Gigerenzer, nicht wieder, wie Menschen wirklich denken und entscheiden. Sie eignen sich auch nicht, um zu beurteilen, ob Menschen „gut" oder „schlecht" denken. Selbst komplizierte Entscheidungen beruhen nämlich – so Gigerenzer – auf viel einfacheren kognitiven Prozessen, den sog. *Heuristiken*. Gigerenzer unterscheidet dabei zwischen Entscheidungen unter *Risiko* und Entscheidungen unter *Unsicherheit*. Bei Entscheidungen unter *Risiko* sind die Wahrscheinlichkeiten verschiedener Ereignisse bekannt. Solche Probleme können wir oft mit den Mitteln der Logik und Wahrscheinlichkeitsrechnung lösen. So lassen sich bspw. bei Glücksspielen die Gewinnchancen theoretisch berechnen und über das Risiko von Behandlungsfehlern in Kliniken gibt es genügend empirische Daten.

Bei Entscheidungen unter *Unsicherheit* sind die Wahrscheinlichkeiten verschiedener Ereignisse nicht bekannt oder nicht genau berechenbar. Banken und Börsenmakler agieren z. B. in einer unsicheren Welt. Laut Gigerenzer benötigen wir für solche Entscheidungen andere Methoden, die mit Ungewissheit besser umgehen können: einfache, kognitiv sparsame Heuristiken. Heuristiken sind mentale Faustregeln, die zwar nicht allen Regeln der Logik oder Wahrscheinlichkeitsrechnung genügen, aber dennoch oft zu einer guten und robusten Entscheidung führen. Laut Gigerenzer führen solche Heuristiken bei Börsengeschäften zu mehr Erfolg als komplizierte finanzwirtschaftliche Algorithmen. Auch im Alltag ist es nach Gigerenzer oft vernünftig Heuristiken zu verwenden, wenn wir persönliche oder wirtschaftliche Entscheidungen treffen, z. B. ob wir eine neue Arbeitsstelle antreten oder ein Haus kaufen [1],[2].

---

[1] Dieser Beitrag ist die überarbeitete Fassung des Vortrags im Symposium. Der Vortragssprechstil ist zum Teil belassen worden.

https://doi.org/10.1515/9783110600261-002

Ich stimme Gigerenzer in vielen Punkten zu. Erstens, denken Menschen tatsächlich rationaler als häufig angenommen wird. Meines Erachtens hat sich die psychologische Forschung bisher zu sehr auf Fehler beim Denken und Entscheiden konzentriert. Dabei wurde jedoch aus dem Auge verloren, dass Menschen in vielen Situationen – im psychologischen Labor und im Alltag – zu richtigen Schlussfolgerungen und guten Entscheidungen kommen [3]. Diese Auffassung steht im Widerspruch zu einigen populären Theorien, in denen der Mensch als von Natur aus irrational betrachtet wird [4],[5],[6]. Zweitens, ist weitgehend unstrittig, dass Menschen häufig Heuristiken verwenden, insbesondere wenn sie unter Zeitdruck und unvollständiger Information entscheiden müssen [7],[8]. Drittens, meine ich auch, dass sich die Psychologie mehr in öffentliche Diskussionen zu gesellschaftlichen Themen einmischen sollte. Gigerenzer hat mit seinem großen Engagement – z. B. seiner Kritik an Fehlentwicklungen in der Medizin – sehr viel für unsere Gesellschaft erreicht, und das ist ihm hoch anzurechnen [9].

Gerade wegen dieser Verdienste ist eine konstruktive Auseinandersetzung mit Gigerenzers Theorie wichtig. Auch mit seinem Plädoyer für Heuristiken verfolgt Gigerenzer ein wichtiges Ziel. Dabei verbindet er in öffentlichen Diskursen allerdings das Konzept der Heuristik oft mit den Begriffen *Intuition* und *Bauchentscheidung*. Besonders deutlich wird dies in seinem Bestseller *Bauchentscheidungen: Die Intelligenz des Unbewussten und die Macht der Intuition* [3]. Natürlich dürfen solche Schlagwörter nicht mit Konzepten der psychologischen Forschung verwechselt werden, weil sie dafür viel zu vage sind. Trotzdem kommen sie in der Öffentlichkeit gut an, weil die meisten Menschen – mich eingeschlossen – nicht in einer komplett durchrationalisierten, durchtechnisierten und durchökonomisierten Welt leben wollen. Gigerenzers Theorie steht deshalb auch für mehr Menschlichkeit in der akademischen Psychologie – und das ist gut so.

Heuristiken, Vorurteile und Fake-News

Nun ist es aber auch so, dass Menschen oft nur das hören, was sie gerne hören wollen. Psychologen nennen das den *confirmation bias* oder *Bestätigungsfehler* [10]. Ist also die Botschaft „Der Bauch entscheidet oft besser als der Kopf" für unsere Gesellschaft wirklich hilfreich? Sind nicht die meisten Entscheidungen, die Menschen im Alltag treffen, sowieso alles andere als rational? Jedes Jahr ein neues Smartphone zu kaufen gibt vielleicht ein gutes Gefühl, aber vernünftig ist das nicht. Und dass wir die Einschränkung von Bürgerechten akzeptieren und uns inzwischen fast überall ausspionieren lassen, ist auch nur mit dem diffusen Bauchgefühl „Angst vor Terror" zu erklären. Würden wir streng logisch und nach den Regeln der Wahrscheinlichkeit denken, würden wir allesamt uns das nicht gefallen lassen. Oft brauchen wir eben mehr Kopf und weniger Bauch und nicht umgekehrt.

Natürlich ist es oft gut auf seinen Bauch zu hören. Wenn Sie z. B. überlegen, ob sie heiraten oder eine Familie gründen, ist das sicher eine gute Idee. Wir wissen jedoch auch, dass Bauchgefühle und intuitive Urteile oft für Vorurteile, Stereotypen und vorschnelle Überzeugungen mitverantwortlich sind. Wenn z. B. jemand in ein Flugzeug steigt und sich unwohl fühlt, weil auch ein arabisch aussehender Mann mit Bart einsteigt, dann liegt das vor allem an Vorurteilen und einer Politik und Medien, die diese Bauchgefühle anheizen. Sozialpsychologen definieren ein Vorurteil gerade dadurch, dass nicht alle Informationen berücksichtigt und rational abgewogen werden [11]. So ähnlich sind oft auch Heuristiken definiert: mit der Take-the-Best Heuristik werden z. B. Entscheidungen nur aufgrund einer einzigen Variable getroffen und andere ignoriert. Wahrscheinlich können Heuristiken und Vorurteile nicht gleichgesetzt werden, jedoch beruhen beide Konzepte auf kognitiven Vereinfachungen und dem Ignorieren von Informationen. Gerade wenn Psychologen ein fachlich nicht vorgebildetes Publikum adressieren, sollte deutlich werden, dass Heuristiken so nicht missverstanden werden dürfen.

Man kann Heuristiken und Bauchentscheidungen sogar mit Populismus, Fake-News und postfaktischer Politik in Verbindung bringen [12]. Solche Phänomene beruhen ja gerade darauf, dass rationales Denken hinter den emotionalen Effekt von Nachrichten und Bauchgefühlen zurücktritt. Heuristiken sind auch so nicht gemeint. Es ist aber doch interessant, dass zwar einerseits oft für Bauchentscheidungen plädiert wird, andererseits sind aber gerade Vereinfachungen die Grundlage eines populistischen Politikstils und des angeblich „postfaktischen Zeitalters". Fake-News & Co. hätten kaum eine Chance, wenn jeder Urheber einer Nachricht seine Behauptung rational begründen und mit logisch schlüssigen Argumenten belegen müsste. Im zweiten Teil des Beitrags möchte ich deshalb einige Fragen formulieren und versuchen eine Brücke zwischen *ecological rationality* und Theorien zu bauen, die enger mit der *Logik und Wahrscheinlichkeitstheorie* verbunden sind. Ich schließe dann mit einigen Gedanken über Pluralismus in der psychologischen Forschung.

Wie wird eine passende Heuristik ausgewählt?

Es ist richtig, dass Heuristiken die Lösung eines Problems stark vereinfachen können. In der Künstlichen-Intelligenz-Forschung werden heuristische Verfahren deshalb seit den 1960er Jahren erforscht und standardmäßig angewendet. Dort werden sie auch als informierte Suchverfahren bezeichnet, weil Heuristiken problemspezifische Zusatzinformation verwenden, um die Anzahl aller möglichen Lösungswege für ein Problem einzuschränken und so die Speicher- und Zeitkomplexität des Problems reduzieren [17]. Solche Entscheidungen können NP-vollständig sein, d. h., dass es keinen polynomiellen deterministischen Algorithmus zur Lösung des Problems gibt. Umgangssprachlich heißt das, dass die Komplexität – und damit der Zeitbedarf – des Problems exponentiell mit der Anzahl der verfügbaren Heuristiken ansteigen kann. Schon bei einer relativ kleinen Anzahl von Heuristiken ist also das Auswahlproblem nicht mehr effizient lösbar [17]. Eine informatische Lösung ist dann z. B. Meta-Heuristiken anzuwenden, aber diese sind psychologisch betrachtet nicht sehr plausibel. Heuristiken können also die Lösung eines Problems wirklich stark vereinfachen, dafür ist aber die Identifikation und Auswahl der Heuristik oft sehr aufwendig. Eine offene Frage lautet also, wie die *Adaptive Toolbox* Theorie mit dem Problem umgeht, dass die Auswahl der geeigneten Heuristik oft zu aufwendig ist.

Wie allgemeingültig sind Heuristiken?

Selbst wenn richtig ausgewählte Heuristiken nützlich sein können, stellt sich die Frage, in welchen Bereichen sie anwendbar sind. Auch Gigerenzer wird wohl zustimmen, dass die größten Errungenschaften der Menschheit – von der Raumfahrt bis zur Erforschung des menschlichen Gehirns, die Erfindung des Computers und die Entschlüsselung des menschlichen Genoms – nicht durch Heuristiken erreicht wurden, sondern nur mit logischem und rationalem (sowie induktivem) Denken (allerdings auch High-Tech Waffen, Klimawandel und die schlechten Seiten der Globalisierung). Andererseits denken Menschen im Alltag nicht immer logisch und kommen dennoch zu vernünftigen Entscheidungen. Kognitionspsychologische Befunde zeigen aber, dass Menschen dabei sehr flexibel Analogien, Schätzverfahren, bildhafte Vorstellungen, mentale Modelle und vieles mehr verwenden [13],[14]. Zwar lösen Menschen mit diesen Verfahren Probleme, die etwas anders gelagert sind als die Probleme, die Gigerenzer anhand von Heuristiken untersucht. Trotzdem ist es nicht ganz fair, so zu tun, als würden alle Psychologen annehmen, Menschen würden im Alltag denken und entscheiden, in dem sie die Regeln der Logik und Wahrscheinlichkeit anwenden wie ein Computer. Diese Auffassung wird heutzutage von kaum jemandem ernsthaft vertreten.

Zudem ist die Rolle von Heuristiken in vielen Bereichen des Lebens noch weitgehend unklar. Ein Beispiel sind Entscheidungen, für die sich eine Person genügend Zeit nehmen kann und sollte, z. B. einen Hauskauf, einen Arbeitsplatzwechsel oder die Wahl einer guten Schule für die Kinder. Heuristiken sollen sich ja besonders für Entscheidungen unter Zeitdruck und Unsicherheit eignen. In vielen Fällen können und sollten Menschen aber Unsicherheit reduzieren, indem sie sich Zeit zum gründlichen Nachdenken lassen, weitere Informationen einholen, Alternativen durchspielen oder andere Menschen und Freunde um Rat fragen. So kann Unsicherheit auch in klare Entscheidungsalternativen umgewandelt werden, die sich dann mithilfe von Logik und Wahrscheinlichkeit besser beurteilen lassen als mit Heuristiken.

Ein anderes Beispiel ist das Entscheiden in Gruppen. Heuristiken können bei individuellen Entscheidungen helfen und beruhen oft auf persönlichen Erfahrungen. Menschen entscheiden aber oft auch gemeinsam mit anderen Personen, mit denen sie gemeinsame Ziele und Interessen verfolgen. Dabei versuchen sie Entscheidungen zu treffen, die von allen Beteiligten mitgetragen und als vernünftig angesehen werden. Demokratien beruhen ja auf der Idee, dass Gruppen von Menschen zu besseren Entscheidungen kommen können als die einzelnen Gruppenmitglieder. Diese Perspektive kommt bei Ansätzen zu kurz, die auf individuellen Intuitionen und Heuristiken beruhen. Einer der wichtigsten Gigerenzer-Schüler, Ralph Hertwig, versucht zwar inzwischen auf interessante Weise Heuristiken und soziale Rationalität zu verbinden [15] und ich habe selber kürzlich die kollektiven Aspekte der Rationalität als eine der wichtigsten Herausforderung der aktuellen Forschung bezeichnet [16]. Allerdings geht kollektive Rationalität weit über die Möglichkeiten einfacher Heuristiken hinaus. Gerade in Gruppenprozessen stellt sich nämlich die Frage, wie verschiedene Akteure mit potentiell unterschiedlichen Interessen mit logischen Argumenten und Gegenargumenten umgehen, ihre Meinungen und Überzeugungen aggregieren und zu vernünftigen Entscheidungen kommen. Nur mit einfachen Heuristiken ist das kaum möglich. Vielmehr müssen dazu logisches, probabilistisches und heuristisches Denken und Argumentieren eng verbunden werden.

2 Was ist „rationales" Denken und Entscheiden?

Gigerenzers Arbeiten konzentrieren sich vor allem auf „rationales" Entscheiden. Dabei möchte die Person aus verschiedenen Alternativen eine Option auswählen, mit der Absicht eine erwünschte Konsequenz zu erreichen und entsprechend zu *handeln* (das wird auch *praktische* oder *instrumentelle* Rationalität genannt). Eine andere Form von Rationalität besteht aber darin, neues *Wissen* zu erwerben oder die eigenen Überzeugungen zu erweitern oder zu revidieren (das wird auch *theoretische* oder *epistemische* Rationalität genannt [18]). Rationales Entscheiden und Handeln setzt aber den rationalen Erwerb und die Erweiterung von Wissen und Überzeugungen voraus. Gigerenzer konzentriert sich jedoch fast nur auf Entscheidungsprozesse und lässt alle vorausgehenden Prozesse außer Acht, in denen es um den rationalen Erwerb und die begründete Veränderung von Wissen geht. Das sind aber gerade die Dämonen, in denen logisches und systematisches Denken eine entscheidende Rolle spielen. Viele Autoren argumentieren sogar, dass Heuristiken hierbei sogar oft fehlerhaft und hinderlich sind [19].

Eine weitere wichtige Unterscheidung betrifft Aussagen darüber, was rational *ist* und wie rational Menschen *tatsächlich* denken. Das erste ist die *normative* und das andere ist die *deskriptive* Perspektive der Rationalitätsforschung [18]. Gigerenzer nimmt aber diese Trennung nicht so klar vor, weil er aus der Feststellung, dass sich Menschen nicht an die Regeln der Logik halten, schließt, die Logik sei als Norm falsch gewählt. Philosophen würden das wohl einen „naturalistischen Fehlschluss" oder auch „Sein-Sollen-Fehlschluss" nennen. Ein ähnlicher Fehlschluss liegt vor, wenn Gigerenzer empirisch feststellt, dass Menschen durch Heuristiken oft zu guten Entscheidungen kommen, und daraus ableitet, dass Heuristiken rational seien. Selbst wenn wir akzeptieren, dass Menschen häufig auch mit Heuristiken zu vernünftigen Entscheidungen kommen, wirkt diese Argumentation doch etwas zirkulär.

Was passiert im Gehirn beim rationalen Denken?

Inzwischen wissen wir aus zahlreichen Experimenten, dass mindestens zwei kortikale Netzwerke an logischen Denkprozessen beteiligt sind [20],[21]. Eines davon liegt im linken Schläfenlappen, das zweite in Arealen im okzipitalen und parietalen Kortex. Die Beteiligung des ersten Netzwerks spricht für die Verbindung von Denken und Sprache [22]. Denken ist demnach oft mit innerem Sprechen und Deliberation verbunden, wenn wir z. B. in Gedanken Argumente und Gegenargumente gegeneinander abwägen. Dieses zweite Netzwerk wird mit anschaulichen Vorstellungen in Verbindung gebracht, was darauf hinweist, dass wir oft Alternativen durchdenken und uns anschaulich vorstellen, was unter bestimmten Bedingungen der Fall sein könnte [22],[23]. So lösen wir selbst komplizierte Probleme. Außerdem haben Bildgebungsstudien gezeigt, dass selbst wenn Menschen Heuristiken zur Lösung eines Problems verwenden und das zu Fehlern führt, die logisch korrekte Antwort im Gehirn ebenfalls verfügbar ist. In den Experimenten wurde mithilfe funktioneller Magnet-Resonanz-Tomographie (fMRT) untersucht, ob Probanden gar nicht „merken", dass sie einen logischen Fehler begehen oder ob sie es zwar „wissen", aber sich die Fehler trotzdem gegen den formal gültigen Schluss durchsetzen. Letzteres ist der Fall! Wenn die Probanden logische Fehler aufgrund von Heuristiken begingen, waren zwei Bereiche des Gehirns aktiv, das anteriore Cingulum und der laterale präfrontale Kortex. Diese Regionen werden mit Fehler- und Konflikterkennung und der Unterdrückung von Handlungstendenzen in Beziehung gebracht. Die Probanden können also durchaus zwischen logisch richtigen und falschen Schlüssen unterscheiden und müssen sich nicht nur auf Heuristiken verlassen [24]. Diese Befunde sprechen zwar nicht gegen Heuristiken. Sie zeigen aber, dass Heuristiken nur ein Teil der großen Story sein können.

3 Schlussfolgerungen

Wieviel lässt sich also mit der *bounded rationality*-Theorie erklären? Zunächst unterscheidet Gigerenzer in seinem Beitrag zwischen dem Umgang mit Risiken und Umgang mit Unsicherheit. In anderen Arbeiten nimmt er diese Unterscheidung allerdings nicht so klar vor und verwendet sogar zum Teil ganz ähnliche Beispiele wie im vorliegenden Text auch für den kognitiven Umgang mit Risiken [25]. Zudem stellt sich die Frage, ob sich Unsicherheit nicht oft auf abschätzbares Risiko reduzieren lässt, indem weitere Informationen eingeholt werden? Haben wir für alle möglichen Lebensbereiche und Aufgaben spezielle Heuristiken zu Verfügung? Das müssten aber dann sehr, sehr viele sein. Und wie wählen wir dann im Gedächtnis die jeweils richtige Heuristik aus? Wie denken Menschen eigentlich in Bereichen, über die sie gar kein Wissen haben? *Fast and Frugal Heuristiken* helfen dabei vermutlich nicht weiter. Reichen einige Beispiele für den Erfolg von Heuristiken zur Stützung der Theorie aus oder müssen wir doch zeigen, dass ein bestimmter Lösungsweg in sehr vielen Fällen erfolgreich ist? Wie entscheiden wir überhaupt, was eine wirklich gute Lösung ist, wenn nicht mit den normativen Werkzeugen der Logik, Wahrscheinlichkeitsrechnung und mathematischen Entscheidungstheorie? Diese Systeme eigenen sich vielleicht nicht als kognitive Theorien des Denkens und Entscheidens. Aber können wir auf ihre normative Funktion verzichten?

Insgesamt spricht in der Psychologie viel für die Bedeutung von Heuristiken. Man kann sie für die Fehleranfälligkeit und Irrationalität von Menschen verantwortlich machen [5],[6],[7] oder sie für „ökologisch rational" halten, wie Gigerenzer. Skepsis ist allerdings dann angebracht, wenn Theorien einen alleinigen Erklärungsanspruch erheben. Dieser theoretische Monismus wird zwar meist nur implizit vertreten. Eine gute *Heuristik* ist aber dann, dass mit dieser Theorie wahrscheinlich etwas nicht stimmen kann. In diesem Falle sollte man dann nach stichhaltigen Argumenten und Gegenargumenten suchen, um das Ergebnis der Heuristik zu prüfen und rational zu begründen oder zu widerlegen. Dieses mehrstufige Vorgehen wäre auch eine gute Botschaft der Psychologie an die Öffentlichkeit. Wie gesagt: Menschen hören oft nur, was sie gerne hören wollen. Es wäre fatal, wenn Gigerenzers Arbeiten in der Öffentlichkeit als Ermutigung zu weniger Denken verstanden werden würden.

Danksagung

Diese Arbeit wurde im Rahmen des von der Deutschen Forschungsgemeinschaft seit 2011 finanzierten Schwerpunktprogramms *New Frameworks of Rationality* (SPP 1516) gefördert. In dem Programm arbeiten etwa 50 Psychologinnen, Philosophen und Informatikerinnen zusammen, um die Natur menschlicher Rationalität zu begreifen. Ich danke allen Kolleginnen und Kollegen für die langjährige wunderbare Zusammenarbeit und die vielen spannenden Diskussionen. Christoph Klauer, Marco Ragni und Michael Waldmann gilt mein Dank für die vielen hilfreichen Kommentare zu einer früheren Version dieses Beitrags.

Literatur

[1] Gigerenzer G. Simply rational: Decision making in the real world. New York: Oxford University Press, 2015.

[2] Gigerenzer G. Bauchentscheidungen – die Intelligenz des Unbewussten und die Macht der Intuition. München: Bertelsmann, 2008.

[3] Knauff M. Warum wir doch vernünftig sind. In: Gehirn & Geist. 2016;12:12–19.

[4] Kahneman D. Schnelles Denken, langsames Denken. München: Siedler Verlag, 2012.

[5] Sloman S, Fernbach P. The knowledge illusion: Why we never think alone. New York, NY: Penguin, 2017.

[6] Thaler RH, Sunstein CR. Nudge: Improving decisions about health, wealth, and happiness. New Haven, CT: Yale University Press, 2008.

[7] Kahneman D, Tversky A. Judgment under uncertainty: Heuristics and biases. Science. 1974;185(4157):1124–1131.

[8]   Pohl R. Cognitive Illusions. A Handbook on fallacies and biases in thinking, judgement and memory. Hove, UK: Psychology Press, 2004.

[9]   Gigerenzer G, Muir Gray JA (eds.). Bessere Ärzte, bessere Patienten, bessere Medizin: Aufbruch in ein transparentes Gesundheitswesen. Berlin: Medizinisch Wissenschaftliche Verlagsgesellschaft, 2013.

[10] Nickerson RS. Confirmation bias: A ubiquitous phenomenon in many guises. In: Review of General Psychology. 1998;2:175–220.

[11] Hewstone W, Stroebe M, Jonas K. Introduction to Social Psychology: A European perspective. Sussex, UK: Wiley, 2017.

[12] Knauff M. Wissenschaftskommunikation und Bauchgefühl – Ist Rationalität nur eine Fiktion? Eingeladener Vortrag: Symposium „Mehr als Fakten – Wissenschaft heute kommunizieren". Nationales Institut für Wissenschaftskommunikation (NaWik), Karlsruhe, 2017.

[13] Bucher L, Kaller C, Unterrainer J, Rahm B, Knauff M. Neuronale Grundlagen komplexer Kognition. In: Schröger E, Kölsch S (eds.). Affektive und Kognitive Neurowissenschaft. Enzyklopädie der Psychologie, Themenbereich C, Bd. 5, Kognition. Göttingen: Hogrefe, 2013;363–430.

[14] Manktelow K. Thinking and reasoning: An introduction to the psychology of reason, judgment and decision making. Hove, UK: Psychology Press, 2012.

[15] Hertwig R, Hoffrage U, the ABC Research Group. Simple heuristics in a social world. New York, NY: Oxford University Press, 2013.

[16] Knauff M, Knoblich G. Logisches Denken. In: Müsseler J, Rieger M (eds.). Lehrbuch Allgemeine Psychologie. (3. Aufl.). Berlin: Springer, 2016;533–585.

[17] Russell S, Norvig P. Artificial Intelligence: A Modern Approach (3rd edition). New Jersey: Prentice Hall, 2010.

[18] Knauff M, Spohn W (eds.). Handbook of Rationality: Normative and descriptive approaches of theoretical and practical rationality. Cambridge/MA: MIT Press, (im Druck).

[19] Evans JS, Stanovich KE. Dual-process theories of higher cognition: Advancing the debate. In: Perspectives on Psychological Science. 2013;8:223–241.

[20] Knauff M. How our brains reason logically. In: Topio. 2007;26:19–36.

[21] Prado J, Chadha A, Booth JR. The brain network for deductive reasoning: A quantitative meta-analysis of 28 neuroimaging studies. In: Journal of Cognitive Neuroscience. 2011;23(11):3483–3497.

[22] Knauff M. Space to Reason: A Spatial Theory of Human Thought. Cambridge/MA: MIT Press, 2013.

[23] Ragni M, Knauff M. A theory and a computational model of spatial reasoning with preferred mental models. In: Psychological Review. 2013;120(3):561–588.

[24] De Neys W. Bias and conflict: A case for logical intuitions. In: Perspectives on Psychological Science. 2012;7:28–38.

[25] Gigerenzer G. Risiko: Wie man die richtigen Entscheidungen trifft. München: Bertelsmann, 2014.

Thomas C. Mettenleiter und Elke Reinking

2 BSE, Vogelgrippe und Co.: die Bekämpfung von Tierseuchen und Zoonosen in der öffentlichen Wahrnehmung

Zusammenfassung: Tierseuchen sind kein Produkt der modernen Tierhaltung, doch das Interesse der Öffentlichkeit am Ausbruch, der Ausbreitung und der Eindämmung von Tierseuchen hat sich in den letzten Jahren deutlich verstärkt. Dies betrifft vor allem Zoonosen, also zwischen Tier und Mensch übertragbare Infektionen. Am Beispiel des „Rinderwahnsinns" BSE, der aviären Influenza („Vogelgrippe") der Subtypen H5N1 und H5N8 sowie der Ausbreitung der afrikanischen Schweinepest in Osteuropa sollen die Wahrnehmungen der Öffentlichkeit, die rationalen Grundlagen der Handlungsoptionen sowie die Umsetzbarkeit evidenzbasierter Maßnahmen dargestellt werden.

Abstract: Animal infectious diseases are not a product of modern animal husbandry, but public interest on outbreak, spread and control of animal infectious diseases has significantly increased recently. This is primarily focused on zoonoses, i.e. infectious diseases transmitted between animals and humans. Using recent outbreaks and control measures of „mad cow disease" BSE, avian influenza ("avian flu") of subtypes H5N1 and H5N8 as well as the expansion in Eastern Europe of African Swine Fever as examples, the perception by the public, the rational basis for disease control options as well as the execution of evidence-based control measures will be discussed.

Tierseuchen begleiten den Menschen seit der Domestizierung wildlebender Tiere zu Nutz- und Haustieren. Frühe Darstellungen zeigen z. B. an Tollwut leidende Hunde. Krankheiten, die wir heute als Rinderpest und Maul- und Klauenseuche identifizieren, führten maßgeblich zur Entwicklung der modernen Tierseuchenbekämpfung und -prävention mit Quarantäne, Verbringungs- und Bewegungsbeschränkungen sowie der Tötung infizierter und infektionsverdächtiger Tiere. Schon damals nahm die Öffentlichkeit regen Anteil an der Verbreitung und Bekämpfung von Tierseuchen. Ein Beispiel dafür ist die Inschrift am Kronleuchter in der Dorfkirche von Richtenberg bei Stralsund [1] (Abb. 2.1).

Gerade die Unvorhersagbarkeit der Entwicklung und Ausbreitung von Tierseuchen, die auch heute in manchen Aspekten noch dem Blick in die Kristallkugel gleicht („welche Seuche kommt denn nun als nächste …?"), birgt ein Interessenspotential für die Öffentlichkeit. Dies wird gesteigert, wenn es sich bei der Tierseuche um eine Infektion handelt, die auch den Menschen betreffen kann, eine sog. Zoonose. Hierbei spielen besonders die früher als exotisch bezeichneten Tierseuchen, neu oder in

https://doi.org/10.1515/9783110600261-003

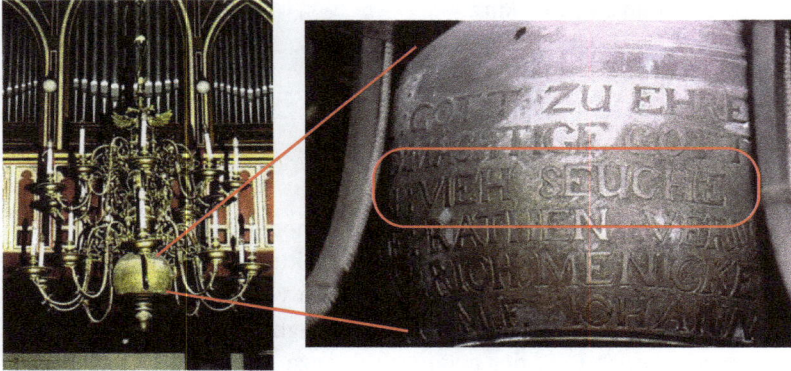

Ich bin geschenkt, Gott zu Ehren, der Kirche zur Zierde, zur Zeit,
wie der allmächtige Gott fast die ganze Welt mit einer schweren
Rindvieh Seuche gestraft [...] (1747)

Abb. 2.1 Kronleuchter in Dorfkirche Richtenberg bei Stralsund.

anderer Form auftretende Krankheiten sowie die Entdeckung neuer und neuartiger
Erreger eine wesentliche Rolle.

1 Der „rätselhafte Rinderwahn" – BSE

1985 wurde im Vereinigten Königreich eine neue Krankheit bei Rindern diagnostiziert,
die sich durch zentralnervöse Ausfallserscheinungen manifestierte. Erhöhte Erregbar-
keit, Inkoordination der Bewegung bis hin zum Festliegen waren einige Merkmale. Das
histologische Bild der Degeneration von Neuronen im Zentralnervensystem erinnerte
an die Scrapie beim Schaf und die Creutzfeldt-Jakob-Erkrankung des Menschen, die
als transmissible spongiforme Enzephalopathien bezeichnet werden [2]. So wurde der
neue Name geboren: *bovine spongiforme Enzephalopathie* (BSE). Die Erreger dieser Erkrankungen, die seit dem 18. Jahrhundert im Tier (Schaf) und seit Anfang des 20. Jahrhunderts beim Menschen beschrieben wurden, wurden lange Zeit vergeblich gesucht.
Aufgrund der verfügbaren Informationen über das Fehlen von krankheits- oder erre-
gerspezifischen Nukleinsäuren, der Übertragbarkeit u. a. durch orale Infektion sowie
Daten aus Tierversuchen stellte Stanley Prusiner 1982 seine Prionenhypothese vor [3].
Er schlug vor, dass diese Gruppe von Krankheiten von neuartigen Erregern, sog. Prionen (Prion = *proteinaceous infectious particle*), hervorgerufen wird, die körpereigene
Eiweiße in Fehlfaltung darstellen. Die Propagierung der Erreger erfolgt durch eine zunehmende Fehlfaltung der normalen zellulären Proteine. Diese Hypothese wurde vielfach in Frage gestellt, aber experimentell nie widerlegt. Weitere Studien untermauer-
ten die Identifikation dieser neuartigen Erreger und Stanley Prusiner bekam 1997 den

Nobelpreis für Medizin. Bereits 1976 hatte Carleton Gajdusek durch seine Studien zur Kuru, einer durch Kannibalismus übertragenen spongiformen Enzephalopathie bei dem Fore-Volk in Papua-Neu Guinea, ebenfalls den Nobelpreis erhalten. Es blieb aber bei der Tatsache, dass bis dahin wenig über die „Prionen" bekannt war, ja ihre Existenz von verschiedenen Arbeitsgruppen weiterhin in Frage gestellt wurde.

Im Vereinigten Königreich entwickelte sich nach der Erstbeschreibung 1985 eine veritable Epidemie bei Rindern, die 1992 ihren Höhepunkt erreichte und danach langsam abflaute. Als Eintragsquelle wurde schnell unzureichend erhitztes Tiermehl ausfindig gemacht, das als Kraftfutter bei der Rinderhaltung eingesetzt wurde. Auch Milchaustauscher, die tierische Fette enthielten, spielten eine Rolle. Da die in den späten 1970er und frühen 1980er Jahren erfolgte Umstellung der Tiermehlherstellung auf energetisch günstigere, allerdings weniger harsche Bedingungen im Vereinigten Königreich erfolgte, wurde die Seuche primär als ein britisches Problem angesehen, auch wenn 1990 auch einheimische Fälle in der Schweiz, 1991 in Frankreich, 1993 in Irland, 1994 in Portugal, 1997 in Belgien, Luxemburg und den Niederlanden und 1998 in Liechtenstein auftraten. Daneben kam es zu BSE-Feststellungen bei aus Großbritannien importierten Rindern, so u. a. erstmals 1989 in Irland, 1990 in Portugal, 1992 in Deutschland und Dänemark und 1994 in Italien. Die Unsicherheit bestand also in der geringen Kenntnis über den Erreger und seiner Epidemiologie sowie in der Frage der Ausbreitung.

1996 wurde im Vereinigten Königreich nachgewiesen, dass die BSE auf den Menschen übergehen kann und dort eine „neue", variante Form der Creutzfeldt-Jakob-Erkrankung (vCJD) hervorruft. So war BSE als Zoonose identifiziert und die Verbraucher sahen sich nun einem nicht quantifizierbaren Infektionsrisiko mit einem hundertprozentig tödlichen Erreger ausgesetzt, dessen epidemiologische und biologische Eigenschaften weitgehend unbekannt waren. So war unklar, wie effizient der Erreger des Rindes den Menschen infizieren kann. Artbarrieren waren von Prionen schon vorher bekannt, nicht jedoch wie hoch die Barriere zwischen Rind und Mensch wirklich ist. Dies öffnete die Tür für Spekulationen, von „mehreren Hundert" bis zu „vielen Hunderttausenden" humanen BSE-Opfern war die Rede. Dies wurde auch von den Medien prominent aufgegriffen (vgl. Abb. 2.2). Letztlich sind bis heute weniger als 250 Fälle der humanen BSE (vCJD) aufgetreten, da sich die Speziesbarriere mit etwa einem Faktor 10.000 (d. h. es ist 10.000 mal mehr BSE-Erreger für die Infektion des Menschen nötig als für die Infektion eines Rindes) als sehr hoch erwiesen hat.

In Deutschland herrschte die Meinung vor, dass aufgrund anderer Praktiken in der Tierfütterung (so wurde u. a. behauptet, Tiermehl würde in Deutschland nicht verfüttert) eine Gefährdungssituation nicht bestünde. Stichprobenartig durchgeführte Tests an klinisch auffälligen Tieren hatten keine positiven Resultate gezeigt, mit Ausnahme von sechs aus dem Vereinigten Königreich und der Schweiz eingeführten Rindern. Zwar hatte sich zwischenzeitlich ein wissenschaftliches Expertengremium aus Angehörigen von Bundes- und Universitätsinstituten konstituiert, dies wurde aber nie formal etabliert, im Gegensatz zu der Situation im UK, wo die Regierung ein wissenschaftliches Beratungsgremium (*spongiform encephalopathy advisory commit-*

Abb. 2.2 BSE in den Medien (Quellen: ‚Der Spiegel' Nr. 13 vom 25.03.1996; ‚Bild' vom 28.11.2000, ‚Stern' Nr. 49 vom 30.11.2000).

tee – SEAC) offiziell berufen hat. Auf seiner Sitzung im April 2000 wies das deutsche Expertengremium darauf hin, dass sich Deutschland auf den ersten Fall von einheimischer BSE vorbereiten solle.

Der Fall trat dann am 24. November 2000 ein. Ein freiwilliger Test in einem privaten Untersuchungslabor führte zu einem positiven Ergebnis bei einem einheimischen Schlachtrind, das am 26. November 2000 vom nationalen Referenzlabor an der damaligen Bundesforschungsanstalt für Viruskrankheiten der Tiere (heute Friedrich-Loeffler-Institut) bestätigt wurde. Nun brachen alle Dämme. Die Presse stürzte sich auf das Thema, der Rindfleischkonsum ging über Nacht drastisch zurück. Die Bevölkerung war hinsichtlich eines möglichen Gesundheitsrisikos durch den Verzehr von Rindfleisch tief verunsichert.

Im Januar 2001 traten die Bundesgesundheitsministerin Andrea Fischer (Bündnis 90/Die Grünen) sowie Bundeslandwirtschaftsminister Karl-Heinz Funke (SPD) zurück. Neue Bundeslandwirtschaftsministerin wurde Renate Künast (Bündnis 90/Die Grünen), neue Bundesgesundheitsministerin Ulla Schmidt (SPD). Der Verbrau-

Tab. 2.1 BSE Schnelltests.

	Total number of BSE rapid test in cattle	2001	2002	2003	2004	2005	2006	2007	2008	2009
Fallen stock	2.010.412	258.353	251.177	242.664	226.685	223.190	221.076	220.295	227.835	139.137
Emergency slaughter	77.206	8.246	6.850	5.938	7.173	7.205	12.778	11.000	11.120	6.896
BSE symptoms prior slaughter	451	187	59	48	44	40	32	26	13	2
BSE eradication	15.613	9.130	2.626	1.127	1.312	1.019	306	59	22	12
Clinical suspects	8.948		1.585	3.249	2.643	1.397	67	5	0	2
Regular slaughter	17.444.564	2.593.260	2.767.958	2.337.239	2.292.714	1.840.366	1.656.812	1.418.367	1.484.508	1.053.340
Total	19.557.194	2.869.176	3.030.255	2.590.265	2.530.571	2.073.217	1.891.071	1.649.752	1.723.498	1.199.389

2010: 1.216.444 Tests
Geburtsjahrgänge ab 2002 komplett negativ!

cherschutz wurde reorganisiert und im neu benannten „Bundesministerium für Verbraucherschutz, Ernährung und Landwirtschaft" (BMVEL) konzentriert. Zeitgleich mit der Auflösung des „Bundesinstituts für gesundheitlichen Verbraucherschutz und Veterinärmedizin" (BgVV) wurden mit dem „Bundesinstitut für Risikobewertung" und dem „Bundesamt für Verbraucherschutz und Lebensmittel" zwei neue Behörden der Risikobewertung, des Risikomanagements und der Risikokommunikation geschaffen. Am Hauptsitz Insel Riems des Friedrich-Loeffler-Instituts wurde innerhalb weniger Wochen um das nationale Referenzlaboratorium für Scrapie und BSE das Institut für neue und neuartige Tierseuchenerreger mit einem Forschungsschwerpunkt BSE gegründet. Wohl nie zuvor hatte eine Tierseuche solche politischen und infrastrukturellen Konsequenzen.

Um die wahrscheinlichsten Eintritts- und Verbreitungswege sowie die Gefährdung des Menschen kurzfristig einzudämmen, wurden in enormer Geschwindigkeit gesetzliche Vorgaben geschaffen. So war die Verfütterung jeglicher tierischer Proteine (in Deutschland auch tierischer Fette) an lebensmittelliefernde Tiere ab dem 01. Januar 2001 in der EU verboten. Alle Schlachtrinder sowie alle an den Tierkörperbeseitigungsanstalten angelieferten über 30 Monate alten Rinder (in Deutschland wurde die Testaltersgrenze bald auf 24 Monate gesenkt) mussten getestet werden. Quasi über Nacht wurde ein Netzwerk von testenden Institutionen aufgebaut, um bereits im ersten Jahr der Pflichttestung, 2001, fast 3 Mio. Untersuchungen durchzuführen (vgl. Tab. 2.1, S. 27).

Die Qualitätssicherung durch Ringtests oblag dem nationalen Referenzlabor ebenso wie die Bestätigung positiver und die Untersuchung fraglicher Proben. 2001 war auch das Jahr in dem in Deutschland die meisten positiven Tiere gefunden wur-

Tab. 2.2 BSE in Deutschland.

Jahr	Fälle	Ursprung
1994	4	UK
1997	2	UK, Schweiz
2000	7	einheimisch
2001	125	einheimisch
2002	106	101 einheimisch (4 x CZ, 1 x NL)
2003	54	einheimisch
2004	65	einheimisch
2005	32	einheimisch
2006	16	einheimisch
2007	4	einheimisch
2008	2	einheimisch
2009	2	einheimisch
2010	0	–

den [4]. Der Erfolg der Maßnahmen zeigte sich u. a. darin, dass die letzten in Deutschland geborenen und später positiv getesteten Tiere im März und Mai 2001 zur Welt gekommen sind [4]. Danach haben offenbar in Deutschland keine Infektionen mehr stattgefunden. Die letzten beiden klassischen BSE-Fälle in Deutschland wurden 2009 nachgewiesen (vgl. Tab. 2.2).

Heute ist BSE in der Öffentlichkeit kein Thema mehr, auch wenn gelegentlich im Zuge anderer Tierseuchengeschehen wie der „Vogelgrippe" Nachfragen wie „Was macht eigentlich die BSE?" zu verzeichnen waren. Die über Futter- und Nahrungsmittel übertragene alimentäre, „klassische" BSE ist weitgehend ausgestorben. 2016 war das erste Jahr seit 1984, in dem kein BSE-Fall im Vereinigten Königreich nachgewiesen wurde. In der gesamten EU gab es 2017 nur noch zwei Fälle. Allerdings wurde im Zuge der umfangreichen Testung eine zweite Form der BSE identifiziert, die offenbar spontan mit einer gewissen Häufigkeit auftritt (wie die spontane CJD beim Menschen). Diese sog. „atypische BSE" [5] bleibt auf niedrigem Niveau bestehen (vgl. Abb. 2.3) und erinnert uns daran, die zur Eindämmung der klassischen BSE in Kraft

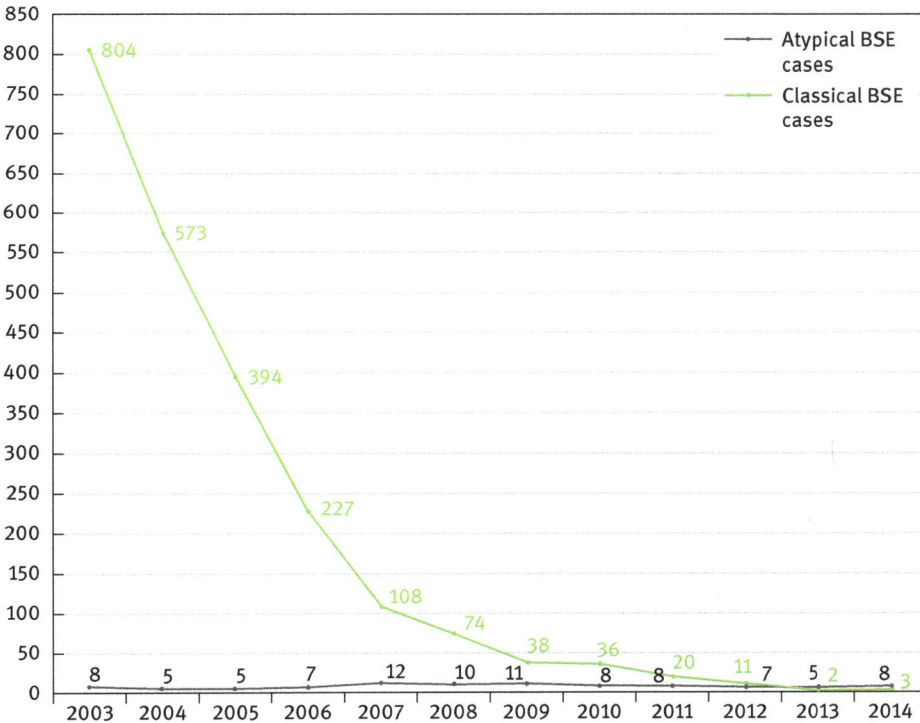

Abb. 2.3 Entwicklung der klassischen und atypischen BSE-Fälle in der EU (Quelle: Draft Report on the monitoring and testing of ruminants for the presence of transmissible spongiform encephalopathies (TSEs) in the EU in 2014. Published by the Direcorate-General for Health and Food Safety of the European Commission).

gesetzten Maßnahmen nicht leichtfertig zu lockern. Auch wenn BSE kein Thema mehr ist, extinkt ist sie nicht und wird sie wohl auch nie sein.

2 Die „Vogelgrippe" H5N1

Die im Volksmund „Vogelgrippe" genannte aviäre Influenzavirus-Infektion tritt in zwei Formen auf. Die im natürlichen Reservoir der wilden Wasservögel vorkommenden gering bis gar nicht krankmachenden Varianten (*low pathogenic avian influenza*, LPAI) können sich spontan durch Mutation zu hochpathogenen, d. h. stark krankmachenden Viren verändern, die dann die anzeigepflichtige Tierseuche Geflügelpest (auch: hochpathogene aviäre Influenza, HPAI) beim Nutzgeflügel auslösen. Diese hochansteckende, für Nutzgeflügel, insbesondere Puten und Hühner hochletale Infektion ist seit 1878 bekannt. Ein Ausbruch dieser Virusinfektion am Ende des 19. Jahrhunderts führte in Italien zu großen Verlusten in der Geflügelhaltung. Die Infektion wurde später durch das Verbringen von infizierten Tieren auf eine Geflügelschau in Braunschweig auch nach Deutschland gebracht. Seither wird die Geflügelpest sporadisch bei Nutzgeflügel detektiert, allerdings waren die Ausbrüche relativ selten und konnten meist durch konsequente Bekämpfungsmaßnahmen schnell erstickt werden. Größere Ausbruchsgeschehen gab es 1983 in den USA und 1999 bis 2001 in Italien. Da es sich der damaligen Einschätzung nach um eine reine Tierseuche handelte, war das Interesse der Öffentlichkeit weitgehend auf die betroffenen landwirtschaftlichen Bereiche beschränkt. 1997 wurden in Hongkong aber 18 Personen mit einer Infektion durch das Geflügelpestvirus vom Subtyp H5N1 diagnostiziert, von denen 6 an der Infektion verstarben. Dies veränderte die Risikoeinschätzung grundlegend. Nunmehr musste davon ausgegangen werden, dass zumindest der Erreger vom Subtyp H5N1, vielleicht auch alle Vogelgrippeviren, als zoonotisch anzusehen sind. So starb 2003 beim ausgedehnten Seuchenzug der Geflügelpest des Subtyps H7N7 in den Niederlanden ein Tierarzt an der Infektion. In den Folgejahren kam es in Südostasien auch zu tödlichen Infektionen des Menschen mit anderen Subtypen wie H5N6 und H7N9.

Besondere Aufmerksamkeit bekam dies dadurch, dass von nachweislich mit H5N1 infizierten Personen in Südostasien, später auch in anderen Teilen Asiens und in Ägypten, mehr als die Hälfte an der Infektion verstarben. Die Infektion des Menschen war und ist ein seltenes Ereignis, aber die Sterblichkeitsrate ist alarmierend hoch (von 2003 bis 2018 860 Infektionen, davon 454 Todesfälle). So bekam dieser Erreger sehr schnell das Attribut des „Killervirus" und damit einen auch für die öffentliche Wahrnehmung herausgehobenen Charakter. Die zunächst in Südostasien konzentrierten Ausbrüche bei Geflügel und Fälle beim Menschen breiteten sich ab 2003 nach Westen aus. 2005 erreichten sie auf dem Balkan europäisches Territorium. Besonders Fälle von Humaninfektionen mit Todesfolge Ende 2005 in der Türkei, bei denen auch Kinder betroffen waren, fanden ihren Weg in die öffentliche Wahrnehmung. Die Medien berichteten zunehmend über die „Gefahr aus dem Osten" und bauten so eine Erwartungshaltung auf, auch wenn niemand einen Eintrag nach Deutschland räumlich und zeitlich vorhersehen konnte.

Dieser erfolgte dann im Frühjahr 2006. Am Valentinstag, dem 14. Februar 2006, wurden vom nationalen Referenzlabor am Friedrich-Loeffler-Institut von am 8. Februar an der Wittower Fähre auf Rügen entdeckten und in Rostock zunächst untersuchten verendeten Singschwänen, positive Befunde auf H5N1 erhoben und zwei Tage später

Abb. 2.4 Geflügelpest/„Vogelgrippe" H5N1 2006 in den Medien (Quellen: Tagesanzeiger, Schweiz 9.2.2006, Lippische Landeszeitung 2.2.2006, Ostsee Zeitung 16.2.2006).

der Nachweis der hochpathogenen Variante geführt. Das „Killervirus" (vgl. Abb. 2.4) war in Deutschland angekommen [6].

Annähernd zeitgleich erfolgten Nachweise von Schweden im Norden bis nach Griechenland im Süden Europas. Auch hier stellte sich wiederum die Frage nach der Gefährlichkeit für den Menschen. Wie ansteckend war der Erreger? Führten wie in Asien Infektionen mit hoher Wahrscheinlichkeit zum Tode? Dabei galt es zunächst die Öffentlichkeit darüber zu informieren, dass sich keine neue Pandemie eines humanen Influenzavirus manifestierte, sondern dass eine Tierseuche mit schwerwiegenden Konsequenzen primär für Geflügelhaltungen und Wildvögel aufgetreten war. Der Fund dreier toter H5N1-infizierter Katzen und eines Steinmarders in der Nähe des Erstausbruchsgebiets ließ die Aufmerksamkeit nochmals steigen. Offenbar war der Erreger also auch hier übertragbar auf und gefährlich für Säugetiere. Aufgabe der Behörden war es daher, die Exposition des Menschen sowie die Weiterverbreitung in Geflügelbeständen soweit möglich zu verhindern. Dieser Vorbeugung dienten die Schutzanzüge, das Einsammeln von Wildvogelkadavern, die Absperrungen, die Bewegungseinschränkungen, das Aufstallgebot für Nutzgeflügel. Letztlich kam es weder in Deutschland noch in anderen betroffenen europäischen Ländern zu einer durch H5N1 hervorgerufenen humanen Infektion. In Deutschland beliefen sich die Fälle beim Nutzgeflügel von 2006/07 auf insgesamt 6 bei mehr als 350 Nachweisen bei Wildvögeln 2006 bis 2009. Die im Nachhinein als völlig überzogen dargestellten Schutzmaßnahmen hatten also letztlich ihr Ziel erreicht. H5N1 ist seit 2009 in Deutschland nicht mehr aufgetreten, ist aber weiterhin in Asien und in Afrika, insbesondere in Ägypten, aktiv.

Als Eintragsursache des Erregers von Asien nach Europa wurden infizierte Wildvögel als wahrscheinlich angesehen. Eine im Januar anhaltende starke Frostperiode im Osten hatte zu einem großräumigen Ausweichen der Wildvögel nach Westen geführt, was die annähernd zeitgleichen Nachweise von Schweden bis Griechenland erklärt. Natur- und Vogelschutzverbände setzten sich mit dieser wissenschaftlich begründeten Interpretation kritisch auseinander, ohne jedoch andere Einschleppungsursachen belegbar nachweisen zu können. Auch systematische Untersuchungen des FLI und anderer Behörden führten nicht zur Identifizierung anderer Eintragsquellen. Letztlich fokussierte die Diskussion aber auf die zur Eindämmung ergriffenen Maßnahmen des Personenschutzes und der Tierseuchenbekämpfung.

3 Die „Vogelgrippe" H5N8

Im Frühjahr 2014 wurde aus Südkorea von einem massiven Geflügelpestgeschehen berichtet, das neben Nutzgeflügel auch Wildvögel betraf. Auch Japan meldete Fälle. Im November 2014 wurde dann in Heinrichswalde, Mecklenburg-Vorpommern, in einem Putenbestand eine innerhalb weniger Tage drastisch erhöhte Sterblichkeit festgestellt und als ursächlicher Erreger ein hochpathogenes aviäres Influenzavirus des

Ausbrüche in Deutschland 1995 – 2017

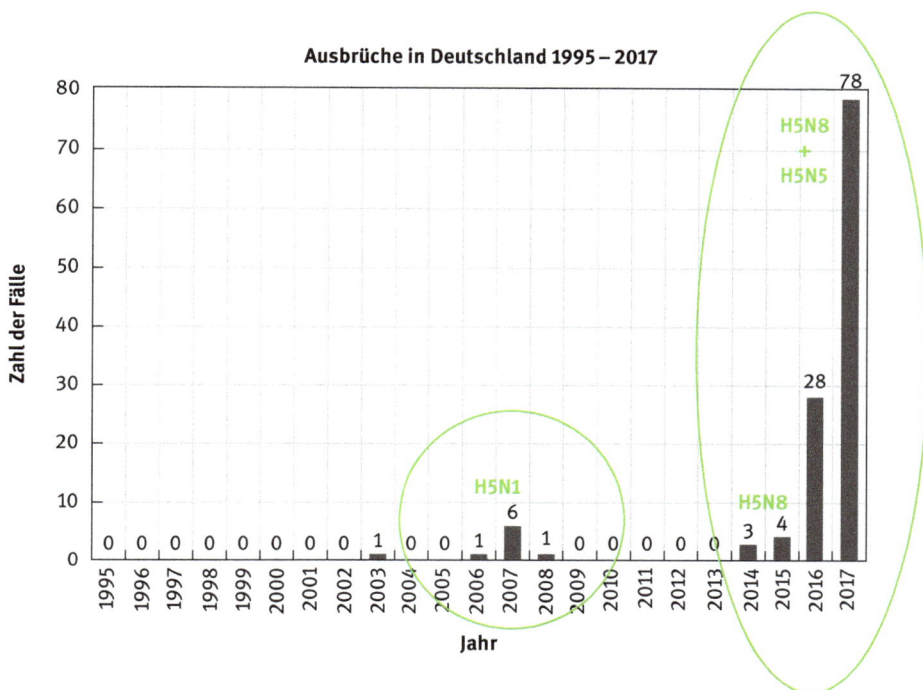

Abb. 2.5 Geflügelpest („Vogelgrippe") in Deutschland.

Subtyps H5N8 identifiziert. Dieses Virus war hochpathogen für Puten und Hühner, allerdings wurde weltweit noch keine Infektion des Menschen mit diesem Virus festgestellt. So blieben die Maßnahmen nach anfänglichem Interesse der Medien, und der am häufigsten gestellten Frage nach der Gefährlichkeit des Erregers für den Menschen, weitgehend in Ruhe den zuständigen Behörden überlassen, auch da sich die Zahl infizierter Bestände und Wildvögel in Grenzen hielt (Abb. 2.5).

Große Diskussionen entstanden aber erneut über den Eintragsweg des Erregers. Molekulargenetische Untersuchungen ergaben, dass das in Deutschland aufgetretene Virus eng verwandt mit dem koreanischen Erreger war [7]. Somit ergab sich die schon beim Eintrag von H5N1 als wahrscheinlichste Eintragsursache identifizierte Verbringung durch Wildvögel/Zugvögel (vgl. Abb. 2.6) [8] aus dem südostasiatischen Raum über die Brutgebiete in Sibirien und eine stafettenartige Weitergabe des Erregers bis nach Europa. Die zeitliche Koinzidenz mit dem Herbst-Vogelzug unterstützte diese These [8],[9]. In der Abwesenheit der Gefährdung für den Menschen entwickelte sich die Diskussion zur Eintragsursache als Hauptinteresse der Öffentlichkeit. Natur- und Vogelschutzverbände negierten vehement die vorliegenden Evidenzen für einen Eintrag durch Zugvögel und verwiesen auf internationale Netzwerke des Geflügel- und Tierfuttertransports. Hierfür legten sie allerdings keine belastbaren Hinweise vor und

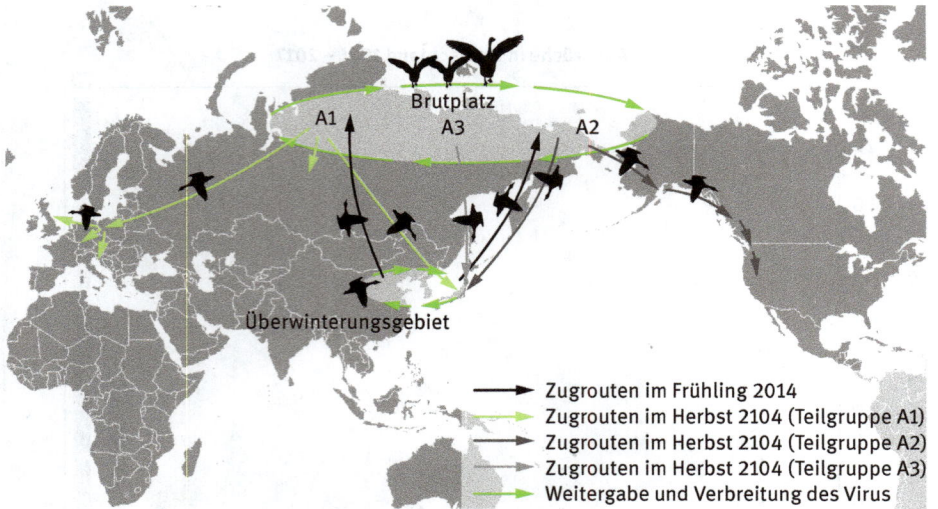

Abb. 2.6 Ausbreitung von H5N8, 2014 (Quelle: Lee et al., 2015).

wie 2006 konnten auch systematische behördliche Nachforschungen dies nicht bestätigen. Letztlich blieb es beim Dissens.

Im April 2015 wurde diese H5N8 Linie zuletzt in Deutschland nachgewiesen.
Allerdings kam es im Herbst 2016 wiederum zu Nachweisen von H5N8. Erstmals wurde im September eine neuartige H5N8 Linie im Grenzgebiet zwischen der Mongolei
und der russischen Föderation am Uvs-Nur-See festgestellt, die im Oktober auch in
Polen und Ungarn diagnostiziert wurde. Anfang November wurden am Plöner See
in Schleswig-Holstein sowie am Bodensee massive Wildvogelsterben beobachtet [10].
Die Untersuchungen ergaben das Vorliegen einer Infektion mit H5N8 der „neuen"
Linie [11]. Auch einzelne Infektionen mit einer daraus hervorgegangenen H5N5 Variante wurden diagnostiziert [10],[11]. Im Laufe der kommenden Monate entwickelte
sich die umfangreichste bisher in Deutschland dokumentierte Geflügelpestepidemie
mit 107 Ausbrüchen bei gehaltenen Vögeln (Geflügelhaltungen, Zoos, Tierparks) und
mehr als 1.200 Nachweisen bei Wildvögeln [10]. Deutschland war flächendeckend
überzogen, Nachweise wurden aber auch wieder von Schweden bis Griechenland in
vielen europäischen Ländern geführt (vgl. Abb. 2.6). Genetische Feinuntersuchun-
gen zeigten, dass es sich um den Eintrag nach Deutschland von mindestens fünf
unterschiedlichen Virusvarianten handelte. Wiederum blieb die Öffentlichkeit nach
anfänglichem Interesse der Presse an den ersten Tötungsaktionen infizierter Nutz-
geflügelbestände durch die fehlende Gefährdung des Menschen weitgehend unbe-
teiligt. Dies änderte sich, nachdem in einer Risikobewertung durch das FLI wiederum auf wissenschaftlicher Basis die wahrscheinlichste Eintragsursache auf den
Vogelzug sowie die Etablierung des Erregers bei Wildvögeln zurückgeführt wurde.

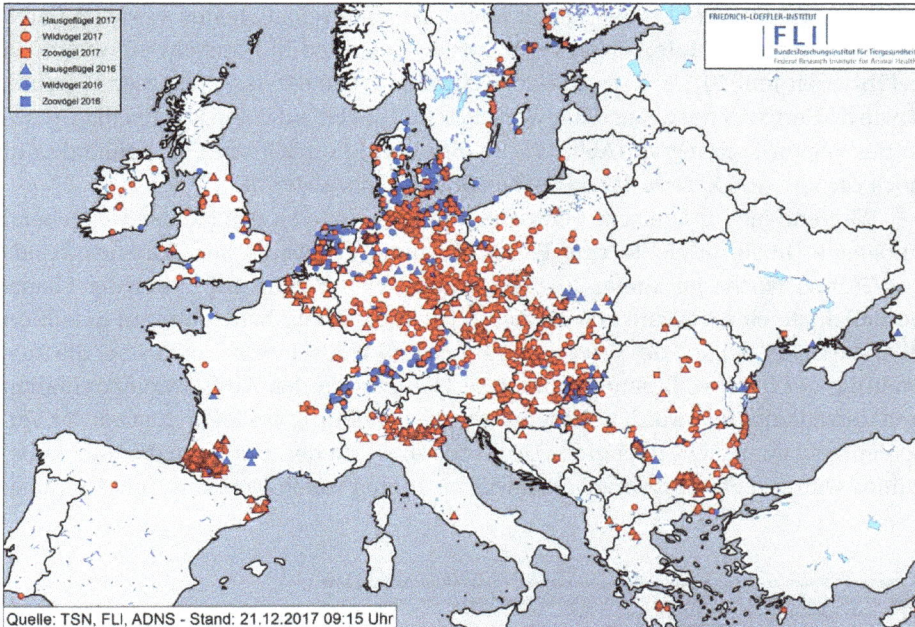

Abb. 2.7 Geflügelpest ('Vogelgrippe') 2016/2017 in Europa.

Es kam seitens einiger „Experten" aus Natur- und Vogelschutzkreisen zu massiver Kritik an dieser Feststellung. Die Öffentlichkeit und die Medien konzentrierten sich in der Folge weniger auf die Seuche an sich als auf diesen Diskurs. So wurde in einer öffentlichen Veranstaltung am 1. Dezember 2016 im Landwirtschaftsministerium in Schleswig-Holstein eine intensive Diskussion fast ausschließlich über dieses Thema geführt. Letztlich wurden wissenschaftlich belegbare Evidenzen wie genetische Studien mittels neuester Technologie, epidemiologische Analysen an Ausbruchsbeständen, Daten aus dem Wildvogelmonitoring sowie die Erregercharakterisierung im Labor vehement negiert. Öffentlichkeitswirksame Auftritte und Äußerungen dieser „Experten" boten Anreiz für eine nicht immer ausgewogene Berichterstattung, in der wissenschaftlich fundierte Studien und Erkenntnisse auf eine Stufe gestellt wurden mit nicht belegbaren Hypothesen.

4 Die „Afrikanische" Schweinepest

Zum Zeitpunkt des Symposiums hatte sich die vormals „Afrikanische" Schweinepest nach dem 2007 erfolgten Eintrag aus Ostafrika nach Georgien bis zum Jahre 2014 über den Kaukasus und die russische Föderation nach Weißrussland, die Ukraine und an die Ostgrenze der EU ausgebreitet und in den baltischen Staaten sowie im Osten Polens zu massiven Infektionen bei Wildschweinen und in Hausschweinbeständen geführt. Seit Juni 2017 kam es zu Nachweisen im Osten der Tschechischen Republik sowie im Herbst in der Gegend um Warschau und später auf beiden Seiten der Grenze in der Region Kaliningrad (Abb. 2.7). Somit waren die nächsten Seuchenherde nur noch ca. 300–400 km von der deutschen Staatsgrenze entfernt.

Während die Afrikanische Schweinepest lange Zeit von den Medien weitgehend unbemerkt blieb, erreichte eine Pressemitteilung des Deutschen Bauernverbands zur Grünen Woche im Januar 2018 ein umfangreiches Echo auf nationaler Ebene. So berichtete eine Vielzahl von Medien (u. a. Tagesschau, heute-journal) detailliert über die Gefährlichkeit des Erregers für Haus- und Wildschweine sowie über die Ausbreitung der Seuche. Besonders die Reservoirfunktion der Wildschweinpopulation und deren Reduktion wurden thematisiert. Die Bedeutung des Menschen bei der Verschleppung der Seuche über große Distanzen sowie für den Eintrag in die Nutztierbestände wurde ebenso hervorgehoben wie das Fehlen von Präventions- und Therapie-

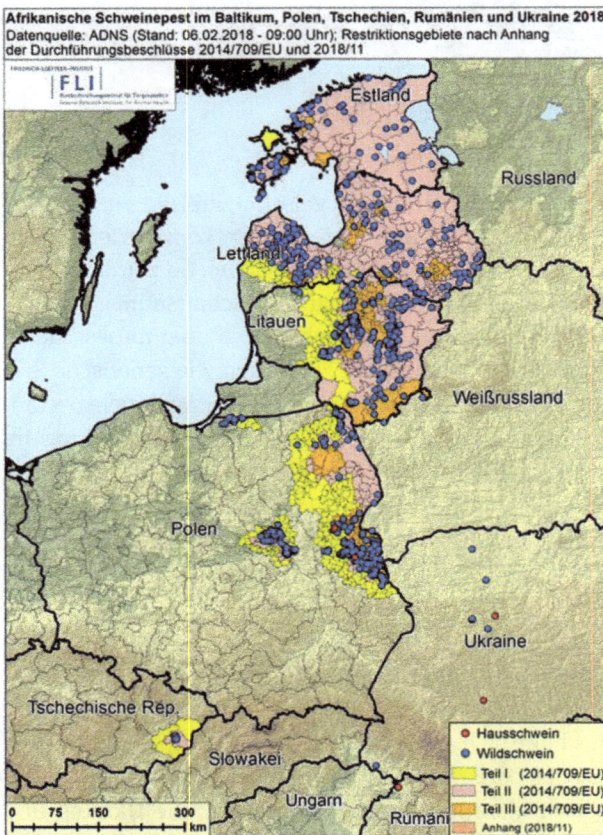

Abb. 2.8 Afrikanische Schweinepest 2018 in Europa.

möglichkeiten. Letztlich wurde dadurch eine Aufmerksamkeit erzielt, die hoffentlich eine frühe Erkennung eines Seucheneintrags sowie die Vermeidung der Infektionen in Nutztierbeständen befördert. Erstaunlich ist dieses Medieninteresse, da sich die epidemiologische Situation seit Sommer 2017 nicht grundlegend geändert hatte (vgl. Abb. 2.8), der Erreger nicht gefährlich für den Menschen ist und bisher keine Ausbrüche in Deutschland bekannt geworden sind. Dies zeigt auch die Unberechenbarkeit medialer Begleitung und die Notwendigkeit einer raschen und flexiblen Öffentlichkeitsarbeit der zuständigen Stellen.

5 Fazit

Seuchenzüge lassen sich nicht vorhersehen und bieten daher ein hohes Maß an Unsicherheit in der öffentlichen Kommunikation und Wahrnehmung. Von Bedeutung ist, die Kommunikation transparent und evidenzbasiert zu führen, Wissenslücken aktiv zu artikulieren, aber auch wissenschaftliche Erkenntnisse offensiv zu vertreten. Letztlich ist nur eine ausgewogene Berichterstattung in der Lage, die Öffentlichkeit umfassend und unparteiisch zu informieren. Die beteiligten Institutionen sind dabei vielfältig gefordert, auch schwer zu verstehende Sachverhalte verständlich zu kommunizieren. Die Bereitstellung von Antworten auf vielfach gestellte Fragen (FAQs), aktuelle Risikobewertungen und Lageberichte, Fachinformationen und Pressemitteilungen sowie die umfangreiche Beantwortung von Anfragen von Medien und Öffentlichkeit dienen dazu, ein ausgewogenes Bild zu vermitteln.

Literatur

[1] Fiedler W. Die Rinderpest in Schwedisch-Pommern: ein Anlass zur Stiftung barocken Kircheninventars in Richtenberg bei Stralsund und in Trent auf Rügen. Tierärztl. Umschau 2005;60:150–156.

[2] Hope J, Reekie LJ, Hunter N, et al. Fibrils from brains of cows with new cattle disease contain scrapie-associated protein. In: Nature. 1988;336:390–392.

[3] Prusiner SB. Novel proteinaceous infectious particles cause scrapie. In: Science. 1982;216:136–144.

[4] Buschmann A, Conraths FJ, Selhorst T, et al. Imported and indigenous BSE cases in Germany. In: Vet Microbiol. 2007;123:287–293.

[5] Casalone C, Zanusso G, Acutis P, et al. Identification of a second bovine amyloidotic spongiform encephalopathy: molecular similarities with sporadic Creutzfeld-Jakob-disease. In: Proc. Natl. Acad. Sci USA. 2004;101:3065–3070.

[6] Globig A, Staubach C, Beer M, et al. Epidemiological and ornithological aspects of outbreaks of highly pathogenic avian influenza virus H5N1 of Asian lineage in wild birds in Germany, 2006 and 2007. In: Transbound. Emerg. Dis. 2009;56(3):57–72.

[7] Harder T, Maurer-Stroh S, Pohlmann A, et al. Influenza A(H5N8) Virus Similar to Strain in Korea Causing Highly Pathogenic Avian Influenza in Germany. In: Emerg Infect Dis. 2015;21:860–863.

[8] Lee DH, Torchetti MK, Winker K, et al. Intercontinental Spread of Asian-Origin H5N8 to North America through Beringia by Migratory Birds. In: J Virol. 2015;89:6521–6524.

[9] Global Consortium for H5N8 and Related Influenza Viruses. Role for migratory wild birds in the global spread of avian influenza H5N8. In: Science. 2016;354:213–217.

[10] Globig A, Staubach C, Sauter-Louis C et al. Highly Pathogenic Avian Influenza H5N8 Clade 2.3.4.4b in Germany in 2016/2017. In: Front Vet Sci. 2018;4:240.

[11] Pohlmann A, Starick E, Harder T, et al. Outbreaks among Wild Birds and Domestic Poultry Caused by Reassorted Influenza A(H5N8) Clade 2.3.4.4 Viruses, Germany, 2016. In: Emerg Infect Dis. 2017;23:633–636.

Werner Solbach

Wissen, was ist, um zu wissen, was kommt

Kommentar zum Beitrag „BSE, Vogelgrippe und Co.: die Bekämpfung von Tierseuchen und Zoonosen in der öffentlichen Wahrnehmung" von Thomas C. Mettenleiter und Elke Reinking

1 Der Umgang mit Seuchen ist sehr unterschiedlich

Thomas Mettenleiter beschreibt in seinem Beitrag eindrucksvoll anhand von vier Seuchen aus der jüngeren Vergangenheit, welche Unsicherheiten auftreten bei der Erkennung von und dem rationalen Umgang mit unbekannten neuen Erregern oder mit bekannten Erregern, die im neuen Kleid daherkommen. Wie ein roter Faden ist in allen Beispielen erkennbar, dass die öffentliche Wahrnehmung in epidemischen Zeiten oftmals wenig mit gesicherter Erkenntnis zu tun hat. Völlig zu Recht stellt Mettenleiter fest, dass es gerade in diesen Zeiten Aufgabe der Wissenschaftler ist, vorhandene Erkenntnisse offensiv und allgemeinverständlich zu vertreten. Dazu gehört auch, proaktiv auf Wissenslücken hinzuweisen. Die Erfahrung lehrt, dass der Bürger damit umzugehen weiß und besonnen bleibt.

Während sich die Wissenschaft auf Fakten zurückziehen kann, ist die Politik gefordert, schnell die richtigen Worte für die Information und die Wegweisung der Öffentlichkeit zu finden. Die Medien sind nur bedingt an wissenschaftlichen Grundlagen interessiert, das Publikum will kontinuierlich und online informiert werden; Echokammern in Sozialen Medien füllen sich schnell und schallen laut.

Hier wird ein Dilemma in der grundsätzlich anderen Vorgehensweise bei Politik und Wissenschaft für die Lösung von Problemen offenbar. Marie Curie (1867–1934) wird mit dem Satz zitiert: „Was man zu verstehen gelernt hat, fürchtet man nicht mehr". In dem Zitat ist versteckt, dass „Lernen" und „Verstehen" Zeit brauchen. Lange differentialdiagnostische Überlegungen zur Erklärung von Seuchenursachen und deren Verbreitung oder gar kontrollierte Experimente mit wissenschaftlichem Qualitätsanspruch sind in Ausbruchssituationen nicht möglich. Die Politik muss deshalb auf der Basis von Erfahrungen und „Bauchgefühl" reagieren. Es liegt in der Natur der Sache, dass dabei Fehlentscheidungen entstehen.

Welche Rolle kann die Wissenschaft in dieser Gemengelage übernehmen? Es ist nötig, in weitaus größerem Maße als bisher in „ruhigen" interepidemischen Zeiten eine methodische Toolbox zu entwickeln mit Elementen aus der klinischen (Veterinär-) Medizin, diagnostischen Plattformen, Big Data gestützten Algorithmen mit Vorhersagekraft zu Ursachen und Ausbreitung von Epidemien, Soziologie und Kommunikationswissenschaften.

Die technischen Voraussetzungen sind derzeit so gut wie nie.

https://doi.org/10.1515/9783110600261-004

2 Das Paradigma der Co-Habitation

Der Molekularbiologie Joshua Lederberg (1925–2008)[1] beschäftigt sich in dem viel be-achteten Aufsatz *Infectious history* [1] mit der Frage, wie wir auf der Basis des rapiden Fortschrittes in der mikrobiellen Forschung Strategien zu gegenseitigem Nutzen der Makro- und Mikroorganismen entwickeln können.

Kern der Überlegungen ist, dass jahrtausendealte biblische Erklärungsmuster spätestens seit Robert Koch und Louis Pasteur von wissenschaftlichen Deutungen abgelöst wurden. Die Paradigmen sind in den Henle-Koch-Loeffler'schen Postulaten hinterlegt und haben auf der phänotypischen und pathogenetischen Ebene großar-tige Ergebnisse ermöglicht, aber auch eine kriegerische Rhetorik („Killer-Viren", „fleischfressende Bakterien") hervorgebracht, die von zwei Welten ausgeht. Hier die gute Welt der Makroorganismen, dort die böse Welt der Mikroben.

Mit den Ergebnissen der Molekulargenetik hat sich diese Sichtweise fundamental geändert. Viren und Bakterien stellen die abundantesten Lebensformen auf der Erde dar, Evolution ist ohne sie nicht vorstellbar. Es ist heute allgemein akzeptiert, dass beide Welten auch in Form von „Superorganismen" in der Regel in friedlicher Koha-bitation in einem fein austarierten Gleichgewicht als „Mitesser" (Kommensalen) zu-sammenleben und aufeinander angewiesen sind. Die Haut und die Schleimhäute des Menschen sind von zehnmal mehr Bakterien besiedelt, als er selbst Zellen hat. Alle Störungen dieses Gleichgewichtes führen entweder auf individueller Ebene zur Infek-tionskrankheit oder auf gesellschaftlicher Ebene zu Epidemien oder Pandemien. Im Darwin'schen Sinne haben dabei Mikroorganismen wegen der kurzen Generations-zeit und der genetischen Plastizität Vorteile. Umgekehrt helfen dem Menschen seine kognitiven Möglichkeiten, mögliche Nachteile in dieser koevolutionären Asymmetrie auszugleichen. Im Hinblick auf Epidemien schreibt Lederberg deshalb: "The future of humanity and microbes likely will unfold as episodes of a suspense thriller that could be titled *Our Wits Versus Their Genes*".

3 Die fünf Treiber des Seuchengeschehens

Epidemien und Pandemien wird es immer geben. Art und Ausmaß sind nicht vor-hersehbar. Genetische Abläufe sind in großem Maßstab nicht steuerbar. Für die oben erwähnte Erarbeitung einer „Toolbox" mit prädiktivem Wert ist es wichtig, sich klar-zumachen, welche Umweltfaktoren die wichtigsten Treiber im Seuchengeschehen sind.

---

1 Entdecker des Austausches von genetischer Information zwischen Bakterien; 1958 Nobelpreis für Physiologie oder Medizin.

Die Weltbevölkerung nimmt zu

Nach Schätzungen der Weltgesundheitsorganisation wächst die Weltbevölkerung bis zum Jahre 2050 von derzeit 7,6 Milliarden Menschen auf dann 9,55 Milliarden [2]. Das Durchschnittsalter wird von 31,0 Jahren auf 36,1 Jahre steigen. Diese Zunahme wird überwiegend in Afrika und Asien in Ländern mit unterentwickelter Infrastruktur und niedrigem Einkommen stattfinden.

Schon seit 2007 lebt die Mehrheit der Menschen in Städten oder Metropolregionen. Und dieser Trend wird sich noch fortsetzen. Im Jahr 2050 werden vermutlich siebzig Prozent der Menschheit in der Stadt leben (2017: 54 %), schätzen die Vereinten Nationen [3].

Dies bedeutet, dass immer mehr Menschen auf engem Raum zusammenleben werden und dass damit Krankheitserregern die lokale Verbreitung leichter fallen wird.

Der Reiseverkehr nimmt zu:
Der globale Strom von Menschen und Waren bewegt sich immer schneller

Mehr Menschen werden mehr und immer schneller reisen, zu Land, zu Wasser und besonders in der Luft. Im Jahr 2036 sollen demnach weltweit etwa 7,8 Milliarden Flugpassagiere gezählt werden. Die Passagierzahl hätte sich in diesem Fall seit dem Jahr 2017 annähernd verdoppelt [4]. Das Reiseaufkommen in Indien und China wird in naher Zukunft größer sein als etwa in den USA oder Europa. Die Reisezeiten werden kürzer sein als die Inkubationszeiten der meisten Erreger. Massenereignisse (z. B. Olympische Spiele, Hadsch) werden von immer mehr Menschen besucht.

Daraus ergibt sich, dass die überregionale Verbreitung von Krankheitserregern erleichtert wird.

Haus- und Nutztiere nehmen zu

Zur Ernährung der wachsenden Bevölkerung ist die Produktion etwa von Fleisch oder Milch von Nutztieren (Schweine, Rinder, Geflügel, Fisch) notwendig, die im engen Kontakt mit Menschen und in der freien Natur mit Kontakt zu Wildtieren gehalten werden. Der Bedarf wird besonders in den Wachstumsregionen nur durch Handel großer Mengen von Lebensmitteln gedeckt werden können.

Für Deutschland als Fleisch-Exportland hätte z. B. die mögliche Ausbreitung der Afrikanischen Schweinepest über Osteuropa gravierende wirtschaftliche Folgen.

Die entsprechenden weltweiten Handelsströme werden zunehmen. Die für die Produktion notwendigen Ressourcen an Futtermitteln und Wasser werden zu lokal starken Veränderungen der Ökologie führen (z. B. Entwaldung, Entwässerung), was wiederum den Kontakt Wildtier-Nutztier-Mensch erhöht.

Für die Seuchenbetrachtung bedeutet dies, dass zoonotische Epidemien häufiger auftreten werden und sich schneller ausbreiten können.[2]

Der Klimawandel verändert die Welt, in der wir leben

Der Klimawandel hat vielfältige Auswirkungen auf Natur, Gesellschaft und Wirtschaft und damit auch auf unser tägliches Leben. Experten prognostizieren bspw. für Deutschland in den nächsten Jahrzehnten einen Anstieg der Wintertemperaturen um durchschnittlich 2,8°–4,0° Celsius. Die Niederschlagsmengen im Winter nehmen um 5–50 % zu, es kommt zu heißen trockenen Sommern [5]. Bereits heute lassen sich Folgen des Klimawandels nachweisen, z. B. durch tauende Gletscher, Erwärmung der Ozeane, Überschwemmungen, vermehrte Hurrikane, ein verändertes Verhalten von Zugvögeln.

Es werden sich neue ökologische Gleichgewichte ausbilden. Überträger von Infektionen (Insekten) werden sich weiter ausbreiten und für sie bisher unwirtliche Regionen besiedeln. Vogelfluglinien werden abgewandelt. Veränderungen der Temperatur und der Niederschläge sowie auch die Extremereignisse beeinflussen die Trinkwasserversorgung und die Nahrungsmittelproduktion und damit auch die Widerstandsfähigkeit der Bevölkerung gegenüber Krankheiten. Diese Effekte werden vermutlich in Afrika am stärksten zu spüren sein [6].

Humanitäre Katastrophen tragen zur Verbreitung von Erregern bei

Die Zahl der Menschen, die vor Krieg, Konflikten und Verfolgung fliehen, war noch nie so hoch wie heute. Ende 2016 waren 65,6 Millionen Menschen weltweit auf der Flucht. Im Vergleich dazu waren es ein Jahr zuvor 65,3 Millionen Menschen, vor zehn Jahren 37,5 Millionen. In jedem der letzten fünf Jahre stieg die globale Gesamtzahl jeweils in Millionenhöhe. 84 % der Flüchtlinge weltweit lebten Ende 2016 in Staaten mit niedrigen oder mittleren Einkommen. Einer von drei Flüchtlingen (insgesamt 4,9 Millionen) wurde von den am wenigsten entwickelten Ländern der Welt aufgenommen [7].

Die Geschichte lehrt, dass jeder Zusammenbruch der gesellschaftlichen Ordnung früher oder später zum vermehrten Auftreten von Infektionskrankheiten führt. Die epidemische Ausbreitung ist wahrscheinlicher, je weniger Dämme durch die öffentliche Infrastruktur vorhanden sind [8]. Bekanntestes Beispiel ist die im Ersten Welt-

---

2 70 % aller Epidemien gehen von Viren aus, die zunächst Vögel, Haus- und Nutztiere infizieren und dann auf den Menschen übertragen werden. Der Vogelflug spielt eine entscheidende Rolle für die Verbreitung.

krieg grassierende „Spanische Grippe"[3] mit geschätzten 25–50 Millionen Toten. Die Genomsequenz des Virus konnte 2005 komplett rekonstruiert werden [9],[10]. Es handelte sich um eine vermutlich in Vögeln bestehende Variante des Influenza A (H1N1) Virus, die sich an den Menschen angepasst hatte.

Das eindrucksvollste Beispiel für die menschengemachte Entstehung und Ausbreitung von Seuchen aus der Gegenwart ist die Cholera-Epidemie im Jemen, die ihre Ursache in den am 26. März 2015 durch eine von Saudi-Arabien geführte Militärkoalition begonnenen Luftangriffen hat, die die Infrastruktur weitgehend zerstört haben. Die Folge von Lebensmittel- und Wasserknappheit, Fehl- und Mangelernährung besonders bei Kleinkindern und Säuglingen sind über eine halbe Million Cholerafälle mit mehr als 2.000 Toten.

4 Nicht wissen, was war, sondern wissen, was kommt

Wenn es darum geht, die richtigen Entscheidungen zu treffen, stellen die beschriebenen Treiber für sich wandelnde Gleichgewichte in der Makro- und Mikro-Ökologie der Erde, den Umgang mit der Erkennung und Vermeidung von Epidemien vor neue Herausforderungen.

Es wird in der Zukunft mehr denn je darum gehen, Infektionen zu erkennen, *bevor* sie sich als Epidemien ausbreiten können. Das bedeutet, wir müssen die *sit and wait* Haltung verlassen und eine aktive Seuchenvorbereitung treffen.

Diagnostische Plattformen

Zunächst sollten in interepidemischen Zeiten diagnostische Plattformen geschaffen werden, die anhand vergleichbarer genomischer und metabolomischer Daten ausweisen, welche Erreger in welchen Wirten wo gefunden werden. Es ist zu erwarten, dass eine Vielzahl neuer Erreger identifiziert wird, die mit traditionellen Methoden nicht erkannt werden konnten.

Diese Erkenntnisse werden dann mit bekannten Daten zur Pathogenität und Übertragbarkeit in unterschiedlichen Wirtsspezies (dem *One Health*-Gedanken folgend) mit unterschiedlicher Mobilität (z. B. Moskitos vs. Zugvögel) unter aktuellen klimatischen Gegebenheiten in Gesellschaften mit unterschiedlichen Kulturen abgeglichen. Mit Hilfe von Modellrechnungen können Wahrscheinlichkeiten der Übertragung und Ausbreitungsgeschwindigkeit ermittelt werden. Ein proof-of-concept wird seit 2009 im *Emerging Pandemic Threats* (EPT) Programm [11] erarbeitet und zusammen mit

---

3 Der Name hat nichts mit dem Land Spanien zu tun; der Begriff setzte sich durch, weil in Spanien als nicht am Krieg beteiligter und damit von Zensur nicht betroffener Nation am häufigsten in den Medien über die Krankheit berichtet wurde.

traditionellen Indikatoren auf www.healthmap.org in zeitnahen Warnhinweisen veröffentlicht. Im *Global Virome Project* [12] wird das Vorgehen derzeit weiter verfeinert. Ziel ist der Einsatz von algorithmenbildender *Artificial Intelligence* zur Berechnung von Risikowahrscheinlichkeiten (*spill-over*-Effekte) bezüglich des epidemischen Auftretens von Infektionen.

So wird im Frühstadium möglicher Bedrohungen wertvolle Zeit gewonnen zur Implementierung von Ausbreitungshindernissen, Information der Öffentlichkeit, Entwicklung von Impfstoffen und zur Anwendung medikamentöser Therapien.

Die WHO hat dieses Paradigma erstmals im Jahr 2018 übernommen. Zusätzlich zu neun bekannten Virusinfektionen hat sie auf Punkt 10 der Prioritätenliste die „Disease X" gesetzt. Damit soll auf der Basis dessen, „was ist", die Etablierung transdisziplinärer diagnostischer und therapeutischer Plattformen zur Formulierung allgemeingültiger Regeln („was könnte sein?") im Umgang mit einer zukünftigen Pandemie gefördert werden [13].

Artificial Intelligence mit Alltagstauglichkeit

Die weltweite Vernetzung über das Internet, soziale Medien und GPS-basierte Überwachungssysteme ermöglicht die verzögerungsfreie Verfolgung von Menschen (besser: deren Smartphones), Nachrichten, Verkehrsmitteln und Waren.

In Verbindung mit Gesundheitsmonitoren, die am Körper getragen werden oder problemlos bspw. die Körpertemperatur, die Schlafarchitektur oder das subjektive Wohlbefinden mittels Smartphone messen und weltweit in Echtzeit übermitteln können, stehen Daten bereit, die bei intelligenter Aufbereitung frühzeitig die Entwicklung einer Epidemie vorhersagen können. Im Jahr 2014 zeichnete sich anhand der maschinellen Analyse von online-Texten kenianischer Presseartikel mittels *bots* über eine ungewöhnliche Häufung von Todesfällen das Auftreten der Ebola-Epidemie in Afrika bereits vier Tage vor dem offiziellen Bekanntwerden durch die WHO ab [14].

Die Zahl der Apps für den Alltagsgebrauch nimmt exponentiell zu [15] und wird zukünftige Bedrohungen durch Infektionserreger (übrigens mit ähnlicher Technologie wie Bedrohungen durch Unwetter) immer verlässlicher und schneller vorhersagen können.

Persönliche Wachsamkeit, Achtsamkeit und Urteilskraft werden immer entscheidend sein. Vertrauensbildende Kommunikation ist wichtiger denn je

Derzeit besteht bei der digitalen Symptomerkennung noch das Problem der Unterscheidung echter Warnsignale vom Hintergrundrauschen und dem Auslösen von Fehlalarmen. Dies darf natürlich nicht passieren.

Vor diesem Hintergrund wird es meist so sein, dass die ersten Alarmsignale für eine aufziehende Epidemie bei den Ärzten oder Tierärzten ausgelöst werden, die erkrankte Menschen oder Tiere mit ihren eigenen Augen sehen.

–   Es ist deshalb enorm wichtig, dass menschliches Wissen und noch mehr die menschliche Urteilskraft kontinuierlich geschult werden. Hier haben die Universitäten einen enormen Bildungsauftrag.

–   Genauso wichtig ist es, dass Laborkapazitäten und Datenbanken lokal vorgehalten werden, die eine schnelle und verlässliche Erregerdiagnostik garantieren und es ermöglichen, lokale oder regionale Bestandsaufnahmen von kursierenden Erregern zu erheben („wissen, was ist"). Bei der EHEC-Epidemie im Jahr 2011 waren die notwendigen Grundlagen eher zufälligerweise verfügbar. Nur dadurch konnte die Epidemie – trotz damals bestehender Schwierigkeiten in der öffentlichen Kommunikation – relativ rasch beendet werden.

–   Schließlich muss der Öffentliche Gesundheitsdienst personell und technisch so ausgestattet werden, dass die evidenten klinischen Daten sowie die aus Laboren rasch und intelligent ausgewertet werden können, um Gegenmaßnahmen ergreifen zu können. Hier besteht trotz einiger Verbesserung in den letzten Jahren erheblicher Nachholbedarf in der Implementierung moderner Datenkanäle, aber auch in der Ausbildung von Epidemiologen und Informationstechnologen.

–   Eine besondere und neue Herausforderung besteht in der Kommunikation vorhandener Evidenz – die notwendigerweise lückenhaft ist – für die Öffentlichkeit und die Politik. Thomas Mettenleiter hat in seinem Beitrag eindrucksvoll dargelegt, welche Fallstricke ausgelegt sind und welche Zerrbilder entstehen können.

Tägliche Pressemitteilungen oder -konferenzen sind nicht mehr ausreichend. Das Publikum ist an online-Information gewöhnt. Qualität wird nicht hinterfragt. Echokammern sind akzeptiert. Es ist deshalb von behördlicher und politischer Seite notwendiger denn je, Social Media Kanäle mit „offiziellen" und – soweit möglich – wissenschaftsbasierten Informationen kontinuierlich und vertrauensbildend zu nutzen. Dies ist in der föderalen Struktur des deutschen Gesundheitswesens nicht einfach, aber notwendig und auch machbar. Jüngste erfolgreiche Beispiele in der polizeilichen Kommunikation von Krisensituationen haben dies gezeigt.

Literatur

[1]   Lederberg J. Infectious history. In: Science, 2000;288(5464):287–293.
[2]   https://www.bib.bund.de/Publikation/2018/ [3.5.2018].
[3]   UN World Population Prospects 2015.
[4]   https://de.statista.com/statistik/daten/studie/374860/umfrage/flugverkehr-entwicklung-passagiere-weltweit/ [3.5.2018].
[5]   Umweltbundesamt. Klimafolgen und Anpassung. https://www.umweltbundesamt.de/themen/klima-energie/klimafolgen-anpassung [3.5.2018].
[6]   United Nations Economic Commission for Africa. African Climate Policy Centre. Working Paper 20 (2011): Climate change and health across Africa: Issues and Options.
[7]   https://www.uno-fluechtlingshilfe.de/fluechtlinge/zahlen-fakten.html [3.5.2018].

[8]   Leven KH. Die Geschichte der Infektionskrankheiten: von der Antike bis ins 20. Jahrhundert. Landsberg/Lech: ecomed, 1997.

[9]   Taubenberger JK, et al. Characterization of the 1918 influenza virus polymerase genes. In: Nature, 2005;437:889–893 (doi:10.1038/nature04230).

[10] Tumpey TM, et al. Characterization of the reconstructed 1918 Spanish influenza pandemic virus. In: Science, 2005;310(5745):77–80 (doi:10.1126/science.1119392).

[11] http://www.vetmed.ucdavis.edu/ohi/predict/index.cfm [3.5.2018].

[12] Carroll D, Daszak P, Wolfe ND. The Global Virome Project. In: Science, 2018;359(6378):872–874 (DOI: 10.1126/science.aap7463).

[13] http://www.who.int/blueprint/priority-diseases/en/ [3.5.2018].

[14] Scherer M. Meet the Bots That Knew Ebola Was Coming. http://www.time.com/308655ebola-outbreak-africa-world-health-organization [6.8.2014].

[15] Einige Beispiele: Grippeweb https://grippeweb.rki.de; Flu near you https://flunearyou.org/; Health Mate https://health.nokia.com/de/de/health-mate; Health – Apple https://www.apple.com/de/ios/health/; Microsoft Health Bot Service https://www.microsoft.com/en-us/garage/wall-of-fame/microsoft-health-bot-service/ [3.5.2018].

Andrea Ammon

3 Rapid Risk Assessments für akute Infektionsereignisse: Methoden und praktische Anwendung

Zusammenfassung: Bei akuten Infektionsereignissen ist eine frühzeitige Bewertung des Risikos für eine weitere Ausbreitung essentiell, um es Entscheidungsträgern zu ermöglichen, einen Ausbruch mit möglichst evidenzbasierten Maßnahmen schnell zu bekämpfen. Das Europäische Zentrum für die Bekämpfung von Krankheiten (ECDC) hat eine Anleitung entwickelt, um die Erstellung von zeitnahen Risikobewertungen (RRA) transparenter und reproduzierbar zu machen. Da RRA in der Regel zu einem frühen Zeitpunkt innerhalb des Ausbruchs erstellt werden, ist ein gewisses Maß an Unsicherheit in der Einschätzung unvermeidbar, insbesondere wenn die Infektionsursache noch nicht bekannt ist oder es sich um einen neuen Erreger handelt. Zwei Parameter werden zur Bewertung herangezogen: die Wahrscheinlichkeit einer Weiterverbreitung und die Auswirkungen und der Schweregrad der Infektion für den Einzelnen und die Bevölkerung. In einer Risikomatrix wird die Bewertung dieser beiden Parameter zu einer Gesamteinschätzung zusammengeführt. Der Unsicherheit in der Informationslage wird dadurch Rechnung getragen, dass im Zweifelsfall eine höhere Risikostufe gewählt wird. Zudem werden die RRAs aktualisiert, sobald neue Evidenz bekannt wird, die die Unsicherheit in der Einschätzung reduziert.

Abstract: Rapid Risk Assessments for outbreaks of infectious diseases: methods and practical application. In case of outbreaks of infectious diseases, a rapid assessment of the risk of further spread supports decision makers in the establishment of evidence-based measures to control the outbreak as quickly as possible. ECDC has developed a guidance in order to make the production of rapid risk assessments (RRA) more transparent and reproducible. Since RRAs are done at an early stage of an outbreak, uncertainty is an inherent part of them, in particular in situations where the causative agent is not known or new. Two main parameters are used for the assessments, likelihood of further spread and impact of the infection on the individual and population level. A risk matrix combines the assessment of these two parameters in one overall risk assessment. In the RRAs, uncertainty is taken into account by choosing a higher risk level in case of doubts, and by updating the RRA whenever new evidence becomes available that helps to reduce the uncertainty.

Risikobewertung ist Teil der Kernaufgaben des ECDC. Krankheits-Surveillance und *Epidemic-Intelligence*, d. h die Identifizierung von Infektionsrisiken sind notwendige Stützen, um überhaupt Risikobewertungen erstellen zu können. Da das ECDC keine Zuständigkeit für Risikomanagement hat, ist es das Ziel einer Risikobewertung, den Entscheidungsträgern und denjenigen, die die Entscheidungen vorbereiten, Hilfestel-

https://doi.org/10.1515/9783110600261-005

lung zu geben. Zu den Zielgruppen für die Risikobewertungen des ECDC gehören die Gesundheitsbehörden in den Mitgliedsstaaten, die Europäische Kommission, andere Public Health Experten und, in geringerem Maße, die Öffentlichkeit.

Verschiedene Kriterien können zur Erstellung einer solchen Risikobewertung führen:

- Ausbrüche, die mehr als einen Mitgliedsstaat betreffen
- Risiko der Ausbreitung innerhalb der EU
- Auffinden von Kontaktpersonen
- Ungewöhnliche oder unerwartete Ereignisse, z. B. ein Fall von Diphtherie
- Häufungen mit unklarer Ursache
- Ausbrüche und Erkrankungen in Touristen-Gegenden
- Kontaminierte Lebensmittel, die in mehrere EU-Staaten geliefert wurden
- Ereignisse, die ein hohes Medieninteresse haben, einschließlich sozialer Medien, die in den nächsten Jahren sicher noch höhere Bedeutung erlangen werden

Diese Liste macht deutlich, dass die Risikobewertungen nicht nur Europa, sondern die ganze Welt einbeziehen müssen.

Die *Rapid Risk Assessments* (RRA) werden innerhalb von wenigen Tagen erstellt. Dies hebt sie ab von den üblichen Risikobewertungen, die z. B. auf einem systematischen Review oder Expertenmeinungen beruhen und Wochen bis Monate bis zur Fertigstellung dauern können. In den obengenannten Situationen ist eine solche Zeitschiene nicht angebracht, weil die Gesundheitsbehörden schnell Informationen zur Entscheidungsfindung brauchen, einschließlich einer Quantifizierung des Risikos. Das hier vorgestellte Verfahren beruht darauf, dass die Basis für die Einschätzung die Informationen bilden, die zum jeweiligen Zeitpunkt bekannt sind. Da es zu Beginn eines Ereignisses oft noch Informationslücken gibt, werden die RRA aktualisiert, sobald neue Informationen bekannt werden.

Die im Jahre 2011 veröffentlichte Anleitung für die Erstellung von RRA hat das Ziel, solche Risikobewertungen transparent und reproduzierbar zu machen [1].

Die Herausforderungen bei der Erstellung von RRA sind zum einen der Zeitmangel, da die Empfehlungen zeitnah benötigt werden. Zum anderen lässt dieser Zeitmangel oft keinen Raum, ausreichend evidenzbasierte Informationen zusammenzustellen und oft gibt es keine Informationen, die den üblichen evidenzbasierten Medizinkriterien genügen, sondern es existieren nur *Expert Opinions*. Auch der Kontext der jeweiligen Situation muss berücksichtigt werden, z. B. ob das Land schon zu einem früheren Zeitpunkt eine ähnliche Situation durchgemacht hat. Es ist wichtig, dass die zum Zeitpunkt der Risikobewertung bestehende Unsicherheit benannt und auch akzeptiert werden muss, dass bestimmte Informationslücken vorhanden sind.

Die Anleitung gibt eine schrittweise Methode vor:

- Erkennung von Signalen
- Validierung der Signale
- Entscheidung zur Erstellung einer Risikobewertung

- Erstellen der Risikobewertung
- Kommunikation des RRA, die während der Erstellung der Bewertung geplant werden muss
- Monitoring und Kriterien, wann eine Neubewertung notwendig ist

1 Erkennung von Signalen

Am ECDC gibt es im Wesentlichen zwei Wege der Einspeisung von Informationen. Einmal ist es die traditionelle indikatorbasierte Surveillance, das ist die traditionelle Surveillance mit meldepflichtigen Erkrankungen, die relativ glaubwürdige Informationen produziert, aber natürlich nicht zeitnah, und daher meistens zu langsam ist. Zudem werden hier nur Erkrankungen erfasst, die bereits bekannt sind.

Zum Zweiten gibt es die ereignisbasierte Surveillance (*Epidemic Intelligence*). Suchmaschinen, die auf epidemische Infektionsereignisse programmiert sind, durchkämmen Internet, soziale Medien etc. in den wichtigsten Sprachen, um Gerüchte über ungewöhnliche Ereignisse oder Krankheitshäufungen irgendwo auf der Welt möglichst früh entdecken zu können. Die wichtigsten Ereignisse werden täglich in einem Bericht des ECDC zusammengefasst und an die Entscheidungsträger in den Mitgliedsstaaten und der EU Kommission geschickt. Einmal pro Woche werden sie in einer öffentlichen Fassung publiziert (CDTR) [2]. Ein Beispiel ist die Erwähnung einer Häufung von respiratorischen Erkrankungen auf der arabischen Halbinsel, sechs Monate bevor der Ausbruch offiziell bekanntgegeben worden ist (später identifiziert als MERS-Coronavirus) [3].

Validierung der Signale und Entscheidung für die Erstellung einer Risikobewertung

Die ermittelten Signale aus der indikatorbasierten als auch der eventbasierten Surveillance werden täglich an einem runden Tisch mit verschiedenen Experten des ECDC diskutiert. Neben einer ersten Bewertung wird entschieden, ob eines der obengenannten Kriterien für die Erstellung eines RRA vorliegt, ob die Situation zunächst nur weiter beobachtet wird oder ob mehr Informationen eingeholt werden müssen.

Erstellung der Risikobewertung

Ein internes *Response Team* wird zusammengestellt, das multidisziplinär mit internen und oft auch externen Experten besetzt ist, insbesondere wenn es sich um Ereignisse handelt, die in einem europäischen Land den Ausgangspunkt haben. Für ein Ereignis, das sich außerhalb der EU abspielt, werden auch Experten der Weltgesundheitsorganisation (WHO) oder von den *Centers for Disease Control and Prevention* (CDC) in den USA hinzugezogen. Der entscheidende erste Schritt ist die Definition des Risikos, das bewertet werden soll: Risiko der Einführung nach Europa? Risiko der Ausbreitung in Europa? Risiko für europäische Reisende in die betreffende Gegend? Risiko für bestimmte Bevölkerungsgruppen?

Insbesondere wenn es sich um eine neue Erkrankung handelt, wird ein Literatur-Review erstellt. Hierbei handelt es sich natürlich nicht um einen systematischen Review, der in der Regel viel zu lange dauern würde, sondern um einen Review, der strukturiert nach den Punkten sucht, die in der Risikobewertung abgedeckt werden sollen, insbesondere den epidemiologischen Parametern. Dann muss die Qualität der Information, die zur Verfügung steht, evaluiert werden, weil das Vertrauen in die Risikobewertung auch davon abhängt, wie gut die Evidenz der vorliegenden Informationen ist. Da häufig die üblichen evidenzbasierten Kriterien in diesen Situationen nicht vorhanden oder nicht anwendbar sind, wurde für die Guidance eine eigene Kategorisierung entwickelt mit verschiedenen Oberbegriffen wie gute, zufriedenstellende oder nicht zufriedenstellende Evidenz. Dieser Prozess der Evidenzbewertung muss ständig wiederholt werden, weil sich die Evidenz fortlaufend ändern kann.

Um eine höhere Transparenz und Reproduzierbarkeit für die RRA zu bekommen, wurde ein Algorithmus entwickelt für die Wahrscheinlichkeit einer Infektion für das Individuum, aber auch für die Wahrscheinlichkeit der Verbreitung in der Bevölkerung.

Die Wahrscheinlichkeit ist der eine Parameter. Der andere ist die Auswirkung (*Impact*), die Schwere der Erkrankung in der Gesamtbevölkerung, aber auch, je nachdem worum es sich handelt, auch in bestimmten Subgruppen der Bevölkerung. Der Algorithmus erlaubt eine Stratifizierung dieser Risikobewertung, je nachdem, in welcher Situation ein Land ist oder je nachdem, wie sich die Situation für eine bestimmte Bevölkerungsgruppe darstellt.

Diese Algorithmen wurden 2011 entwickelt und werden ständig verfeinert.

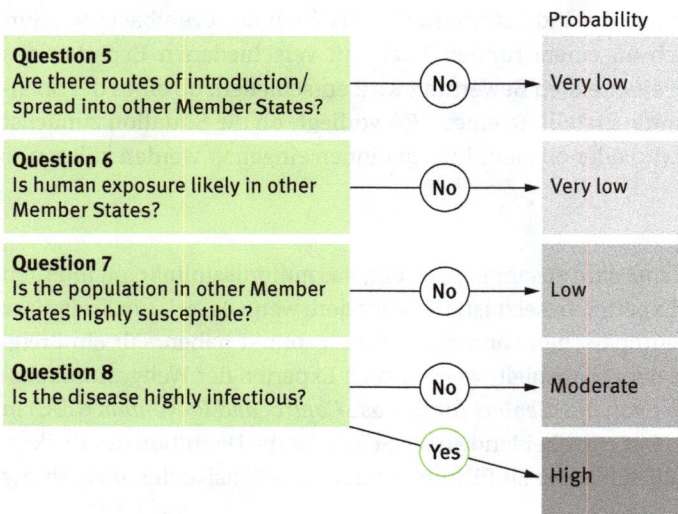

Abb. 3.1 Algorithmus zur Bewertung der Wahrscheinlichkeit der Ausbreitung einer importierten Infektion in Europa [vgl.[1]].

Impact

Question 9 Is the disease likely to cause severe disease in this population/group?	(No) → **Question 4 or 8** Is the disease highly infectious? See probability algorithms.	(No) → **Question 11** Are effective treatments and control measures available? — Yes → Very low

Question 9
Is the disease likely to cause severe disease in this population/group? — (No) → **Question 4 or 8** Is the disease highly infectious? See probability algorithms. — (No) → **Question 11** Are effective treatments and control measures available? — Yes → Very low — (No)

Yes ↓

Question 10
Will a significant number of people be affected? — (No) → **Question 11** Are effective treatments and control measures available? — Yes → Low — (No)

Yes ↓

Question 4 or 8
Is the disease highly infectious? — (No) → **Question 11** Are effective treatments and control measures available? — Yes → Moderate — (No)

— Yes → **Question 11** Are effective treatments and control measures available? — Yes → High — (No) → Very high risk

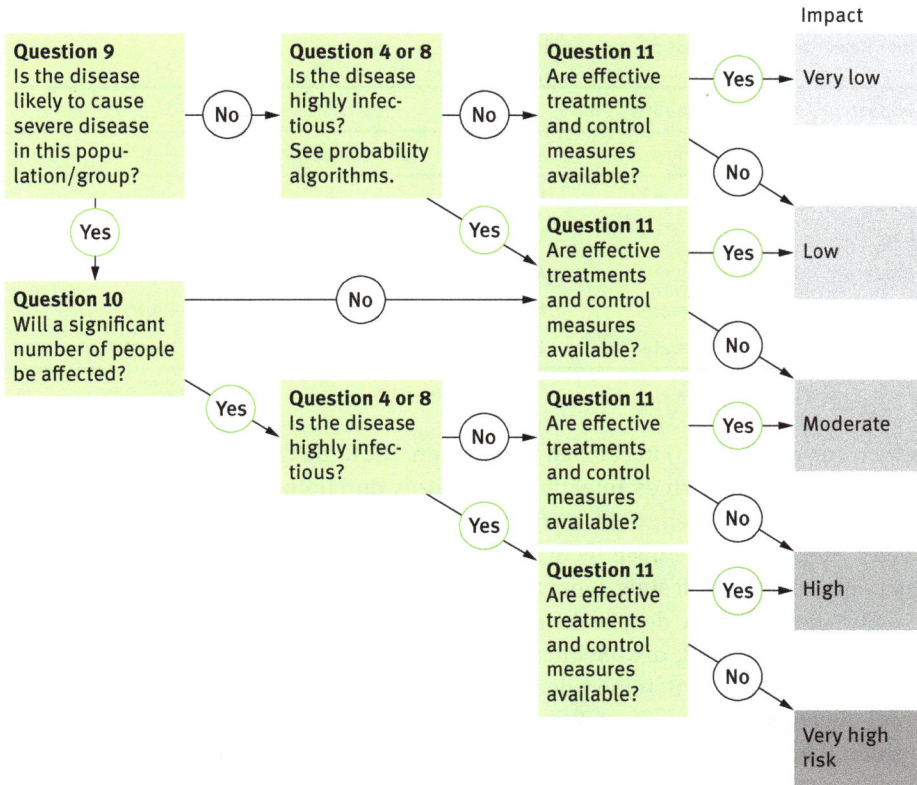

Abb. 3.2 Algorithmus zur Bewertung des Schweregrads einer importierten Infektion in der Bevölkerung/Bevölkerungsgruppe [vgl.[1]].

Wenn z. B. in Abb. 3.1 bereits die oberste Frage schon mit Nein beantwortet werden kann, ist die Wahrscheinlichkeit einer Infektion sehr gering, unabhängig davon, wie die folgenden Fragen beantwortet werden. Damit wird eine Entscheidungshierarchie aufgebaut, die es relativ einfach macht, Einschätzungen abzugeben.

Der Algorithmus über die Bewertung des Schweregrads ist ähnlich aufgebaut (Abb. 3.2). Diese Schritte erlauben es, das Risiko zu qualifizieren. In der Methodik gibt es auch die Möglichkeit, dass man beide Parameter, die Wahrscheinlichkeit und den *Impact*, zusammen bewertet. Da die Bewertung von Wahrscheinlichkeit und Schweregrad jedoch zu unterschiedlichen Stufen führen kann, erlaubt eine getrennte Bewertung der beiden Parameter eine differenziertere Risikomatrix (Tab. 3.1).

Der Algorithmus ist für die Risikobewertung sehr hilfreich. Für die Übersetzung des Risikos in verschiedene Handlungsoptionen muss auch die bestehende Unsicherheit miteinbezogen werden. Da für die erste Risikobewertung oft nicht alle oder sogar nur sehr wenige Informationen zur Verfügung stehen, ist die kontinuierliche Wieder-

Tab. 3.1 Risikomatrix, die die getrennte Bewertung von Wahrscheinlichkeit und Schweregrad in einer Bewertung des Risikos zusammenführt

Impact	Probabiltiy			
	Very low	**Low**	**Moderate**	**High**
Very low	Very low	Low	Low	Moderate
Low	Low	Low	Moderate	Moderate
Moderate	Low	Moderate	Moderate	**High**
High	Moderate	Moderate	**High**	**High**
Very High	Moderate	**High**	**High**	**Very High**

bewertung das A und O in solchen Situationen. RRA, die das ECDC zu einem frühen Zeitpunkt innerhalb eines Infektionsereignisses durchführt, folgen dem Vorsichtsprinzip, weil zu dem Zeitpunkt, an dem die Risikobewertung erfolgt, schwerwiegende Folgen möglicherweise noch nicht bekannt sind. Das bedeutet, dass im Zweifelsfall eher eine höhere Risikostufe genommen wird.

Für die Optionen des Risikomanagements werden Szenarien verwendet, die darauf aufgebaut sind, dass Schlüsselparameter der Bewertung sich im Laufe eines Ausbruchs ändern. Z. B. Import der Infektion in ein anderes Land, Auftreten von Erkrankungen in anderen Bevölkerungsgruppen, der Erreger entwickelt zusätzliche Virulenzfaktoren/Resistenzen oder es wird ein neuer Übertragungsweg bekannt. Die Optionen für die Bekämpfungsmaßnahmen werden nach Priorität gelistet, basierend auf der Evidenz ihrer Wirksamkeit sowohl bezogen auf das Individuum als auch auf die Bevölkerung.

Zu diesem Zeitpunkt wird das RRA zur internen und externen Begutachtung gegeben. Die externen Experten geben ihre Ansichten und ihre Bewertungen, im Zweifelsfall trifft ECDC die Entscheidung innerhalb des internen *Clearing*-Prozesses. Seit 2015 müssen die externen Experten trotz des Zeitdrucks eine *Declaration of Interest* abgeben, weil inzwischen diese *RRA* so anerkannt sind, dass sie die Basis für Entscheidungen bilden und Ressourcen entsprechend eingesetzt werden. Daher muss eine mögliche Befangenheit der zugezogenen Experten so gut wie möglich ausgeschlossen werden.

Kommunikation

Um eine gute Kommunikation der RRA sicherzustellen, ist von Anfang an ein Kommunikationsexperte Teil des *Response Teams*. Zum einen geht es um die Verständlichkeit des RRA für Entscheidungsträger. Zum anderen geht es aber auch darum, dass die Risikowahrnehmung und Perspektiven der öffentlichen Diskussion mit in das RRA einfließen. Die Risikobewertungen werden in der Regel veröffentlicht und erfordern eine Koordination nicht nur innerhalb des ECDC, sondern auch mit den entsprechenden Kommunikations- und Pressestellen in den Mitgliedstaaten, bei der WHO und in der EU Kommission.

Monitoring und Kriterien, wann eine Neubewertung notwendig ist

Das Monitoring ist vor allen Dingen für mittlere und längere Dauer von Ereignissen, wie z. B. bei Ebola und Zika, wichtig. Sowohl bei Ebola als auch bei Zika dauerte die Krise beinahe ein Jahr.

Für die Neubewertung gelten die folgenden Überlegungen: Was sind die Hauptkriterien für eine Neubewertung des Risikos und welche Handlungsoptionen würden sich darauf basierend dann ändern?

Die RRA des ECDC werden mittlerweile von den Gesundheitsbehörden in den Mitgliedsstaaten und der EU Kommission hochgeschätzt und finden auch weltweit Beachtung. Mit jedem neuen Ereignis wird die Methodik weiterentwickelt und verbessert, um bei akuten Infektionsereignissen Entscheidungsträgern die Entscheidungsfindung zu erleichtern und um zu erreichen, dass Ausbrüche möglichst frühzeitig erfolgreich eingedämmt werden können.

Literatur

[1]   https://ecdc.europa.eu/sites/portal/files/media/en/publications/Publications/1108_TED_
      Risk_Assessment_Methodology_Guidance.pdf [27.5.2018] enthält weiterführend Literatur und
      Anwendungsbeispiele.
[2]   https://ecdc.europa.eu/en/publications-data/communicable-disease-threats-report-20-26-
      may-2018-week-21 [27.5.2018].
[3]   Erstes RRA: https://ecdc.europa.eu/sites/portal/files/media/en/publications/Publications/
      RRA-Novel-coronavirus-final20120924.pdf [27.5.2018].

Ansgar W. Lohse

Infektionsausbrüche: Grenzen und Defizite im Risikomanagement

Kommentar zum Beitrag „Rapid Risk Assessments für akute Infektionsereignisse: Methoden und praktische Anwendung" von Andrea Ammon

Die schnelle und zuverlässige Identifikation von Ausbrüchen infektiöser Erkrankungen und deren Risikoeinschätzung ist von größter medizinischer Bedeutung, da auf dieser Basis gesundheitspolitische Entscheidungen getroffen werden, wie Bürger ihr persönliches Verhalten ausrichten können, und eine Priorisierung sowohl medizinischer, seuchenhygienischer aber auch politischer Maßnahmen ausgerichtet werden kann.

In Deutschland ist diese Aufgabe vornehmlich beim Robert-Koch-Institut (RKI) angesiedelt, in Europa am *European Centre for Disease Prevention and Control* (ECDC). Wie gut funktioniert das und wie gut würde das bei unvorhergesehen Ausbrüchen, entweder mit neuen Erregern oder mit nicht erwarteten bekannten Erregern funktionieren? Wie gut sind wir aufgestellt, um auf unsicherer Datenbasis klare Empfehlungen auszusprechen, deren Wirksamkeit zuverlässig vorherzusagen, und mit Rücksicht auf wirtschaftliche, aber auch psychologische und politische Kosten Maßnahmen zu ergreifen? Aus meiner Sicht sind wir längst nicht so gut gerüstet, wie wir es sein sollten, denn die Bedrohungslage ist erheblich, die Konsequenzen können schnell katastrophal sein. Trotz sinnvoller Strukturen, wie sie Frau Dr. Ammon darlegt, gibt es erheblichen Verbesserungsbedarf, wie zu erläutern ist.

1 Erfassung eines Ausbruches

Gerade in Deutschland ist die schnelle Erfassung eines Ausbruches nicht optimal geregelt, denn das Gesundheitswesen untersteht den Ländern, nicht dem Bund. Es sind die regional organisierten Gesundheitsämter, die als erstes Meldungen über verdächtige Fälle erhalten. Darüber sind die Länderbehörden geschaltet und dann erst erfolgt Meldung an das RKI. Auch wenn die Zusammenarbeit zwischen Gesundheitsämtern und RKI im Allgemeinen sehr gut ist, sind die Zugriffsmöglichkeiten des RKI auf die Gesundheitsämter äußerst beschränkt und die Zusammenarbeit mehr vom guten Willen der Partner als von klaren Strukturen geprägt. Hier kann kostbare Zeit verloren gehen und eine zentrale Erfassung der kritischen Daten ist nur bedingt geregelt.

https://doi.org/10.1515/9783110600261-006

2 Analyse der Infektionsquelle(n)

Insbesondere bei nahrungsmittelübertragenen Infektionen ist es wichtig, schnell die Quelle zu identifizieren. Besonders eindrucksvoll haben wir in Deutschland diese Problematik 2011 erlebt, als es zu einem Ausbruch an Infektionen mit entero-hämorrhagischen E. coli Bakterien (EHEC) kam, die im norddeutschen Raum innerhalb weniger Tage viele, oft junge Menschen, nicht nur durch schwere blutige Durchfälle in das Krankenhaus brachten, sondern auch zu akutem Nierenversagen und schweren neurologischen Beeinträchtigungen führten, und bei einigen, wahrscheinlich letztendlich gut dreißig Patienten, zum Tode führten. Und hier wird bereits ein Problem deutlich illustriert: Die genaue Zahl der durch EHEC bedingten Todesfälle des Ausbruches 2011 ist trotz intensiver Recherchen nicht sicher bekannt. Warum? Weil keine Auskunftspflicht der Gesundheitsämter gegenüber dem RKI, das zusammen mit den Wissenschaftlern am Universitätsklinikum Hamburg-Eppendorf (UKE) diese Frage klären wollte, besteht.

Wie dem auch sei, aus Erfahrung mit anderen EHEC-Ausbrüchen wusste man, dass die Quelle mit hoher Wahrscheinlichkeit in der Nahrungskette liegt, sodass schnellstens mögliche Quellen zu überprüfen und die verantwortliche zu identifizieren und möglichst zu eliminieren war. Parallel nun waren RKI und Gesundheitsbehörden der Länder aktiv und es wurden unterschiedliche mögliche Quellen verdächtigt und zum Teil auch öffentlich bekannt gemacht. Am markantesten war die Anschuldigung durch die Gesundheitsbehörde in Hamburg, dass spanische Gurken, die in Plastikfolie eingeschweißt waren, unter dieser Folie EHEC-Erreger trügen und die Quelle seien. Die Meldung stellte sich bald als vorschnell heraus, der auf diese Weise identifizierte Erreger war zwar auch ein EHEC, aber eines anderen Stammes als der für den Ausbruch verantwortliche; damit wurde bald klar, dass der auf den Gurken gefundene Erreger nicht für den Ausbruch verantwortlich war, erfolgreiche Schadensersatzklagen waren die Folge. Eine ausreichende Abstimmung zwischen RKI und Gesundheitsbehörde Hamburg war nicht erfolgt, ECDC meines Wissens gar nicht involviert.

Als dann kurze Zeit später die mit an Sicherheit grenzender Wahrscheinlichkeit auslösende Quelle, nämlich Sprossen aus einer Zucht in der Lüneburger Heide, ursprünglich aus Ägypten stammend, identifiziert worden war, aber ohne letztendlichen Beweis, war die Quelle schon nicht mehr aktiv, keine infizierte Ware mehr vorhanden und seit zwei Tagen nicht mehr in den Umlauf gebracht worden. Die Quelle hatte sich vermutlich erschöpft. Wäre die Quelle noch bis zum Zeitpunkt der Identifikation aktiv gewesen, so wären sehr viel mehr Personen infiziert worden, mit entsprechend höherer Morbidität und Mortalität. Nicht die zeitige Identifikation der Infektionsquelle hat den Ausbruch zum Erliegen gebracht, sondern das Erschöpfen der Quelle. Sind wir wirklich gut genug aufgestellt, eine Infektionsquelle so schnell zu identifizieren, dass ein großer Ausbruch gestoppt oder gar verhindert werden kann? Diese Erfahrung spricht sehr dagegen. Der EHEC-Ausbruch, der das Gesundheitswesen in Norddeutschland an den Rand des Zusammenbruches strapaziert hat, der nur durch außerordentliches Engagement unzähliger Mitarbeiter des Gesundheitswesen zu bewältigen war, hätte beinahe eine sehr, sehr viel höhere Zahl an Opfern gefunden und eine gute medizinische Versorgung wäre nicht mehr möglich gewesen, weder die Versorgung der Ausbruchsopfer, noch die Versorgung der Allgemeinbevölkerung, weil der normale Krankenhausbetrieb nicht mehr aufrecht zu erhalten gewesen wäre.

3 Vertrauen der Bevölkerung

Eine zügige Identifikation eines infektiösen Ausbruchserregers und seiner Quellen ist für das Vertrauen der Bevölkerung, aber auch das Vertrauen der Mitarbeiter des Gesundheitswesens von allergrößter Bedeutung. Ich kehre zurück zum EHEC-Ausbruch 2011: Durch die hohe Zahl an Patienten, die im Nierenversagen waren, aber auch durch die initiale medizinische Empfehlung, bei den schwerer erkrankten EHEC-Patienten eine Plasmaseparation durchzuführen, waren die Intensivstationen besonders belastet. In einem der vor allem belasteten Krankenhäuser der Maximalversorgung wollte die Krankenhausleitung das Personal als Zeichen der Unterstützung auf der Station mit leckeren, etwas besser belegten Brötchen erfreuen und stärken. Es wurde ein großes Tablett Brötchen durch einen Caterer angeliefert, hübsch dekoriert mit – Sprossen! Zu diesem Zeitpunkt wusste noch keiner, dass Sprossen die Infektionsquelle waren und zum großen Glück nicht die Charge, die auf diese Brötchen dekoriert worden war, und alle Mitarbeiter blieben gesund. Was wäre passiert, wenn die infizierten Sprossen von diesem Caterer benutzt worden wären und alle oder auch nur einige der Mitarbeiter der Intensivstation innerhalb weniger Tage erkrankt wären? Nicht nur, dass die Klinik ihre Intensivstation hätte schließen müssen und die Patienten in ohnehin schon überfüllte andere Kliniken hätten verlegt werden müssen – nein, viel schlimmer wäre die Wirkung auf die Öffentlichkeit und noch schlimmer die Wirkung auf die Mitarbeiterinnen und Mitarbeiter in den vielen Kliniken, die EHEC-Patienten versorgten, gewesen. Ein Zusammenbruch des Gesundheitssystems innerhalb kürzester Zeit hätte gedroht – denn die Interpretation von Öffentlichkeit, aber auch von Medizinern wäre gewesen, die Mitarbeiter hätten sich nicht an den Sprossen, sondern bei den von ihnen betreuten Patienten angesteckt und alle vorherigen Meldungen über die geringe Ansteckungsgefahr seien vermutlich falsch, vielleicht sogar mit Absicht irreführend beruhigend gewesen. Ein Szenario wie in Camus Roman *Die Pest* wäre sehr gut vorstellbar, ja, ich wage zu behaupten, wahrscheinlich gewesen. Glück hat uns davor bewahrt und nicht ein effizient organisiertes Risiko-Assessment und fundierte, schnell umgesetzte Empfehlungen zur Risikoeingrenzung. Die Glaubwürdigkeit der Behörden wäre dahin gewesen und es wäre schwer geworden eine Massenhysterie zu verhindern.

4 Wie können wir uns besser rüsten?

1. Die föderalen Strukturen taugen für den Alltag, nicht für ein Ausbruchsgeschehen, das sich naturgemäß nicht an Ländergrenzen hält. Das RKI muss in Fällen eines vermuteten Ausbruches alle Rechte und Pflichten der Gesundheitsämter zentral übertragen bekommen und damit schneller und zuverlässiger die notwendigen Informationen zur Risikobewertung und Identifikation des Erregers und der Quelle, zur Beurteilung der Kontagiosität und zur Empfehlung seuchenhygienischer Maßnahmen erhalten.

2. Im Falle eines Ausbruches muss das RKI in Abhängigkeit des Krankheitsbildes einen ad hoc Expertenbeirat berufen, der neben Mikrobiologen, Hygienikern und Epidemiologen auch Kliniker, Krankenhausmanager und Vertreter der niedergelassenen Ärzteschaft beteiligt. Um hierfür ausreichend Expertise zu haben, müssen mehr Infektiologen ausgebildet und vorgehalten werden. Die Finanzierung dieser Expertise in „Friedenszeiten" muss gewährleistet sein. Solange sowohl im niedergelassenen Bereich als auch im Krankenhausbereich nur erbrachte Leistungen, aber nicht aus Sicherheitsgründen vorgehaltene Expertise bezahlt werden, können wir das nötige Expertenwissen für Ausbrüche nicht vorhalten und gehen damit erhebliche Risiken ein. Wir bezahlen ja auch die Feuerwehr nicht nach der Zahl und Größe der Brände, die sie löschen, und erst recht nicht die Bundeswehr nach der Zahl der Schlachten, die sie kämpft – hier geht es um Vorsorgehaltung, auch in der ärztlichen Expertise. Deren Finanzierung muss aus Bundesmitteln erfolgen, aber auch dezentral vorhanden sein.

3. Wir müssen mehr über Infektionsausbrüche lernen, um ihre Bekämpfung besser planen und durchführen zu können. Wir brauchen wissenschaftliche Krisenorganisation, damit im Falle eines Ausbruches möglichst schnell und effektiv Proben und Informationen gesammelt werden, klinische Studien ad hoc begonnen und durchgeführt werden können. Die Wissenschaftler, die im Ausbruchsfalle solche Daten und Informationen sammeln, sollten nicht primär in der Alltagsversorgung, die häufig sämtliche Kapazitäten beansprucht, eingespannt sein, um Zeit und Energie zu haben, strukturiert wissenschaftliche Fragestellungen zügig entwickeln und umsetzen zu können. Die administrativen Hürden (Ethikkommission, behördliche Genehmigungen etc.) sollten zentral am RKI oder einer beauftragten Universität (im Sinne eines „Referenzlabors", wie wir es für viele Krankheitserreger haben) organisiert werden.

RKI und ECDC haben, ebenso wie das CDC in den USA, viel geleistet, um uns möglichst vor Krankheitsausbrüchen zu warnen und die notwendigen Maßnahmen zu ergreifen. Ich glaube nicht, dass dies reicht, sondern dass neue Erreger neue Gefahren darstellen werden, welche die Grenzen der Strukturen wieder aufzeigen werden, vielleicht auch mit schlimmeren Folgen. Darüber hinaus fehlt uns eine Wissenschaftsstruktur, um aus Ausbrüchen möglichst viel zu lernen – dabei fürchten wir weniges so sehr, wie den schweren Ausbruch einer „Seuche".

Arne Traulsen

4 Die Evolution und der Zusammenbruch von Kooperation: Wie Einzelne das Gemeinwohl gefährden können

Zusammenfassung: Kooperation, bei der Individuen Kosten tragen, die für die ganze Gemeinschaft von Nutzen sind, kann man auf allen Ebenen der biologischen und sozialen Organisation finden – von Kooperation zwischen Genen innerhalb eines Genoms über das Teilen von extrazellulären Produkten in mikrobiellen Populationen bis hin zur menschlichen Gesellschaft. In all diesen Fällen wäre es für ein Individuum kurzfristig von Vorteil, die Kooperation aufzugeben. Es kann dann immer noch die Beiträge anderer ausnutzen, muss aber nicht mehr einen eigenen Anteil tragen. Wenn sich ein solches Verhalten durch Imitation oder Vererbung ausbreitet, dann ist die Kooperation und damit ein Gemeinschaftsgut in Gefahr. Kooperation kann dann durch verschiedene Mechanismen stabilisiert werden, die in der theoretischen Biologie im Detail analysiert werden. Ein besonders interessanter Fall sind Situationen, in denen Schwellenwerte erreicht werden müssen, um die Vorteile der Kooperation zu erlangen – hier kann das Kooperations- zu einem Koordinationsproblem werden. Wie scharf diese Schwellenwerte sind ist entscheidend, um Lösungen zu stabilisieren.

Abstract: Cooperation, where individuals pay costs that benefit the entire community, can be found on all levels of biological and social organization – from cooperation between genes within a genome via sharing costly extracellular products in microbial populations to cooperation within animal and human societies. In the short run, it would be advantageous for an individual to withhold cooperation in all these cases. In this way, it can exploit the contributions of other, but it would no longer have to pay its own share. If such behaviour spreads through imitation or inheritance, cooperation and thus a common good is at risk. However, cooperation can be stabilised by various mechanisms that are analysed in detail in theoretical biology. A particularly interesting case are situations in which threshold values have to be reached in order to obtain the advantages of cooperation – in these situations, cooperation can become a problem of coordinating towards a particular solution. How sharp these thresholds are can be a crucial factor in order to stabilize solutions.

Die Evolution und Stabilisierung der Kooperation zwischen egoistischen Individuen ist für viele Disziplinen von großem Interesse, von der Evolutionsbiologie bis zu den Sozial- und Politikwissenschaften [1–4]. Die Frage, warum sich kooperatives Verhalten entwickelte, wird gelegentlich als ein Schlüsselproblem in der Wissenschaft betrachtet [5]. Es gibt zahlreiche Mechanismen, die zu Kooperation führen, die ausführlich und detailliert untersucht wurden [5]. Z. B. kann Reputation beim Menschen

https://doi.org/10.1515/9783110600261-007

zu Kooperation führen, wenn kooperative Spieler dadurch Vorteile in zukünftigen Interaktionen haben, weil sie als kooperativ bekannt sind [6–10]: Andere Spieler kooperieren entweder mit höherer Wahrscheinlichkeit mit ihnen oder die als kooperativ bekannten Spieler werden öfter als Spielpartner ausgewählt, weil die Interaktionen mit ihnen attraktiver erscheinen. Es wurde argumentiert, dass Menschen es gewohnt sind, beobachtet zu werden und dass somit auch subtile Hinweise auf Beobachtung mehr kooperatives Verhalten auslösen können [11–13]. Ein faszinierendes Experiment ist dazu von Bateson et al. durchgeführt worden [11]: Die Autoren haben über einer Kasse, in die Mitarbeiter anonym und freiwillig für Getränke (Tee, Kaffee, Milch) zahlen, Bilder aufgehängt, die jede Woche ausgetauscht wurden. Diese Bilder zeigten entweder Augen, die den Betrachter ansehen, oder (als vermeintlich neutrales Bild) Blumen. Es wurde signifikant mehr in die Kasse eingezahlt, wenn diese Bilder Augen zeigen. Die Interpretation ist, dass auch subtile Signale für Beobachtung (Bilder von Augen) ausreichen, um Menschen zu sozialem Verhalten zu motivierten. Während es Hinweise gibt, dass selbst subtile Signale für Beobachtung zu Kooperation führen (wie z. B. nur zwei Punkte anstatt Augen), zeigt eine Metaanalyse über Experimente mit unterschiedlichen Verhaltensweisen, z. B. Unehrlichkeit, Diebstahl, Wahlverhalten oder Altruismus, dass der Einfluss solcher Überwachungshinweise von der Handlung und dem sozialen Kontext abhängt [14].

Andere Mechanismen, die zu Kooperation führen können sind z. B. (i) wiederholte Interaktionen, bei denen Spieler kooperieren, weil sie mit dem gleichen Partner immer wieder interagieren, (ii) räumliche Struktur, bei der Spieler in kooperativen Nachbarschaften Vorteile gegenüber Spielern in nicht-kooperativen Nachbarschaften haben, (iii) der Wettbewerb zwischen verschiedenen Gruppen, (iv) die Bestrafung von Nicht-Kooperatoren bzw. die Belohnung von Kooperatoren oder (v) die Kooperation unter Verwandten, die dazu führt dass bestimmte Gene in zukünftigen Generationen stärker repräsentiert sind.

1 Kooperation in Gemeinschaftsgütern

Das einfachste Modell für die Kooperation in einer Gruppe ist das lineare Gemeinschaftsgüterspiel. Betrachten wir eine Gruppe von N Spielern, bei der jeder Spieler anonym c oder 0 in ein gemeinsames Konto einzahlt. Dieses Konto wird mit einem Faktor von $r > 1$ multipliziert und das Resultat – das Gemeinschaftsgut – wird gleichmäßig auf alle N Spieler der Gruppe verteilt. Wenn j Spieler in der Gruppe kooperieren und einen Beitrag von c leisten, beläuft sich der Gesamtbeitrag auf $j \cdot c$, was zu einer Auszahlung von $j \cdot c \cdot r / N$ für jeden Spieler führt. Die Kooperatoren bekommen daher insgesamt eine Nettoauszahlung von

$$\pi_c(j) = c\frac{j}{N}r - c \, ,$$

während die Nicht-Kooperatoren, die keinen Beitrag leisten,

$$\pi_D(j) = c\frac{j}{N}r$$

bekommen. Da wir $c > 0$ annehmen, gilt $\pi_C(j) < \pi_D(j)$, egal wie groß die Anzahl von Kooperatoren j ist. Trotzdem ist der Gewinn in einer Gruppe von Kooperatoren höher als in einer Gruppe von Nicht-Kooperatoren, $\pi_C(N) > \pi_D(0)$. Dies ist der Kern des sozialen Dilemmas: für jeden Einzelnen scheint es sich nicht zu lohnen, kooperativ zu sein, da damit individuelle Kosten verbunden sind. Aber für die Gruppe wäre es viel besser, wenn jeder etwas beitragen würde.

In der klassischen Spieltheorie würde man nun versuchen, in diesem Spiel sinnvolle Lösungen zu finden. Eine Spielerin kann nicht wissen, wie die anderen Spielerinnen spielen. Wie kann sie in Anbetracht dieser Unsicherheit eine rational sinnvolle Strategie wählen? Eine Möglichkeit ist es, dass eine Spielerin über die Handlungen ihrer Mitspielerinnen Vermutungen anstellt. Auf Grundlage dieser Vermutungen würde eine Spielerin dann eine optimale Strategie auswählen. Ein sog. Nash-Gleichgewicht ist dann eine Situation, in der diese Vermutungen konsistent sind, also eine Situation in der keine der so denkenden Spielerinnen einen Anreiz hat, von dieser Strategie abzuweichen. Das Nash-Gleichgewicht ist ein wichtiges Lösungskonzept, da in einer solchen Situation keine Spielerin ihren Gewinn dadurch verbessern kann, dass sie unilateral von der Lösung abweicht. So eine Lösung kann als stabil betrachtet werden. Im Gemeinschaftsgüterspiel ist die Situation, in der keine der N Spielerinnen einen Beitrag leistet, genau so ein Nash-Gleichgewicht: Jede einzelne Spielerin würde durch ihre Beiträge ihren Gewinn reduzieren.

Diese Analyse erfordert jedoch relativ komplexe Argumente und ist dadurch nicht auf die Biologie zu übertragen. Selbst bei Menschen ist es fraglich, ob solche Überlegungen angestellt werden. Trotzdem sind viele Verhaltensweisen beim Menschen im spieltheoretischen Sinne optimal, wobei man nicht unbedingt annehmen kann, dass z. B. Fußballspieler bewusst spieltheoretische Berechnungen durchführen. Auch in der Biologie gibt es viele Beispiele dafür, in denen Tiere Verhaltensweisen zeigen, die spieltheoretisch optimal sind. In diesem Kontext wurde in den 1970er Jahren die evolutionäre Spieltheorie entwickelt. Dabei wird angenommen, dass sich Strategien von Generation zu Generation vererben und dass sich Strategien mit hohen Gewinnen dabei ausbreiten. In so einem Modell für evolutionäre Dynamik kann man also die Gewinne in eine Fitness übersetzen, die bestimmt, wie schnell sich Strategien ausbreiten. Hierzu betrachten wir den relativen Anteil oder die Häufigkeit x von Kooperatoren in einer sehr großen Population. Wenn wir nun eine Gruppe von N Individuen für eine Interaktion auswählen, dann ist die Anzahl der Kooperatoren in dieser Gruppe binomial verteilt mit dem Mittelwert xN, auf den wir uns der Einfachheit halber konzentrieren. Damit erhalten wir nun die erwarteten Gewinne $\pi_C(x)$ und $\pi_D(x)$, die nun vom relativen Anteil der Kooperatoren in der Population abhängen. Die beliebteste Wahl für evolutionäre Dynamik in der Spieltheorie ist die deterministische

Replikatordynamik [15], welche die Änderung der Häufigkeit durch eine gewöhnliche (aber normalerweise nichtlineare) Differentialgleichung beschreibt

$$\dot{x} = x(\pi_C(x) - \overline{\pi(x)}) = x(1-x)(\pi_C(x) - \pi_D(x)).$$

Hier beschreibt $\dot{x}$ die zeitliche Ableitung der Häufigkeit x und $\overline{\pi(x)}$ den mittleren Gewinn in der Population: Wenn eine Strategie erfolgreicher ist (also einen höheren Gewinn erzielt) als die mittlere Strategie, dann breitet sie sich aus. Wenn sie weniger erfolgreich ist, dann nimmt ihre Häufigkeit ab. Wie in der Gleichung oben gezeigt, kann man die rechte Seite der Gleichung als Differenz der beiden Gewinne darstellen, was in unserem Fall die Interpretation etwas vereinfacht. Wir finden $\pi_C(x) - \pi_D(x) = -c$; somit wächst der Anteil der Defektoren logistisch, d. h. ausgehend von wenigen Spielern nimmt der Anteil der Defektoren anfangs exponentiell zu, um schließlich immer langsamer zu wachsen und sich 1 anzunähern. Der einzige evolutionär stabile Zustand des Systems, $x = 0$, ist dann das Nash-Gleichgewicht der klassischen Spieltheorie, wie man durch lineare Stabilitätsanalyse verifizieren kann.

Alternativ kann man evolutionäre Dynamik auf der Basis von stochastischen Prozessen modellieren, bei dem ein (neutraler) Zufallsprozess die Grundlage bildet [16,17]. Überlagert wird dieser Zufallsprozess von Fitnessunterschieden, die dann die Wahrscheinlichkeit bestimmen, dass sich eine Mutation durchsetzt. In unserem Fall würden wir finden, dass die Wahrscheinlichkeit ϕ_C für die Durchsetzung einer Mutation, die bei einem Individuum zu Kooperation führt, $\phi_C < 1/N$ ist, wenn die Population ursprünglich aus $N = 1$ Nicht-Kooperatoren besteht. Auf der anderen Seite wäre die Wahrscheinlichkeit ϕ_D, dass sich eine Mutation für Nicht-Kooperation in einer Population durchsetzt, in der alle kooperieren, größer als neutral, $\phi_D > 1/N$.

In diesen einfachen Modellen für evolutionäre Dynamik würde man daher keine Kooperation erwarten. Um die Evolution von Kooperation zu beschreiben, müssen wir das Modell erweitern und bspw. Populationsstruktur, wiederholte Interaktionen, Reputation, Bestrafung, oder Verwandtschaft einführen [1]. Alternativ können wir aber auch Spiele betrachten, bei denen es vorteilhaft ist, wenn nur ein Teil der Spielerpopulation kooperiert. Streng genommen ändert man dabei die Definition von Kooperation die oben implizit eingeführt wurde: Dort wurde Kooperation als die Handlung eingeführt, in einem Gemeinschaftsgüterspiel einen Beitrag zu leisten, egal wie viele Spieler kooperieren. Wenn wir nun annehmen, dass es von Vorteil ist, wenn sich nur ein Teil der Spieler so verhält, dann weichen wir von dieser Definition ab. Weiterhin gibt es jedoch in unserem Fall ein soziales Dilemma, da jeder Spieler von den Beiträgen der anderen profitiert, aber auch versucht ist, die eigenen Beiträge zu minimieren.

2 Das Freiwilligen-Dilemma

Ein Beispiel für ein solches Spiel ist das Freiwilligen-Dilemma [18–19]. Hier ist die Kooperation eines einzelnen Individuums ausreichend (also der Beitrag von Kosten $c > 0$), um einen Gewinn b für alle Spieler zu erzeugen. Das kann z. B. das Rufen von Hilfe an einer Unfallstelle sein. Alle Spieler profitieren hier gleichmäßig von so einer Handlung, auch wenn nur einer (oder, in einem etwas komplizierteren Fall, wenige) Spieler dafür kooperieren müssen. Die Gewinne in einer Gruppe der Größe N sind nun

$$\pi_C(j) = b - c \quad \text{und} \quad \pi_D(j) = \begin{cases} 0 & \text{falls } j = 0 \\ b & \text{falls } j > 0 \end{cases}$$

In einer großen Population müssen wir nun die Wahrscheinlichkeit berechnen, dass ein Nicht-Kooperator Teil einer Gruppe ist, in der mindestens einer der Spieler kooperiert. Die Wahrscheinlichkeit, dass keiner der Spieler kooperiert ist $(1 - x)^N$. Mindestens einer von ihnen kooperiert also mit Wahrscheinlichkeit $1 - (1 - x)^N$. Dies führt zu den erwarteten Gewinnen

$$\pi_C(x) = b - c \quad \text{und} \quad \pi_D(x) = b(1 - (1 - x)^N)$$

Falls nun x sehr klein ist, finden wir $\pi_D(x) \approx Nbx \approx 0$ und somit $\pi_C(x) > \pi_D(x)$; wenn der Anteil der Kooperatoren sehr klein ist, haben diese einen Vorteil. Auf der anderen Seite haben wir für eine Population in der fast alle Spieler kooperieren, $x \approx 1$, $\pi_D(x) \approx b$ und damit $\pi_C(x) < \pi_D(x)$; wenn der Anteil der Kooperatoren sehr groß ist, haben diese einen Nachteil. Dies führt zu einer Situation in der eine Population stabil ist, in der der Anteil der Kooperatoren x^* die Gleichung $b - c = b(1 - (1 - x^*)^N)$ erfüllt, d. h. $x^* = 1 - (c/b)^{1/N}$. Wenn die Kosten steigen, sinkt in diesem Zustand auch der Anteil der Kooperatoren. Steigt dagegen der Nutzen der Kooperation, gibt es mehr Kooperatoren. In dieser stabilen Situation kann keine abweichende Strategie in das System eindringen. Etwas komplizierter wird die Situation dann, wenn mehr als ein Kooperator notwendig ist. In diesem Fall ist es in einer sehr großen Population mit sehr wenigen Kooperatoren ein Nachteil zu kooperieren, da man im Normalfall nur einen einzigen Kooperator in der Interaktionsgruppe findet. Damit wird nun auch der Punkt $x = 0$ stabil, eine weitere Lösung an der Kooperatoren und Nicht-Kooperatoren koexistieren ist aber weiterhin stabil.

3 Kooperation in Spielen mit kollektiven Risiken

Eine besonders interessante Erweiterung sind kollektive Risikospiele, bei denen die Kooperation einer kritischen Anzahl von Spielern notwendig ist, um einen kollektiven Verlust zu vermeiden. Ein solches Spiel wurden im Zusammenhang mit gefährlichem, rapidem Klimawandel vorgeschlagen und empirisch untersucht [20], später aber auch theoretisch im Rahmen der evolutionären Spieltheorie [21]. Wir konzentrieren uns hier auf eine erheblich vereinfachte Version dieser Spiele, in der soziale Interaktion auf eine einzige Handlung reduziert wird [22] – man abstrahiert somit von den sozialen Interaktionen und „Verhandlungen", die in den empirischen Versionen dieses Spiels stattfinden. Das kollektive Risiko führt zu Situationen, die nicht länger soziale Dilemmas im klassischen Sinne sind, sondern Koordinationsspiele, bei denen die Spieler sich zwischen verschiedenen möglichen Lösungen entscheiden müssen [23]. Das soziale Dilemma reduziert sich dann auf die Frage, ob ein sozial bevorzugtes Gleichgewicht stabil ist oder ob sich ein Gleichgewicht mit einem asozialen Charakter entwickelt. Wir nehmen an, dass jeder von N Spielern einen beliebigen Beitrag zwischen 0 und 1 zahlen kann. Die Summe der Beiträge bestimmt dann das Risiko, dass die Spieler den nicht gezahlten Beitrag verlieren und einen Gewinn von 0 bekommen. Insbesondere interessiert uns, wie die Kurve p, mit der sich das Risiko verringert, die Beiträge der Spieler beeinflusst. Da nun beliebige Beiträge zugelassen sind, ist der Strategieraum kontinuierlich. Um trotzdem eine einfache Analyse zu ermöglichen, stellen wir die Frage ob eine Population, in der alle Spieler den gleichen Beitrag leisten, evolutionär stabil ist oder von Spielern mit höheren (oder niedrigeren) Beiträgen übernommen werden kann. Der Gewinn einer Spielerin in einer Gruppe, die den Beitrag $c^\star$ leistet, während alle anderen c leisten, ist

$$\pi(c^\star, c) = (1-c^\star)\left(1 - p\left[\frac{c^\star + (N-1)c}{N}\right]\right),$$

wobei wir das Argument y von $p[y]$ so normiert haben, dass es stets zwischen 0 und 1 liegt. Qualitativ sieht man hier, dass für sehr große Interaktionsgruppen, $N \gg 1$, die Spielerin ihren Gewinn nur über die nicht bezahlten Beiträge $1 - c^\star$ beeinflusst, aber nicht über die Risikokurve, für die wir $p\left[\frac{c^\star + (N-1)c}{N}\right] \approx p[c]$ finden. Nur wenn der Einfluss des Einzelspielers auf diese Kurve groß bleibt, also wenn die (negative) Steigung der Kurve ausreichend groß ist, kann diese Kurve für den Gewinn eine Rolle spielen. Für den Fall von unendlich großen Interaktionsgruppen, $N \to \infty$, ist dies nur noch möglich, wenn die Risikokurve eine Stufenfunktion ist, d. h. unendlich schnell abfällt.

Formal kann man diese Situation untersuchen, in dem man die Änderung des Gewinns $\pi(c^\star, c)$ mit dem eigenen Beitrag $c^\star$ in einer Situation analysiert, in der alle gleich viel beitragen,

$$\left[\frac{\partial}{\partial c^\star}\pi(c^\star, c)\right]_{c^\star=c} = \left[-1 + p\left[\frac{c^\star + (N-1)c}{N}\right] - (1-c^\star)\frac{\partial}{\partial c^\star}p\left[\frac{c^\star + (N-1)c}{N}\right]\right]_{c^\star=c}$$

$$= p[c] - 1 - (1-c)\frac{1}{N}\frac{\partial}{\partial c}p[c].$$

So lange diese Größe positiv ist, ist es von Vorteil, wenn eine Spielerin ihren Beitrag erhöht. Das Risiko muss also hinreichend schnell kleiner werden,

$$-\frac{\partial}{\partial c}p[c] > \frac{1-p}{1-c}N \ . \quad (1)$$

Für große Gruppen, $N \gg 1$, wird es immer schwerer, diese Ungleichung zu erfüllen – die Kurve muss also sehr schnell abfallen. Lösungen mit größeren Beiträgen erfordern auch schneller abfallende Risiken, da die rechte Seite der Ungleichung mit c ansteigt. In Abb. 4.1 sind einige Kurven abgebildet, bei denen verschiedene Beiträge stabilisiert werden. Ein Vergleich mit Verhaltensexperimenten zeigt jedoch, dass diese Vorhersagen nur qualitativ passend sind, aber nicht die genauen Beiträge vorhersagen können [24].

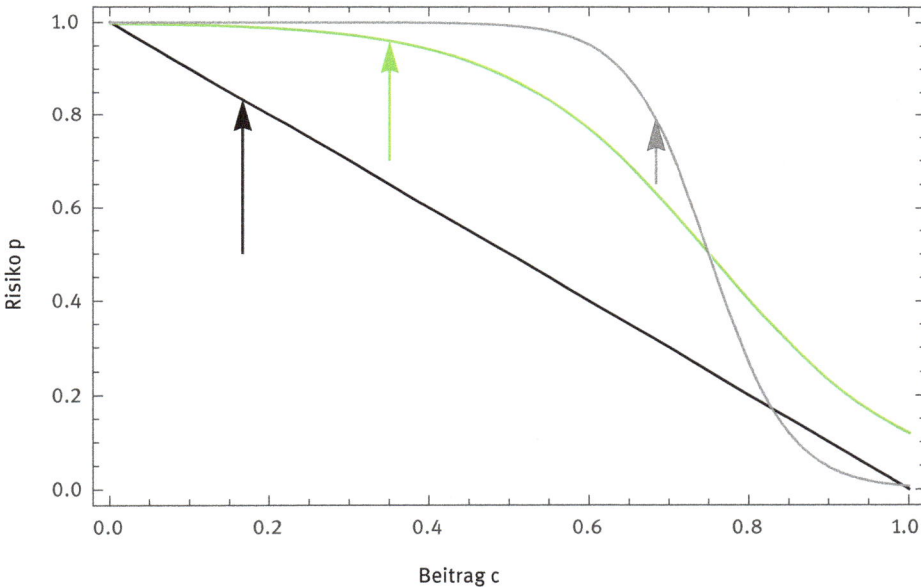

Abb. 4.1 Risikokurven und evolutionär stabile Beiträge. Für drei verschiedene Risikokurven sind hier die evolutionär stabilen Beiträge (Pfeile) berechnet. Für die lineare Kurve (schwarz) kann die Position des schwarzen Pfeils berechnet werden, der Beitrag liegt hier bei $\frac{1}{N+1}$ (in unserem Beispiel mit $N = 5$ also bei $\frac{1}{6}$). Bei den anderen Kurven muss man Gleichung (1) numerisch lösen. Je schneller das Risiko abfällt, desto besser lassen sich höhere Beiträge stabilisieren.

4 Interpretation und Nutzen von Modellen aus der evolutionären Spieltheorie

Evolutionäre Stabilität und Stabilität im spieltheoretischen Sinne hängen eng miteinander zusammen: Jede Strategie, die evolutionär stabil ist, ist auch ein Nash-Gleichgewicht. Aber der Nutzen dieser Modelle reduziert sich nicht auf die Identifikation von solchen Gleichgewichten.

Die evolutionäre Spieltheorie lässt sich als Modell für soziales Lernen interpretieren, sie führt damit zu solchen Lösungen, die keine detaillierte Analyse des Systems durch die Spieler mehr benötigen. Mikroben halten sich z. B. oftmals an die Vorhersagen dieser Theorie, ohne dass man ihnen eine Intelligenz zuschreiben möchte. Die Anwendung von Modellen der evolutionären Spieltheorie auf menschliches Verhalten wird in Teilen sehr kritisch diskutiert, da es bessere und detaillierte Modelle für menschliches Lernen in der Psychologie gibt [25]. Eine detaillierte Analyse von spieltheoretischen Experimenten zeigt auch, dass die grundlegenden Annahmen für die Modelle der evolutionären Spieltheorie in Verhaltensexperimenten mit Menschen oftmals nicht gelten [26,27]. Für detaillierte Vorhersagen von menschlichem Lernverhalten sind diese Modelle daher nur sehr bedingt geeignet. Auch in biologischen Systemen geht es oftmals nicht um eine präzise quantitative Vorhersage, sondern um die Identifikation von Parameterbereichen, für die qualitative Änderungen erwartet werden können.

Kollektive Risiken werden vor allem im Kontext von Klimawandel diskutiert. Eine große Rolle spielt dabei die Art des Risikos für Verluste: Manche Autoren sprechen von „gefährlichem Klimawandel", bei dem ab einem gewissen CO_2 Ausstoß das Klimasystem irreversibel verändert werden würde [20]. Dieses Szenario kann mit einer Risikokurve modelliert werden, bei der das Risiko ab einem kritischen notwendigen Beitrag massiv abnimmt. Verhaltensexperimente zeigen, dass solche Risikokurven zu ganz anderen Beiträgen führen als kontinuierlich abfallende Risikokurven [24]. Auch eine mathematische Analyse führt in diesen beiden Situationen zu sehr unterschiedlichen Ergebnissen für evolutionär stabile Strategien [22]. Andere Autoren schlagen als mögliche Lösung für dieses kollektive Risiko die Einführung von lokalen Strukturen vor, die Beiträge erzwingen können [28]. Oftmals wird jedoch das Problem des Klimawandels als einfaches Gemeinschaftsgüterspiel interpretiert, wobei das Fehlen von kritischen Schwellenwerten dazu führt, dass es weniger mögliche stabile Lösungen gibt, auf die sich die Spieler einigen könnten. Andere Ergebnisse erzielt man, wenn man Spiele mit mehreren Runden betrachtet, bei der mit jedem Beitrag das Risiko reduziert wird, bei denen aber auch in jeder Runde das Risiko für einen Verlust besteht [29]. In diesen Szenarien kann es sinnvoll sein, gleich am Anfang des Spiels möglichst hohe Beiträge zu leisten, um zukünftige Risiken möglichst effizient zu reduzieren. Dieses Beispiel zeigt, dass es wichtig sein kann, über die Art von Risiken und ihre Kommunikation nachzudenken: Wenn wir Klimawandel als singuläres einschneidendes Ereignis in der Zukunft darstellen, dass man aber heute schon angehen muss führt das zu ganz anderen Verhaltensstrategien als eine Situation, in der frühe Beiträge schon in naher Zukunft ein klein wenig helfen können, Risiken zu reduzieren.

Die grundsätzliche Struktur von Lösungen solcher Spiele lässt sich mit Modellen sehr einfach analysieren. Welchen Effekt haben Änderungen der Risikokurven? Welchen Einfluss erwarten wir, wenn sich die Anzahl der Spieler verändert? Wie viele Lösungen existieren, die stabil sind? Welchen Effekt haben die Änderungen von Parametern? Gibt es qualitativ unterschiedliche Dynamiken, zwischen denen man mit einer Parameterverschiebung wählen kann? All diese Fragen lassen sich in Modellen analysieren und die Antworten können empirisch getestet werden. Insbesondere kann diese Art von Modellen uns zeigen, welche Annahmen einen großen Effekt haben und welche vielleicht unkritisch sind.

Eine Analogie gibt es in der Physik: Für das genaue Verständnis der Welt ist die Modellierung eines einzelnen Wasserstoffatoms von sehr eingeschränktem Interesse. Aber ohne diese theoretischen Ansätze hätte sich die moderne Physik im letzten Jahrhundert nicht erfolgreich entwickeln können. Ähnlich schwer fällt es, über soziale Konfliktsituationen nachzudenken, wenn man nicht einfache Modelle wie das lineare Gemeinschaftsgut oder das Gefangenendilemma als ersten Anhaltspunkt hat und diese im Detail analysiert und verstanden hat.

Danksagung
Ich danke Prof. Dr. Reiner Lauterbach herzlich für detaillierte kritische Kommentare zu diesem Manuskript.

Literatur

[1]   Nowak MA. Five rules for the Evolution of Cooperation. In: Science, 2006;314:1560–1563.

[2]   Hardin G. The tragedy of the commons. In: Science, 1968;162:1243–1248.

[3]   Gordon HS. The Economic Theory of a Common-Property Resource: The Fishery. In: The Journal of Political Economy, 1954;62:124–142.

[4]   Macy MW, Flache A. Learning dynamics in social dilemmas. In: Proceedings of the National Academy of Sciences USA. 2002;99:7229–7236.

[5]   Pennisi E. How Did Cooperative Behavior Evolve? In: Science, 2005;309:93.

[6]   Sugden R. The economics of rights, co-operation and welfare. Oxford and New York: Blackwell; 1986.

[7]   Boyd R, Richerson PJ. The Evolution of Reciprocity in Sizeable Groups. In: Journal of Theoretical Biology, 1988;132:337–356.

[8]   Brandt H, Sigmund K. The logic of reprobation: Assessment and action rules for indirect reciprocation. In: Journal of Theoretical Biology, 2004;231:475–486.

[9]   Ohtsuki H, Iwasa Y. How should we define goodness? – Reputation dynamics in indirect reciprocity. In: Journal of Theoretical Biology, 2004;231:107–20.

[10] Nowak MA, Sigmund K. Evolution of indirect reciprocity. In: Nature, 2005;437:1291–1298.

[11] Bateson M, Nettle D, Roberts G. Cues of being watched enhance cooperation in a real-world setting. In: Biology Letters, 2006;2:412–414.

[12] Haley KJ, Fessler DMT. Nobody's watching? Subtle cues affect generosity in an anonymous economic game. In: Evolution and Human Behavior, 2005;26:245–256.

[13] Bateson M, Callow L, Holmes JR, Redmond Roche ML, Nettle D. Do images of 'watching eyes' induce behaviour that is more pro-social or more normative? A field experiment on littering. In: PLoS One, 2013;8:e82055.

[14] Northover SB, Pedersen WC, Cohen AB, Andrews PW. Artificial surveillance cues do not increase generosity: two meta-analyses. In: Evolution and Human Behavior, 2017;38:144–153.

[15] Hofbauer J, Sigmund K. Evolutionary Games and Population Dynamics. Cambridge/UK: Cambridge University Press, 1998.

[16] Nowak MA, Sasaki A, Taylor C, Fudenberg D. Emergence of cooperation and evolutionary stability in finite populations. In: Nature, 2004;428:646–650.

[17] Traulsen A, Hauert C. Stochastic evolutionary game dynamics. In: Schuster HG (ed.). Reviews of Nonlinear Dynamics and Complexity. vol. II. Weinheim: Wiley-VCH, 2009. 25–61.

[18] Diekmann A. Volunteer's Dilemma. In: Journal of Conflict Resolution, 1985;29:605–610.

[19] Myatt DP, Wallace C. An evolutionary analysis of the volunteer's dilemma. In: Games and Economic Behavior, 2008;62:67–76.

[20] Milinski M, Sommerfeld RD, Krambeck HJ, Reed FA, Marotzke J. The collective-risk social dilemma and the prevention of simulated dangerous climate change. In: Proceedings of the National Academy of Sciences USA, 2008;105(7):2291–2294.

[21] Abou Chakra M, Traulsen A. Evolutionary dynamics of strategic behavior in a collective-risk dilemma. In: PLoS Computational Biology, 2012;8:e1002652.

[22] Hagel K, Abou Chakra M, Bauer B, Traulsen A. Which risk scenarios can drive the emergence of costly cooperation? In: Scientific Reports, 2016;6:19269.

[23] Barrett S, Dannenberg A. Climate negotiations under scientific uncertainty. In: Proceedings of the National Academy of Sciences USA, 2012;109(43):17372–17376.

[24] Hagel K, Milinksi M, Marotzke J. The level of climate-change mitigation depends on how humans assess the risk arising from missing the 2C target. In: Palgrave Communications. 2017;3:17027.

[25] Hagen E, Hammerstein P. Game theory and human evolution: A critique of some recent interpretations of experimental games. In: Theoretical Population Biology, 2006;69(3):339–348.

[26] Traulsen A, Semmann D, Sommerfeld RD, Krambeck HJ, Milinski M. Human strategy updating in evolutionary games. In: Proceedings of the National Academy of Sciences USA, 2010;107:2962–2966.

[27] Grujic J, Gracia-Lázaro C, Milinski M, Semmann D, Traulsen A, Cuesta JA, et al. A comparative analysis of spatial Prisoner's Dilemma experiments: Conditional cooperation and payoff irrelevance. In: Scientific Reports, 2014;4:4615.

[28] Vasconcelos VV, Santos FC, Pacheco JM. A bottom-up institutional approach to cooperative governance of risky commons. In: Nature Climate Change, 2013;3:797–801.

[29] Abou Chakra M, Bumann S, Schenk H, Oschlies A, Traulsen A. Immediate action is the best strategy when facing uncertain climate change. In: Nature Communications, 2018;9:2566.

Dirk Langemann

Eignen sich kooperative Spiele als Modelle für gesellschaftliche Interaktion?

Kommentar zum Beitrag „Die Evolution und der Zusammenbruch von Kooperation: Wie Einzelne das Gemeinwohl gefährden können" von Arne Traulsen

Kooperative Spiele bzw. Gemeinschaftsgüterspiele konstruieren ein Spannungsfeld zwischen individuellen Bedürfnissen und Interessen einer Gruppe. Gleichzeitig haben die einzelnen Spieler über das Verhalten der Mitspieler und damit über die Auswirkung ihrer individuell wählbaren Handlungsoptionen keine Gewissheit. Vor dem Hintergrund dieser Unsicherheit versuchen sie deshalb solche Handlungen rational auszuwählen, die sie dem Spielziel mit größtmöglicher Wahrscheinlichkeit näherbringen.

Kooperative Spiele enthalten reduzierte Modelle für das Handeln Einzelner in einer z. B. durch Umweltveränderungen bedrohten Gemeinschaft. Dieser Kommentar diskutiert die Frage, ob und in welchem Sinne die Eigenschaften der Modelle Aussagen über gesellschaftliche Vorgänge erlauben und Richtungen realer Entscheidungen implizieren.

1 Spiele

Die vorgestellten kooperativen Spiele sind so konstruiert, dass eine Auswahl Einzelner Einschränkungen im Sinne eines klar umrissenen Ziels in Kauf nehmen muss, um Risiken von allen Mitgliedern der Gruppe abzuwenden. Die Regeln der Spiele sind derart gestaltet, dass diejenigen, die zum Erfolg der Gruppe beitragen und die im Sinne der evolutionären Spieltheorie Kooperatoren genannt werden, sowohl im Erfolgsfall als auch im Misserfolgsfall der Gruppe individuell schlechter gestellt sind als diejenigen, die nicht kooperieren. Für den Einzelnen ist es also rational sinnvoll, nicht zu kooperieren. Interessant ist nun, dass die mehrfache Wiederholung eines solchen Spiels einen sozialen Lernprozess in Gang setzen kann, der trotzdem in einer Kooperation dieser einzelnen, rational handelnden Individuen mündet.

Bevor wir Eigenschaften und Implikationen kooperativer Spiele diskutieren, tragen wir die Besonderheiten der durch diese und andere Spiele geschaffenen Denkumgebung zusammen.

Erstens definieren Spiele genau ein Ziel, und das Spiel ist als Spiel nur dann sinnvoll, wenn das Ziel von den Mitspielern unhinterfragt übernommen wird. Deshalb ist jede Entscheidung und jede Handlung, welche die Mitspieler dem Ziel näherbringt,

https://doi.org/10.1515/9783110600261-008

rational sinnvoll, und jede Entscheidung mit einer entgegengesetzten Auswirkung nicht. Insbesondere wenn das Ziel in der Anhäufung einer Messgröße besteht, ist es also sowohl objektiv als auch subjektiv rational sinnvoll, die Messgröße zu mehren.

Zweitens definieren Spiele eine Anzahl von klaren Handlungsoptionen, und diese Anzahl ist endlich und meist sogar sehr klein. Bspw. sehen kooperative Spiele für jeden Einzelnen genau die beiden Optionen vor, zu kooperieren oder nicht zu kooperieren.

Nebenbei bemerkt ist der Begriff der Kooperation in Gemeinschaftsgüterspielen von anderen Kooperationsbegriffen abzugrenzen. Bspw. sieht Adam Smith in der gesellschaftlichen Arbeitsteilung eine Form der Kooperation. Marktwirtschaftliche Wirtschaftstheorien enthalten die Aussage, dass das Streben nach Eigennutz auch dem Gemeinwohl dient. In einer solchen Denkumgebung handelt der Einzelne rational sinnvoll, indem er seinen individuellen Vorteil verfolgt und damit gleichzeitig die Gruppeninteressen voranbringt. Im Gegensatz dazu beinhaltet Kooperation in der evolutionären Spieltheorie die Mitwirkung am Erfolg der Gruppe unter ausdrücklichem Verzicht auf individuelle Vorteile.

Es stellt sich die Frage, was diese Form der Kooperation außerhalb der sehr eingeschränkten Welt der Spiele bedeutet.

2 Modelle

Gemeinschaftsgüterspiele werden als Modelle für das Handeln Einzelner in einer Gruppe angesehen, die einem kollektiven Risiko ausgesetzt ist. Bspw. kann eine drohende Umweltkatastrophe ein kollektives Risiko sein, dessen Auswirkungen abgemildert wird, wenn genügend viele Einzelne in Schutzmaßnahmen investieren.

Eine eingeschränkte Variante dieses Szenarios ist ein kooperatives Spiel. Wenn es nur die beiden Optionen gibt, dass Einzelne genau umrissene Schutzmaßnahmen ergreifen oder nicht ergreifen, und wenn wirklich eine bestimmte Anzahl von Einzelnen ausreicht, um die Katastrophe abzuwenden, liegt exakt die oben beschriebene Situation vor. Diejenigen, die kooperieren, profitieren von der ausbleibenden Katastrophe, haben aber individuell investiert. Diejenigen, die nicht kooperieren, profitieren ebenfalls, ohne aber investiert zu haben. Im Misserfolgsfall, also wenn die drohende Katastrophe für alle eintritt, haben die Kooperatoren vorher investiert und die Nicht-Kooperatoren nicht.

Die aufgezählten Gemeinsamkeiten werden allerdings erst durch die idealisierenden Einschränkungen bestimmend. In einer realistischen Situation gibt es in der Regel mehr als zwei Handlungsoptionen. Außerdem ist es im Allgemeinen unbekannt, welche und wie viele Schutzmaßnahmen eine nahende Katastrophe wirksam abwenden.

Ganz allgemein beschreiben Modelle Ausschnitte der Wirklichkeit in idealisierter Form. Rudimentäre Gütekriterien von Modellen sind die Reproduktion von Beobachtungen sowie die Gültigkeit von Vorhersagen. Die Modellbildung greift, soweit möglich, auf bestehende Begriffe und Theorien zurück. Aber je weniger als gesichert angesehene Theorien existieren, desto weniger Anknüpfungspunkte an bestehende Modelle gibt es.

Mit Blick auf das Handeln von Individuen in unserer Gesellschaft entsteht die Frage, ob der gleichzeitige Rückgriff auf die Begriffe und Denkansätze der evolutionären Spieltheorie und der Volkswirtschaftslehre, insbesondere auf den Homo oeconomicus mit seiner rein wirtschaftlichen Rationalität eine vertretbare Idealisierung tatsächlicher Beweggründe von Individuen ist.

Das Konzept des Homo oeconomicus idealisiert vielfältige Interessenlagen auf die Anhäufung der Messgröße Geld und definiert damit ein klar umrissenes Ziel. Ein echter Homo oeconomicus müsste aus allen Handlungsoptionen immer diejenige wählen, die nach Einbeziehung und Abwägung aller Aspekte den größtmöglichen finanziellen Nutzen für ihn selbst verspricht. Dabei ist die Einbeziehung aller Aspekte wichtig, denn auch der ideale Homo oeconomicus würde seine individuelle Gesundheit nicht gegen jeden Geldbetrag eintauschen. Vielmehr würde er, falls so ein Tausch für ihn anstände, den erwarteten Einschränkungen und gesundheitlichen Risiken einen Preis zuweisen und seinen Gesamtgewinn optimieren.

Die Vorstellung, selbst ein Homo oeconomicus zu sein, scheint den meisten Menschen unbehaglich. Sie verweisen dann auf ihre Individualität, ihr Mitgefühl oder auf ihre bewusste Entscheidung für bestimmte Handlungsoptionen unter Berücksichtigung von weit mehr Kriterien als nur ihrem ökonomischen Vorteil.

3 Logik oder – was ist rational sinnvoll?

Spiele eignen sich wegen des klar definierten Spielziels dazu, über den Begriff der Logik nachzudenken. Ein Spieler handelt rational sinnvoll oder logisch konsistent, wenn er seine Handlungen so wählt, dass er sich dem Spielziel nähert. Berücksichtigen wir, dass nicht alle Spieler nicht offengelegte Spielsituationen, wie z. B. die Spielkartenverteilung, gleich einschätzen und auch bei Spielen mit vollständiger Information, wie z. B. beim Schach, nicht in gleicher Intensität und Genauigkeit über die Auswahl ihrer Spielzüge nachdenken, so sollten wir eher davon sprechen, dass ein Spieler subjektiv logisch konsistent denkt und subjektiv rational sinnvoll handelt.

Diese subjektive Rationalität schließt Irrtümer ein, denn innerhalb der irrtümlich wahrgenommenen Umgebung handelt der Spieler aus seiner Sicht rational sinnvoll. Auch der strafrechtliche Irrtumsbegriff fußt darauf, dass die betroffenen Menschen innerhalb eines nachvollziehbaren Irrtums rational handeln. Etwa die Behauptung, jemand hätte sich als Kraftfahrzeugführer in dem Irrtum befunden, dass er Kapitän eines Segelschiffes sei und deshalb in Vertretung Hagens von Tronje den Kaplan über Bord werfen musste, bevor er sich wieder dem Straßenverkehr zuwenden konnten, macht aus seinem rechtlichen Problem schnell ein psychiatrisches.

Kurz gesprochen, kann niemand tatsächlich unlogisch denken, und der Versuch dies zu tun, beweist es eindrucksvoll. Als Gedankenexperiment überzeuge man eine dunkelhaarige Frau von der Schlussfolgerung, dass alle Frauen blond seien, weil Scarlett Johansson blond ist. Menschen halten einen elementaren logischen Widerspruch wie den, dass eine bestimmte Aussage zugleich wahr und nicht wahr ist, nicht aus. In jeder komplizierter verpackten widersprüchlichen Aussage steckt bei genauerer Analyse ein solch elementarer Widerspruch, vgl. der sokratische Elenchos in den platonischen Dialogen.

4 Altruismus und Gerechtigkeit

Aus der Behauptung, Menschen würden subjektiv rational sinnvoll handeln, folgt nicht, dass alle Menschen uniform sind und in vergleichbaren Situationen dasselbe tun würden. Außerhalb von Spielen gibt es eine Vielzahl von teilweise konkurrierenden Zielen, eine große Auswahl an Handlungsoptionen, Mischformen von Entscheidungen, und es gibt eine große Variabilität bei der Einschätzung von Situationen.

Insbesondere folgen Menschen nicht den Maximen des Homo oeconomicus. Entgegen diesem Konzept geben Menschen Bettlern Almosen, werfen Geld in den Kollektenbeutel, zahlen die CO_2-Abgabe bei Flugtickets und geben selbst dann Trinkgeld, wenn die Bedienung nicht lächelt und wenn sie nie wieder in dieses Lokal gehen wollen. Ein aktuelles Beispiel ist der Kauf von Bioprodukten oder von gerecht gehandelten Waren, wofür es eine Vielzahl von Motiven gibt, aber bestimmt nicht den pekuniären Vorteil.

Einige wenige Menschen richten ihr gesamtes Leben konsequent gemäß einem nicht ökonomisch motivierten Ziel wie der Krankenpflege, der Unterstützung Benachteiligter, dem Klimaschutz, dem Wohl von Mitgeschöpfen, der Rettung der Welt in irgendeinem Sinne oder auch ihrer eigenen inneren Balance aus.

Angesichts der Vielfalt möglicher Ziele ist es nicht immer subjektiv rational sinnvoll, als Homo oeconomicus zu handeln, auch wenn es für den idealisierten Homo oeconomicus immer rational sinnvoll ist, sein Handeln rein ökonomisch auszurichten.

Das sog. Ultimatumspiel, welches in der jüngeren Vergangenheit in medizinischen und behavioristischen Versuchen populär geworden ist, hat die Diskussion um das Konzept des Homo oeconomicus erneut eingefärbt, denn es erscheint als wissenschaftlicher Nachweis der Existenz von altruistischem und nicht gewinnorientiertem Verhalten bei modernen Menschen.

Im Ultimatumspiel wird einem von zwei Spielern ein Gewinn in der Größenordnung von zwanzig Euro zugesagt. Allerdings muss dieser Spieler dem anderen einen Anteil seines vermeintlichen Gewinns anbieten, den der andere Spieler annehmen oder ablehnen kann. Nur wenn das Angebot angenommen wird, dürfen beide Mitspieler ihre Anteile behalten. Sonst bekommen sie nichts. Typischerweise ergeben Experimente, dass Angebote zwischen 30 und 40 % der Gewinnsumme akzeptiert werden. Kleinere Angebote bringen den zweiten Spieler dazu, das Angebot abzulehnen und selbst ebenfalls leer auszugehen. Man könnte auch sagen, dass es dem zweiten Spieler fünf Euro wert ist, dem ersten Spieler einen Gewinn von fünfzehn Euro zu verderben.

Man kann argumentieren, dass ein Homo oeconomicus als zweiter Spieler jeden noch so kleinen Betrag akzeptieren muss, weil ihn auch der kleine Betrag besser stellt als eine Ablehnung aus Gerechtigkeitsempfinden. Man kann ebenfalls argumentieren, dass ein Homo oeconomicus als erster Spieler einen hohen Betrag anbieten muss, weil der Rest besser als nichts ist. Schließlich ist die Idee nicht abwegig, dass das Szenario des Ultimatumspiels die beiden Spieler nur scheinbar unterscheidet und dass deshalb eine genau hälftige Aufteilung sinnvoll ist.

Da keine dieser Argumentationen durch die Experimente bestätigt wird, wird das Ultimatumspiel nicht nur als Nachweis altruistischen und empathischen Verhaltens angesehen, sondern die angebotenen Summen werden auch als Maß für die Intensität des empathischen Verhaltens verwendet.

Bei genauerer Betrachtung des Ultimatumspiels fällt einerseits auf, dass das nächstliegende Spielziel, möglichst viel Geld mitzunehmen, einen Nutzen außerhalb des Spiels hat. Das Spielziel besteht nicht allein darin, möglichst viel oder wenigstens mehr als die anderen von einer abstrakten Größe zu gewinnen, sondern auch im umsetzbaren Nutzen außerhalb des Spiels. Andererseits gibt es, wie eben dargelegt, nicht genau eine objektiv rationale Strategie für die Höhe des Angebots.

Der stärkste Kritikpunkt an der Interpretation dieser experimentellen Ergebnisse bezieht sich jedoch auf die Höhe der Beträge. Die verwendeten Beträge liegen nur unwesentlich über den Bagatellbeträgen, die in Mitteleuropa als Almosen, Kollekte oder Trinkgeld üblich sind. Die meisten Probanden entscheiden beim nächsten Kneipenbesuch oder Wochenendeinkauf über deutlich höhere Summen. Die möglichen Gewinne sind Bagatellen. Sie zu haben oder nicht zu haben, fühlt sich auch für einen pekuniär orientierten realen Menschen fast gleich an.

Könnte man das Ultimatumspiel um Beträge spielen, die außerhalb der Spielumgebung echte Relevanz haben, würden sich die obigen Prozentangaben vermutlich nicht bestätigen. Der zweite Spieler stände bspw. vor der Entscheidung zwischen einem luxuriösen Urlaub und der Summe null oder aber vor der Entscheidung, ein Jahr lang nicht neben seinem Studium arbeiten zu müssen, oder dies auszuschlagen, weil der erste Mitspieler ein ungerechtes Angebot gemacht hat. Spätestens, wenn die Gewinnsumme ein sonst nicht erfüllbares Bedürfnis oder gar Erfordernis befriedigen kann, wird die Überlegung, welchen Anteil der andere Spieler einstreicht, hinter dem Verhalten zurücktreten, das auch ein Homo oeconomicus rational sinnvoll fände.

Je einschneidender die Beträge für die Betroffenen sind, umso weniger Denkansätze gibt es, in denen ein nicht ökonomisches Verhalten subjektiv rational sinnvoll ist, zumal auch viele nichtmaterielle Güter zumindest gegen viel Geld tauschbar sind.

5 Fazit

Das Szenario einer drohenden Katastrophe, zu deren Abwendung viele einzelne einen erheblichen Beitrag leisten müssen, ist nach diesen Überlegungen in seinem Kern durch Gemeinschaftsgüterspiele in wichtigen Punkten gut abgebildet, d. h. kooperative Spiele sind brauchbare Modelle, um das Zusammenspiel wesentlicher Mechanismen der gesellschaftlichen Interaktion zu beschreiben. Die Umwelt wird durch das Gemeinschaftsgut vertreten und der über Bagatellen hinausgehende benötigte Beitrag der Einzelnen motiviert die Beschreibung der allermeisten Individuen als ökonomisch rational handelnden Homo oeconomicus. Selbst wenn jeder Einzelne neben den ökonomischen Aspekten noch andere Ziele verfolgt, handelt die Gruppe der Einzelnen im Ergebnis annähernd so, als wäre jeder Einzelne ein Homo oeconomicus.

Die evolutionäre Spieltheorie zeigt uns, dass die Kooperation der Individuen sehr brüchig ist und sich nur unter sehr eingeschränkten Bedingungen aus den Eigeninteressen der Individuen entwickelt.

Somit lernen wir aus den Untersuchungen der evolutionären Spieltheorie, dass sich die Hoffnung, die Individuen würden aus altruistischen oder empathischen Motiven zur Abwehr einer drohenden Katastrophe kooperieren, auf sehr speziell konstruierte Fälle beschränken sollte. Die pure Einsicht der Einzelnen ist angesichts der individuellen Nachteile der Kooperatoren und der gleichzeitig erlebten Vorteile der Nicht-Kooperatoren – zumindest vor Eintritt der drohenden Katastrophe – keine Grundlage, auf der rational sinnvolle Strategien gegen den Klimawandel aufbauen können. Erschwerend kommt hinzu, dass der Klimawandel nach bisherigem Kenntnisstand keine zu bestimmten Zeitpunkten drohende Katastrophe ist, die durch einmalige Einsätze genügend vieler Einzelner zu diesen Zeitpunkten abgewehrt werden könnte, sondern ein schleichender Prozess ist, dessen genaue Verlangsamung kaum ermittelbar und erst recht nicht erfahrbar ist. Ein daraufhin angepasstes kooperatives Spiel würde die Handlungsoption der Nicht-Kooperation noch vorteilhafter erscheinen lassen.

Vielmehr erscheint es aus Sicht der Gemeinschaft rational sinnvoll, die Spielregeln, also die Rahmenbedingungen gesellschaftlicher Interaktion – ähnlich der marktwirtschaftlichen Arbeitsteilung im Sinne von Adam Smith – so zu verändern, dass das individuelle Streben nach Eigennutz auch auf diesem Gebiet in Gemeinwohl mündet.

Andreas Lange

5 Unsicherheit und Lernen – Lektionen aus Entscheidungstheorie und Verhaltensökonomik

Zusammenfassung: Was ist rational? Die Frage steht unmittelbar im Raum, wenn man überlegt, wie rationale Entscheidungen unter Unsicherheit charakterisiert werden können. Rationalität wird in den meisten ökonomischen Ansätzen als Folge von Transitivität erfasst, d. h. letztlich als Konsistenzannahme an Entscheidungen. Während dies auf individueller Ebene bereits zu Problemen führt, wie Erkenntnisse der Verhaltensökonomik und deren Anwendung auf intertemporale Entscheidungen suggerieren, generiert die Aggregation individueller Präferenzen brisante Unmöglichkeitstheoreme, d. h. eine konsistente Aggregation ist weitgehend unmöglich. Nichtsdestotrotz müssen Entscheidungen getroffen werden. Ausgehend von dieser Problematik widmet sich dieser Aufsatz der Frage, was wir aus verhaltensökonomischen Ansätzen, die sich weitgehend auf individuelles Verhalten beziehen, für Entscheidungen in einer Gesellschaft bzw. für eine Gesellschaft lernen können.

Abstract: Decisions under uncertainty pose particular challenge to rationality. In economic decision theory, rationality is mostly linked to transitivity of preferences, i. e. requires consistency of decisions when confronted with different decision tasks. The violation of such basic assumption by many decision makers at the individual level led to several new behavioural economic approaches, including how to react to new information. When individual preferences are aggregated to collective choice levels, even more fundamental problems arise. Despite these problems, decisions need to be taken. This chapter considers the question what lessons can be learnt from behavioural economic approaches on individual decisions under uncertainty for decisions at the collective, i. e. the societal level.

Wichtige Entscheidungen sind zumeist Entscheidungen unter Unsicherheit: Individuen entscheiden sich für bestimmte Ausbildungswege, ihre Lebenspartner oder andere Investitionen. Gesellschaften wählen bestimmte Regularien, Politikmaßnahmen, entscheiden sich für oder gegen Klimaschutz. Während die Entscheidungsträger und Prozeduren, nach denen die Entscheidungen getroffen werden, sich unterscheiden, bestehen in der Regel sowohl auf individueller als auch gesellschaftlicher Ebene erhebliche Unsicherheiten über die Effektivität der Entscheidungen. Einerseits besteht mangelnde Kenntnis variabler Zukünfte, andererseits ist ein längeres Experimentieren mit Alternativen, bevor Entscheidungen getroffen werden, oft unmöglich.

Angesichts substanzieller Unsicherheiten stellt sich die Frage nach der Rationalität individueller sowie kollektiver Entscheidungen in solchen Situationen. Während die neoklassische ökonomische Literatur zumeist das theoretische Konstrukt der

https://doi.org/10.1515/9783110600261-009

individuellen Erwartungsnutzenmaximierung bemüht, zumeist in Kombination mit exponentieller Diskontierung zukünftiger Nutzen, erscheint diese Konstruktion als unbefriedigend: Einerseits gibt es zunehmende Evidenz, dass Individuen in vielen Entscheidungskontexten sich nicht als Erwartungsnutzenmaximierer verhalten, sondern andere Verhaltensregeln befolgen [1]. Andererseits bestehen Probleme bei der Aggregation von individuellen Präferenzen auf eine kollektive Ebene – prominent diskutiert in Varianten von Arrow's 1951 erstmals veröffentlichtem Unmöglichkeitstheorem [2], sodass ein Basieren kollektiver Entscheidungen auf Annahmen repräsentativer Agenten normativ als unbefriedigend und fehlleitend erscheint.

Ersteres Problem wird in verhaltensökonomischen Ansätzen adressiert, die versuchen individuelles Entscheiden unter Unsicherheit deskriptiv besser abzubilden, auch durch bessere psychologische Verhaltensfundamente. Die Überzeugung vieler Verhaltensökonomen ist, durch ein besseres Verständnis individuellen Verhaltens, auch bessere Politikvorschläge machen zu können ([3]:3). Während dies für die Reaktion von Individuen auf Politikmaßnahmen postuliert wird, ist die normative Basis für die Formulierung der Politikvorschläge sowie Prozeduren für kollektive Entscheidungen weiterhin problematisch [4].

In diesem Aufsatz werde ich zunächst prominente Ansätze individuellen Verhaltens unter Unsicherheit diskutieren. Während hier Unsicherheitsaversion als rational erscheinen mag, kann eine solche jedoch auch zu irrational anmutenden Verhaltensweisen im Umgang mit neuen Informationen führen. Zudem werde ich zeigen, inwieweit durch das Zusammenspiel verschiedener Akteure auch individuelle Entscheidungen beeinflusst werden. So zeigt sich bspw. die Bedeutung von Ungleichheit in den Risiken sowie in den finalen Realisationen für individuelle Entscheidungen.

Ein zweiter Schwerpunkt des Aufsatzes widmet sich der Aggregation individueller Präferenzen unter Unsicherheit: auch wenn heterogene individuelle Präferenzen vorliegen, müssen Entscheidungen getroffen werden. Ich diskutiere hier u. a. die Aggregation ambiguitäts-sensitiver Präferenzen.

Drittens diskutiere ich die Rolle von Lernen und des Potenzials für Informationsaversion. Letztere ist dadurch charakterisiert, dass Entscheidungsträger bewusst auf (zukünftige) Informationen verzichten. Ein solches Verhalten kann sich ergeben, wenn zeitinkonsistentes Verhalten beobachtbar ist, d. h. wenn Entscheidungen zu einem späteren Zeitpunkt revidiert werden, ohne dass sich Informationen geändert haben. Andererseits zeigt sich jedoch, dass vergangene Erfahrungen durchaus auch losgelöst von ihrem Informationswert Relevanz für zukünftiges Verhalten entfalten.

Zusammenfassend versuche ich dann Schlussfolgerungen für rationale Entscheidungen unter Unsicherheit zu ziehen, die nicht nur individuelle Präferenzen respektieren, sondern auch als Basis für Politikmaßnahmen dienen können.

1 Individuelles Verhalten unter Unsicherheit

Entscheidungskriterien unter Unsicherheit beruhen auf einer Aggregation der Konsequenzen in den einzelnen Szenarien. Knight [5] unterscheidet Risikosituationen, d. h. Situationen, in denen die Wahrscheinlichkeit a priori (oder statistisch) bekannt ist, von dem Fall der Unsicherheit, d. h. unbekannter Wahrscheinlichkeiten, welche insbesondere auftreten *"because the situation dealt with is in a high degree unique"* ([5]:233). Das gebräuchlichste Kriterium zur Aggregation der unsicheren Konsequenzen ist das bereits angesprochene Erwartungsnutzenkriterium. Dabei werden die Nutzen in einzelnen Szenarien mit Eintrittswahrscheinlichkeiten gewichtet. Diese Wahrscheinlichkeitsbewertung kann dabei objektiven oder subjektiven Charakter haben. Situationen unter Risiko und Unsicherheit im Sinne von Knight werden somit technisch gleich behandelt. Kritik dieser Gleichbehandlung begründet sich vor allem in Zweifeln daran, dass die Wahrscheinlichkeitseinschätzung als einziger Träger von Information ausreichend ist. So schreiben Karni und Schmeidler ([6]:1803) "... the probability assigned to an event does not reflect the amount of information that underlies the assigned probability." Daher unterscheidet z. B. bereits Keynes die Wahrscheinlichkeitseinschätzung von dem *weight of evidence*, das diese begründet: *"... the weighing of the 'amount' of evidence is quite a separate process from the balancing of the evidence for and against"* ([7]:80). Letzteres führt zu einer Wahrscheinlichkeitsbewertung, ersteres kann als Konfidenz bezüglich dieser beschrieben werden. Zur Illustration führt Keynes folgendes Beispiel an: Eine Urne enthalte schwarze und weiße Kugeln in gleicher Anzahl, bezüglich der Kugeln in einer zweiten Urne dagegen seien die Proportionen unbekannt. Keynes erläutert weiter: *"It is evident that in either case the probability of drawing a white ball is 0.5, but the weight of the argument in favour of this conclusion is greater in the first case"* ([7]:80).

Solche über Wahrscheinlichkeitsbewertungen hinausgehenden Eigenschaften einer Wahlsituation beeinflussen auch das Verhalten von Individuen. Dies kann einfach anhand des Ellsberg-Paradoxes illustriert werden. Ellsberg [8] betrachtet in seinem Experiment eine Urne mit 30 roten und 60 weiteren Kugeln, die blau oder gelb sein können. Eine Kugel wird zufällig gezogen. Während die (objektive) Wahrscheinlichkeit des Ziehens einer roten Kugel dementsprechend $1/3$ ist, können die Wahrscheinlichkeiten für das Ziehen einer blauen Kugel zwischen 0 und $2/3$ variieren: in den Extremfällen befinden sich keine einzige blaue Kugel, jedoch 60 gelbe in der Urne oder es sind keine einzige gelbe Kugel, jedoch 60 blaue in der Urne. Analog sind Wahrscheinlichkeiten zwischen 0 und $2/3$ für das Ziehen einer gelben Kugel konsistent mit dem Informationsstand.

Ein Erwartungsnutzenmaximierer würde seine Entscheidungen auf eine einzige subjektive Wahrscheinlichkeitsverteilung aus dieser Menge basieren. Normativ spricht potenziell viel dafür, die Wahrscheinlichkeit des Ziehens einer blauen und einer gelben Kugel gleich zu gewichten, d. h. jeweils $1/3$ Wahrscheinlichkeit zuzuordnen. Jedoch ignoriert dies die eigentlich vorliegende Unsicherheit und reduziert implizit die Entscheidungssituation zu einer, in der das Individuum weiß, dass exakt 30 Kugeln jeder Farbe in der Urne liegen.

Das Ellsberg Paradox zeigt nun auf, dass diese Unsicherheit tatsächlich entscheidungsrelevant ist. Dazu werden zwei Entscheidungssituationen unterschieden: In Situation A müssen sich Individuen entscheiden, ob sie auf das Ziehen einer roten oder blauen Kugel wetten wollen. In Situation B müssen sie sich zwischen einer Wette auf „rot oder gelb" und einer Wette auf „blau oder gelb" entscheiden. Viele Individuen präferieren in Entscheidungssituation A die Wette auf „rot", während sie in Entscheidungssituation B die Wette auf „blau oder gelb" bevorzugen.

Dieses Verhalten wird als Ambiguitäts- oder Unsicherheitsaversion interpretiert, da in beiden präferierten Fällen die Wahrscheinlichkeiten bekannt sind. Allerdings ist ein solches Wettverhalten inkonsistent mit Erwartungsnutzenmaximierung, da die Additivität der Wahrscheinlichkeiten verletzt wird: wenn einerseits die Wette auf „rot" der Wette auf „blau" vorgezogen wird, müsste subjektiv dem Ziehen einer roten Kugel eine höhere Wahrscheinlichkeit zugeordnet werden. Andererseits bedeutet die Präferenz für „blau oder gelb" gegenüber „rot oder gelb", dass subjektiv die Wahrscheinlichkeit für „blau oder gelb" größer sein müsste, als die von „rot oder gelb". Insbesondere ist hier Savage's *sure-thing principle* verletzt, das verlangt, dass ein Naturzustand, der bei zwei Entscheidungsalternativen zu der gleichen Konsequenz führt, für die Entscheidung unerheblich ist. Die jeweiligen Entscheidungssituationen A und B unterscheiden sich jedoch jeweils nur durch die Auszahlung für das Ziehen einer gelben Kugel in B. Das Ellsberg Paradox ist nur ein Beispiel einer Situation, in der Individuen nicht adäquat als Erwartungsnutzenmaximierer beschrieben werden können. Stattdessen wird oft Unsicherheitsaversion beobachtet, d. h. Situationen mit bekannten Wahrscheinlichkeiten werden präferiert.

Verhaltensökonomische Modelle können solche Entscheidungen unter Unsicherheit besser abbilden. Als Beispiele seien das *MaxiMin*-Prinzip [9] oder dessen Verallgemeinerung im *smooth ambiguity* Modell [10] genannt. Beide können Ambiguitätsaversion abbilden, indem sie ein höheres Gewicht auf „schlechtere" Wahrscheinlichkeitsverteilungen legen: im Extremfall des *MaxiMin*-Prinzips würde die Wahrscheinlichkeitsverteilung als Grundlage genommen, die den geringsten Erwartungsnutzen generiert. In Entscheidungssituation A wäre dies bei der Wette auf „blau" eine Situation, in der keine einzige blaue Kugel in der Urne ist, d. h. im ungünstigsten Fall steht der bekannten Wahrscheinlichkeit von ⅓ für „rot" eine Wahrscheinlichkeit von 0 für „blau" gegenüber. Formal ausgedrückt:

$$\text{„rot": } \frac{1}{3}u(1) + \frac{2}{3}u(0)$$

$$\text{vs. „blau": } \min_{b \in [0,60]} \left(\frac{b}{90}u(1) + \frac{90-b}{90}u(0) \right) = u(0),$$

wobei der Gewinn auf 1 normiert ist und einen Nutzen von $u(1)$ generiert gegenüber einem Nutzen von $u(0)$ im Nichterfolgsfall und Gewinn folglich gleich Null ($u(1)>u(0)$). Folglich wird auf „rot" gesetzt. In Entscheidungssituation B hingegen wäre im Extremfall keine einzige gelbe Kugel in der Urne, sodass die Wette auf „rot oder gelb" minimal nur eine ⅓ Chance, eine Wette auf „blau oder gelb" jedoch eine ⅔ Chance auf den Gewinn impliziert, sodass in B eine Wette auf „blau oder gelb" präferiert wird:

$$\text{„blau oder gelb":} \quad \frac{2}{3}u(1)+\frac{1}{3}u(0)$$

$$\text{vs. „rot oder gelb":} \quad \min_{g \in [0,60]}\left(\frac{g+30}{90}u(1)+\frac{60-g}{90}u(0) \right) = \frac{1}{3}u(1)+\frac{2}{3}u(0)\,.$$

2 Der Umgang mit Informationen

Camerer und Weber [11] verweisen darauf, dass Ambiguität oder Unsicherheit bezüglich der zugrundeliegenden Wahrscheinlichkeiten wie in Ellsberg's Beispiel aus mangelnder Information resultieren, jedoch insbesondere auch durch mangelnde Verlässlichkeit der Informationsquelle oder differierende Expertenmeinungen induziert sein kann. Sie verweisen darauf, dass Individuen in vielen Fällen beträchtliche Summen zahlen, um diese Ambiguität aufzulösen, d. h. die Unsicherheits- in eine Risikosituation zu transformieren Die in Experimenten bestimmte Unsicherheitsprämie beträgt bis zu 20 % des Erwartungswertes ([11]:340).

Im obigen Beispiel kann diese Unsicherheitsprämie vor einer Wette auf „blau" wie folgt bestimmt werden: der *MaxiMin*-Nutzen im Unsicherheitsfall ist gegeben durch

$$\min_{b \in [0,60]}\left(\frac{b}{90}u(1)+\frac{90-b}{90}u(0) \right) = u(0)\,,$$

wohingegen der Erwartungsnutzen bei bekannter Anzahl der blauen Kugeln b, d. h. bekannter Wahrscheinlichkeit

$$\frac{b}{90}u(1-P)+\frac{90-b}{90}u(-P)\,.$$

beträgt, wobei angenommen wird, dass eine Prämie in Höhe von P für die Auflösung der Unsicherheit gezahlt werden muss, und sich somit die Auszahlung im Gewinnfall auf $1-P$ verringert bzw. im Nichtgewinnfall ein Verlust von $-P$ entsteht.

Als Unsicherheitsprämie wird nun der maximale Betrag bezeichnet, den das Individuum für die Auflösung der Unsicherheit zahlen würde. Nimmt man an, dass ein Individuum gleiche Wahrscheinlichkeiten auf das Erhalten der Information über jede Anzahl von Kugeln zwischen 0 und 60 legt, also jeweils ¹⁄₆₁, ist die Unsicherheitsprämie P der Betrag, der das Individuum indifferent zwischen Auflösung der Unsicherheit durch Information über die Zahl b der blauen Kugeln macht:

$$\min_{b \in [0,60]} \left(\frac{b}{90} u(1) + \frac{90-b}{90} u(0) \right)$$

$$= \frac{1}{61} \sum\nolimits_{b=0}^{60} \left(\frac{b}{90} u(1-P) + \frac{90-b}{90} u(-P) \right)$$

oder äquivalent umformuliert (da $\frac{1}{61} \sum\nolimits_{b=0}^{60} \frac{b}{90} = \frac{1}{3}$):

$$u(0) = \frac{1}{3} u(1-P) + \frac{2}{3} u(-P) .$$

Der Betrag dieser Unsicherheitsprämie hängt dementsprechend von der Nutzenfunktion des Individuums ab. Sollte es risikoneutral sein (lineare Bernoulli-Funktion u), wäre die Unsicherheitsprämie ⅓, für risikoaverse Individuen (konkave $u()$) entsprechend geringer, da diese implizit eine höheres Gewicht dem schlechtesten Zustand geben, d. h. dem Nichterfolgsfall, in dem der Nutzen $u(-P)$ beträgt. Risikofreudige Individuen (konkave u) würden hingegen mehr als ⅓ für die Auflösung der Unsicherheit bezahlen.

Eine weitere Form der Information besteht nicht in der Auflösung der Unsicherheit, sondern im Erhalten partieller Informationen und wie diese die Entscheidungen verändern. Diese Situation wird in der dynamischen Ellsberg Urne beschrieben (z. B. [12],[13]): Individuen erhalten im Beispiel die Information, ob die gezogene Kugel gelb ist oder nicht, *bevor* sie eine Wette auf „rot" oder „blau" abschließen. Sie können somit reine Strategien wählen, die entweder auf „rot" bzw. „blau" wetten unabhängig davon, ob gelb gezogen wurde oder nicht, oder alternativ ihre Wette vom Signal abhängig machen. Letztlich bilden die vier möglichen Strategien jedoch wieder die Auszahlungen der ursprünglichen Wetten ab: so wird in Entscheidungssituation A eine Auszahlung, wenn „rot" gezogen wird, generiert durch die reinen Strategien „immer rot" sowie „rot wenn nicht gelb, blau wenn gelb"; die Auszahlung bei „blau" wird generiert durch „immer blau" sowie „blau wenn nicht gelb, rot wenn gelb".

Sofern die Präferenzen der Individuen nur durch Auszahlungen geprägt sind, sollten somit die konditionalen Entscheidungen mit den Entscheidungen in der statischen Variante des Ellsberg Paradoxes übereinstimmen. Sofern andere Entscheidungen getroffen werden, also bspw. in Entscheidungssituation A auf „blau" gewettet wird, nachdem die Information erfolgt, dass keine gelbe Kugel gezogen wurde, würde sich eine zeitliche Inkonsistenz oder – äquivalent – eine negative ex ante Zahlungsbereitschaft für die Information ergeben. Zeitlich inkonsistentes Verhalten heißt hierbei, dass ein Entscheidungsträger konditional auf ein Signal ex ante plant, eine bestimmte Entscheidung zu treffen, von dieser dann jedoch abweicht, nachdem ein Signal tatsächlich erhalten wurde. Zeitliche Konsistenz erscheint als sinnvolle Charakteristik rationalen Verhaltens. Gleiches gilt auch für den sog. Konsequentialismus [14], d. h. dass die aktualisierte Präferenz nach Erhalt einer Information nur von den noch möglichen Zuständen der Welt abhängt. Dominiak et al. [13] untersuchen das tatsächliche Verhalten in dynamischen Ellsberg-Urnen und stellen fest, dass Individuen sich zumeist als Konsequentialisten charakterisieren lassen, jedoch zeitliche Inkonsistenzen aufweisen.

Es stellt sich also die Frage, wie genau Präferenzen nach Erhalt von Informationen aktualisiert werden. Während in der Erwartungsnutzenmaximierung Bayesianisches Updating kanonisch ist, können verschiedene Updating-Regeln im Falle von Unsicherheit, d. h. bei Vorliegen multipler Wahrscheinlichkeiten, motiviert werden.

Insbesondere werden *full Bayesian updating* sowie die *maximum-likelihood rule* diskutiert [12]. Ersteres würde alle in Frage kommenden Wahrscheinlichkeitsverteilungen Bayesianisch aktualisieren. Letztere würde die Wahrscheinlichkeitsverteilungen selektieren, die dem beobachteten Ereignis ex ante die höchste Wahrscheinlichkeit zugewiesen haben und nur diese aktualisieren. Beide Regeln können jedoch zeitliche Inkonsistenzen generieren wie an einem einfachen Beispiel illustriert werden kann: Nehmen wir an, dass ein Entscheidungsträger *MaxiMin*-Präferenzen hat und alle Wahrscheinlichkeitsverteilungen $S = \left\{ \left(\frac{1}{3}, b, \frac{2}{3} - b \right) \middle| b_L \leq b \leq b_H \right\}$ in Betracht zieht, also alle Wahrscheinlichkeitsverteilungen, die dem Ziehen einer blauen Kugel mindestens Wahrscheinlichkeit b_L geben und maximal b_H und ansonsten aber mit der Information konsistent sind, dass ein Drittel der Kugeln rot ist. Wenn nun das Signal lautet, dass keine gelbe Kugel gezogen wurde, würde erstere *full Bayesian updating* implizieren, dass die gezogene Kugel mit aktualisierten Verteilungen der Menge $S_{Bayes}(\text{nicht gelb}) = \left\{ \left(\frac{1}{1+3b}, \frac{3b}{1+3b}, 0 \right) \middle| b_L \leq b \leq b_H \right\}$ rot bzw. blau sein kann. Wenn ohne Information die Wette auf „rot" der Wette auf „blau" vorgezogen wurde, also $b_L < 1/3$ war, wird dies weiterhin getan, sofern $\frac{1}{1+3b_L} < \frac{3b_L}{1+3b_L}$. Es kann also zu einem Wechsel in den Präferenzen kommen, sofern $1 > 3b_L > \frac{1}{(3b_H)}$. Analog würde ohne Information die Wette auf „blau oder gelb" der Wette auf „rot oder gelb" vorgezogen werden, sofern $2/3 > 1 - b_H$, also falls $b_H > 1/3$. Nach der Information, dass die gezogene Kugel nicht gelb ist, würde jedoch die Wette auf „rot" vorgezogen werden, sofern $\frac{1}{1+3b_H} > \frac{3b_L}{1+3b_L}$. Hier entstünde also ein Präferenzwechsel, falls $\frac{1}{(3b_L)} > 3b_H > 1$.

Bei der *maximum-likelihood rule* würde nur die Wahrscheinlichkeitsverteilung weiter betrachtet werden, bei der „nicht gelb" die maximale Wahrscheinlichkeit hatte ($b = b_H$), sodass hier die aktualisierte Menge der Wahrscheinlichkeitsverteilungen nur ein Element hat: $S_{ML}(\text{nicht gelb}) = \left\{ \left(\frac{1}{1+3b_H}, \frac{3b_H}{1+3b_H}, 0 \right) \right\}$. Auch hier kann es zu Inkonsistenzen in Entscheidungsproblem A kommen, sofern $3b_L < 1 < 3b_H$. Wenn hingegen in Entscheidungsproblem B ohne Information auf „blau oder gelb" gewettet wurde (falls $b_H > 1/3$), wird auch weiter diese Entscheidung beibehalten.

Für beide Updating-Regeln können somit Fälle konstruiert werden, in denen ein Präferenzwechsel entsteht, der dynamische Inkonsistenz impliziert. Hanany et al. schließen daraus, dass dynamische Konsistenz mit Konsequentialismus nicht vereinbar ist und stattdessen *"for an update rule to maintain the choices according to the unconditional preferences for both choice problems, the rule must depend on the feasible set and/or on an ex-ante optimal act"* ([12]: 1199).

Hanany und Klibanoff [15] identifizieren *updating*-Regeln, die dynamische Konsistenz erreichen, jedoch erscheinen die normativ wünschenswerten Eigenschaften als nicht konsistent mit den experimentellen Befunden in [13], die suggerieren, dass Individuen dynamische Inkonsistenzen aufweisen. Umgekehrt besitzen die diskutierten verhaltensökonomischen Modelle zwar deskriptiv Erklärungskraft für individuelles Verhalten, jedoch bestehen normative Probleme, diese Modelle als Entscheidungsgrundlage zu propagieren.

3 Das Problem kollektiver Entscheidungen

Die bisherige Diskussion fokussierte auf individuellem Verhalten unter Unsicherheit und den sich daraus potenziell ergebenden Inkonsistenzproblemen. Arrow's Unmöglichkeitstheorem [2] fokussiert auf einem weiteren Problem für konsistente Entscheidungen: Für allgemeine individuelle Präferenzen gibt es keine Aggregationsregel zu einer kollektiven Präferenz, die einerseits dem schwachen Pareto-Axiom genügt, andererseits die Entscheidung zwischen zwei Alternativen unabhängig von irrelevanten Alternativen ist und in der kein Individuum die kollektive Entscheidung diktiert. Jedoch gibt die typische Erwartungsnutzentheorie eine spezielle Form von Präferenzen, die eine Aggregation, z. B. im utilitaristischen Sinne erlauben: Harsanyi [16] zeigt, dass eine lineare Aggregation von Erwartungsnutzen nötig ist, um das Pareto-Prinzip zu wahren.

Gajdos et al. [17] ergänzen, dass diese Aggregation jedoch tatsächlich nur für unsicherheitsneutrale Präferenzen erfolgt. Sollte man also für Präferenzen erlauben, die wie im vorangehenden Abschnitt beschrieben, Verhalten im Ellsberg Paradox erklären, kann keine Aggregationsregel gefunden werden.

Jackson and Yariv [18,19] weisen darauf hin, dass selbst für Erwartungsnutzenmaximierer und eine lineare Aggregation bei der utilitaristischen Regel, die die Nutzen der einzelnen Individuen summiert, Probleme bei der Aggregation entstehen können, wenn man von einer statischen, d. h. einmaligen Entscheidungssituation abweicht und intertemporale Entscheidungen betrachtet. Hier können Zeitinkonsistenzen auftreten aufgrund unterschiedlicher Zeitpräferenzraten der verschiedenen Individuen. So steigt typischerweise die Zeitpräferenzrate, je weiter in der Zukunft bestimmte Entscheidungen liegen, da für diese die Präferenz der geduldigeren Individuen implizit stärker gewichtet wird. Jackson and Yariv weisen auf sich daraus ergebende zeitliche Inkonsistenzen hin, selbst wenn keine neuen Informationen erhalten werden. Jedoch haben diese Erkenntnisse auch direkte Implikationen für den Umgang mit Entscheidungen unter Unsicherheit: Zeitliche Inkonsistenzen führen dazu, dass selbst kostenlose Informationen abgelehnt werden können [20]. D. h. eine Gesellschaft, die eine solche Aggregationsregel anwendet, würde potenziell nicht investieren, um bessere Informationen zu erhalten.

Die genannten Beispiele deuten darauf hin, dass das Problem der Aggregation von individuellen Präferenzen in Arrow's Unmöglichkeitstheorem verstärkt wird, wenn Individuen unsicherheitsavers sind oder man den Umgang mit Lernen, d. h. der Investition in Auflösung von Unsicherheiten betrachtet.

3.1 Soziale Präferenzen. Die Risiken der Anderen

Die im vorangehenden Abschnitt betrachteten Aggregationsprobleme zeigen auf, dass in der Regel keine Möglichkeit besteht, individuelle Präferenzen in einer Gesellschaft in vollkommen konsistenter Weise zu aggregieren. Als Konsequenz muss man gegebenenfalls mit Inkonsistenzen und Nichttransitivitäten leben, die sich bspw. in demokratischen Prozessen ergeben. Oft werden jedoch auch Entscheidungen an bestimmte Personen delegiert, d. h. es existieren klare Prozeduren, nach denen Entscheidungen durch gewisse Personen oder Gremien zu treffen sind.

Die traditionelle Public Choice Literatur ist in solchen Situationen davon ausgegangen, dass die Entscheidungsträger ihren eigenen Nutzen maximieren. Zahlreiche Experimente und letztlich auch die eigene Introspektion zeigen jedoch auf, dass Individuen durchaus die Auswirkungen ihres Handelns auf andere mit in ihre Überlegungen einbeziehen (z. B. [21,22]). Die verhaltensökonomische Literatur hat daraufhin verschiedene Konzepte sozialer Präferenzen entwickelt, die sich darin unterscheiden, ob bspw. Individuen ungleichheitsavers sind [23], am Gemeinwohl (Effizienz) interessiert sind [24], oder einfach reziprok auf das Verhalten anderer reagieren [25]. Bei all diesen Varianten sozialer Präferenzen stellt sich die Frage nach der passenden Erweiterung auf Situationen unter Risiko und Unsicherheit. Hier können Wohlfahrtsmaße und somit auch individuelle soziale Präferenzen auf ex ante oder auch auf ex post Basis definiert werden. Im Falle von Ungleichheitsaversion heißt ex ante, dass man insbesondere die Chancengleichheit von Individuen berücksichtigt. Ex post würde das einen Vergleich der individuellen Situationen nach Auflösung der Unsicherheit bedeuten. Chambers und Echenique [26] leiten normative Gründe für eine Aggregation über einen Vergleich von Sicherheitsäquivalenten ab, d. h. eine Aggregation basierend auf ex ante Maßen. Jedem Individuum wird hierbei der sichere Geldbetrag zugeordnet, der es gemäß seiner Präferenz gleichstellt mit dem unsicheren Prospekt.

Konsistent mit solchen Vergleichen von Sicherheitsäquivalenten stellen Freundt und Lange [27] fest, dass die eigene Risikoaversion prosoziales Verhalten reduziert, wenn das Geben an andere zu Risiken in Bezug auf die eigenen Einkünfte führt; die Risikoaversion der anderen Individuen steigert jedoch das prosoziale Verhalten, wenn die Auszahlung der anderen mit Risiken behaftet ist. Andere experimentelle Untersuchungen zu individuellen sozialen Präferenzen unter Unsicherheit zeigen jedoch, dass neben einem Vergleich von Sicherheitsäquivalenten auch ex post Einkommensvergleiche die Entscheidungen von Individuen beeinflussen [28].

Für individuelle Entscheidungen spielt dementsprechend auch die Unsicherheit eine Rolle, die die Entscheidungen bei anderen Individuen generieren. Wenn diese Gewichtung der Präferenzen anderer bei den eigenen Entscheidungen stärker ist, könnten Aggregationsprobleme reduziert werden, da der einzelne Entscheidungsträger sich stärker in die Rolle eines „repräsentativen Agenten" versetzt, sodass das Kriterium der „non-dictatorship" in Arrow's Unmöglichkeitstheorem weniger problematisch sein könnte.

4 Umgang mit Risiko-Erfahrungen und ex post Logiken

Die bisherigen Überlegungen zu verhaltensökonomischen Modellen basierten weitestgehend auf der Annahme, dass Individuen in ihren Präferenzen „nach vorn" blicken. D. h. vergangene Ereignisse mögen Informationen generiert haben, die für zukünftige Entscheidungen relevant sind, haben darüber hinaus jedoch keinen direkten Einfluss auf die Präferenzen. Diese Annahme wird in einer Vielzahl von verhaltensökonomischen Modellen und empirischen Befunden kritisch hinterfragt. Es entwickeln sich bspw. Habits [29], der Konsum in der Vergangenheit dient als Referenzpunkt und beeinflusst zukünftige Präferenzen (z. B. [30,31]).

Im Umgang mit Unsicherheiten ergibt sich ein weiteres Phänomen. Das deutsche Sprichwort „Aus Schaden wird man klug" suggeriert, dass man nach einem Schadensereignis eher Vorsorge betreibt. D. h., auch wenn nicht unmittelbar der Informationsstand sich verändert hat, hat das individuelle Erfahren von Leid einen Einfluss auf das zukünftige Verhalten, oder in der Sprache der Ökonomen eine präferenzändernde Wirkung. Beispiele gibt es viele: nach Erdbeben gibt es eine größere Vorsorge, nach dem Erfahren von Fahrraddiebstahl schließt man vielleicht eher sein Fahrrad ab, nach Fukushima gibt es eine substanzielle Änderung in Bezug auf den Betrieb nuklearer Kraftwerke.

Es gibt vielfältige Theorien, die solche Verhaltensänderungen erklären: *Reinforcement learning* [32] und *Impulse-balance learning* [33] oder auch *Regret learning* [34] verfolgen einen evolutionären Ansatz, bei dem erfolgreiche Strategien verstärkt, nicht erfolgreiche Strategien zukünftig weniger verwendet werden. Erfolg wird dabei einerseits absolut definiert, andererseits im Vergleich des Erfolges der verwendeten Strategie mit dem möglichen Erfolg von Strategien, die alternativ hätten gewählt werden können.

Köke et al. [35] zeigen, dass solche Schadensereignisse nicht nur individuelle Vorsorgeentscheidungen verändern, sondern auch die Kooperation innerhalb von Gruppen (d. h. Gesellschaften). In einem Experiment untersuchen sie anhand stochastischer Gefangendilemma-Spiele, wodurch kooperatives Verhalten, d. h. Handeln im Sinne des Allgemeinwohls statt im Eigeninteresse, induziert werden kann. Sie unterscheiden zwei Mechanismen, wie Kooperation sich auf unsichere Schadensereignisse auswirkt: einerseits kann die Wahrscheinlichkeit eines fixen Schadens, andererseits die Schadenshöhe eines mit exogen gegebener Wahrscheinlichkeit eintretenden Schadens reduziert werden. Es zeigt sich, dass insbesondere im ersten Fall der Eintritt des stochastischen Schadens die Kooperationsbereitschaft verändert, obwohl diese keine Informationen über zukünftige Wahrscheinlichkeiten trägt. Konsistent mit den oben genannten Lerntheorien sinkt für Individuen, die im Sinne des Allgemeinwohls kooperiert haben, nach dem Schadensereignis die Wahrscheinlichkeit wiederum zu kooperieren. Hier tritt ein Frustrationseffekt ein: sie haben Kosten getragen und kooperiert und letztlich konnte auch durch diese Kooperation der Schaden nicht verhindert werden. Genau anders verhalten sich Individuen, die sich vor Schadenseintritt nicht kooperativ gezeigt haben. Für diese wird es nach dem Schadensereignis wahrscheinlicher, dass sie kooperieren. Auch diese Verhaltensänderung ist konsistent mit Überlegungen, dass die vorherige Strategiewahl potenziell falsch war; nach dem Motto: Hätte ich kooperiert, wäre der Schaden für mich und die Allgemeinheit vielleicht nicht eingetreten.

Überlegungen wie diese zeigen, dass Entscheidungen unter Unsicherheit nicht nur *forward-looking* getroffen werden, sondern auch vorherige Erlebnisse das Verhalten steuern. Während in der Diskussion des dynamischen Ellsberg Paradox tatsächlich eine Reaktion auf neue Information erfolgt, ist hier ein reiner Verhaltenseffekt und nicht ein Informationseffekt relevant.

Köke et al. [35] zeigen zudem, dass die Kooperationsbereitschaft von Individuen höher ist, wenn durch die Kooperation die Schadenswahrscheinlichkeit und nicht die Schadenshöhe beeinflusst wird. Auch dieses Ergebnis könnte Implikationen für den Umgang von Gesellschaften mit Risiken und Unsicherheiten haben:

Bei Flugzeugunglücken, Terrorattacken oder auch Öltankerunglücken kann durch Vorsorge die Wahrscheinlichkeit eines Schadenseintrittes reduziert werden, während die Höhe des Schadens eher fix ist. Hingegen kann die Eintrittswahrscheinlichkeit von Sturmfluten oder Erdbeben nicht beeinflusst werden, jedoch die Schadenshöhe bei Eintritt des Extremereignisses. Spekuliert man in Bezug auf die Übertragbarkeit der experimentellen Ergebnisse auf solche stochastischen Phänomene, lässt sich vermuten, dass eher Kooperation bei ersteren Problemen als bei Letzteren entstehen kann.

5 Fazit

Dieser Aufsatz hat einen kleinen Ausflug in verhaltensökonomische und experimentelle Ergebnisse zu Entscheidungen unter Unsicherheit gemacht und versucht, Probleme bei der Übertragung auf die Lösung gesellschaftlicher Probleme zu skizzieren. Einerseits kann auf individueller Ebene Verhalten beobachtet werden, dass nicht konsistent mit präferenztheoretischen Konzepten erklärt werden kann. Andererseits stellt sich die große Frage nach der Aggregation individueller Präferenzen in eine gesellschaftliche Entscheidung. Obwohl diese rein theoretisch nicht allen vielleicht sinnvoll erscheinenden Kriterien genügen kann, müssen natürlich in der Gesellschaft Entscheidungen getroffen werden. Hier erscheint als sinnvoller Ausweg, sich stärker mit der Rationalität der Entscheidungskriterien zu beschäftigen und nicht die Rationalität der Entscheidungen selbst in jeder möglichen Situation zu fordern.

Die Konsistenzprobleme individueller Präferenzen und deren Aggregation zu kollektiven Entscheidungen weisen jedoch auf ein potenzielles Problem hin: zeitliche Inkonsistenzen können eine Informationsaversion, d. h. einen negativen Wert des Lernens implizieren. Während dies relativ unproblematisch ist, wenn die Informationen exogen generiert werden und automatisch Kenntnis erlangt wird, vermindern sie potenziell die Anstrengungen, durch kostenintensive Forschung Informationen zu generieren.

Während die Verhaltensökonomik somit durchaus Konzepte bereitstellt, um auch nicht rational erscheinendes Verhalten zu erklären (und potenziell zu rationalisieren), greifen bei der Identifikation von Regeln für gesellschaftliche Entscheidungsfindung rein deskriptive Konzepte zu kurz. Stattdessen sollten diese durch normative Konstrukte begründbar sein und zusätzlich die Erkenntnisse individuellen Verhaltens inkludieren. Die Kombination von Verhaltensökonomik mit Wohlfahrtsüberlegungen [4,36] stellt dementsprechend ein spannendes Feld für zukünftige Forschung dar.

Literatur

[1]   Machina MJ, Teugels JL, Sundt B. Non-expected utility theory. In: Handbook of the fundamentals of financial decision making. Vol. 4. Singapore: World Scientific, 2013: chapter 14, 253–259.

[2]   Arrow KJ. Arrow's theorem. In: Durlauf SN, Blume LE (eds.). The New Palgrave Dictionary of Economics. 2nd edition. London: Palgrave Macmillan, 2008.

[3]   Camerer C, Loewenstein G. Behavioral economics: Past, present, future. In: Camerer CF, Loewenstein G, Rabin M (eds.). Advances in behavioral economics. Princeton University Press, 2004. Chapter 1.

[4]   Bernheim BD. Behavioral welfare economics. In: Journal of the European Economic Association, 2009;7.2–3:267–319.

[5]   Knight FH. Risk, uncertainty and profit. New York: Hart, Schaffner and Marx (1921).

[6]   Karni E, Schmeidler D. Utility theory with uncertainty. In: Handbook of Mathematical Economics, 1991;4:1763–1831.

[7]   Keynes JM. A Treatise on Probability. Collected Writings of J.M. Keynes VIII (1973 ed.). London: MacMillan [1921].

[8]   Ellsberg D. Risk, ambiguity, and the Savage axioms. In: The Quarterly Journal of Economics, 1961:643–669.

[9]   Gilboa I, Schmeidler D. Maxmin expected utility with non-unique prior. In: Journal of Mathematical Economics, 1989;18:141–153.

[10] Klibanoff P, Marinacci M, Mukerji S. A smooth model of decision making under ambiguity. In: Econometrica, 2005;73(6):1849–1892.

[11] Camerer C, Weber M. Recent developments in modeling preferences: Uncertainty and ambiguity. In: Journal of Risk and Uncertainty. 1992;5:325–370.
[12] Hanany E, Klibanoff P, Marom E. Dynamically consistent updating of multiple prior beliefs. An algorithmic approach. In: International Journal of Approximate Reasoning. 2011;52(8):1198–1214.
[13] Dominiak A, Duersch P, Lefort J-P. A dynamic Ellsberg urn experiment. In: Games and Economic Behavior. 2012; 75(2):625–638.
[14] Hammond PJ. Consequentialist foundations for expected utility. In: Theory and decision. 1988; 25(1):25–78.
[15] Hanany E, Klibanoff P. Updating ambiguity averse preferences. In: The BE Journal of Theoretical Economics. 2009;9(1).
[16] Harsanyi JC. Cardinal welfare, individualistic ethics, and interpersonal comparisons of utility. In: Journal of Political Economy. 1955;63:309–321.
[17] Gajdos Tt, Tallon J-M, Vergnaud J-C. Representation and aggregation of preferences under uncertainty. In: Journal of Economic Theory. 2008;141(1):68–99.
[18] Jackson MO, Yariv L. Collective dynamic choice: the necessity of time inconsistency. In: American Economic Journal: Microeconomics. 2015;7.4:150–78.
[19] Jackson MO, Yariv L. Present bias and collective dynamic choice in the lab. In: American Economic Review. 2014;104(12):4184–4204.
[20] Lange A. Climate change and the irreversibility effect – combining expected utility and maximin. In: Environmental and Resource Economics. 2003;25(4):417–434.
[21] Fehr E, Fischbacher U. Why social preferences matter – the impact of non-selfish motives on competition, cooperation and incentives. In: The Economic Journal. 2002;112:1–33.
[22] Levitt SD, List JA. What do laboratory experiments measuring social preferences reveal about the real world? In: Journal of Economic Perspectives, 2007;21:153–174.
[23] Fehr E, Schmidt KM. A theory of fairness, competition, and cooperation. In: The Quarterly Journal of Economics. 1999;114(3):817–868.
[24] Charness G, Rabin M. Understanding social preferences with simple tests. In: The Quarterly Journal of Economics. 2002;117(3):817–869.
[25] Rabin M. Incorporating fairness into game theory and economics. In: The American Economic Review. 1993:1281–1302.
[26] Chambers CP, Echenique F. When does aggregation reduce risk aversion? In: Games and Economic Behavior. 2012;76:582–595.
[27] Freundt J, Lange A. On the determinants of giving under risk. In: Journal of Economic Behavior and Organization. 2017;142:24–31.
[28] Brock JM, Lange A, Ozbay EY. Dictating the risk: Experimental evidence on giving in risky environments. In: American Economic Review. 2013;103(1):415–37.
[29] Havranek T, Rusnak M, Sokolova A. Habit formation in consumption: A meta-analysis. In: European Economic Review. 2017;95:142–167.
[30] Tversky A, Kahneman D. Loss aversion in riskless choice: A reference-dependent model. In: The Quarterly Journal of Economics. 1991;106:1039–1061.
[31] Kőszegi B, Rabin M. Reference-dependent consumption plans. In: American Economic Review. 2009;99(3):909–36.
[32] Bereby-Meyer Y, Roth AE. The speed of learning in noisy games: Partial reinforcement and the sustainability of cooperation. In: American Economic Review. 2006;96(4):1029–1042.
[33] Selten R, Chmura T. Stationary concepts for experimental 2x2-games. In: American Economic Review. 2008;98(3):938–66.
[34] Ert E, Erev I. Replicated alternatives and the role of confusion, chasing, and regret in decisions from experience. In: Journal of Behavioral Decision Making. 2007;20(3):305–322.

[35] Köke S, Lange A, Nicklisch A. Adversity is a school of wisdom: Experimental evidence on co-operative protection against stochastic losses. In: WiSo-HH Working Paper Series 22, 2015.
[36] Bernheim BD, Rangel A. Beyond revealed preference: choice-theoretic foundations for behavioral welfare economics. In: The Quarterly Journal of Economics. 2009;124(1):51–104.

Till Grüne-Yanoff

Verhaltensökonomische Rationalität?

Kommentar zum Beitrag „Unsicherheit und Lernen – Lektionen aus Entscheidungstheorie und Verhaltensökonomik" von Andreas Lange

„Was ist rationales Verhalten unter Unsicherheit" fragt Andreas Lange in seinem inspirierenden Beitrag und wendet sich an die Verhaltensökonomik für eine Antwort. Das mag verwundern, denn in erster Linie ist die Verhaltensökonomik eine explizit *deskriptiv* orientierte Wissenschaft.

In Folge von Daniel Kahneman und Amos Tversky haben Verhaltensökonomen wie George Loewenstein, Colin Camerer oder Richard Thaler Modelle entwickelt, für die sie beanspruchen, dass sie bestimmte Aspekte menschlichen Handelns besser beschrieben, als es die „neoklassischen" oder „orthodoxen" Modelle taten. Dabei ist nicht immer klar, ob ein solcher „neoklassischer" Konsens in den Wirtschaftswissenschaften wirklich je existierte. Jedenfalls haben Verhaltensökonomen einen solchen Konsens konstruiert, in dem sie *normative* Modelle – insbesondere das Erwartungsnutzen-Modell und das exponentielle Diskontierungs-Modell – als *deskriptive Hypothesen* interpretierten und diese dann in Laborexperimenten testeten. Das beobachtete Laborverhalten falsifizierte diese Hypothesen und deutete darüber hinaus systematische Abweichungen von den „neoklassischen" Modellen an, welche dann in verhaltensökonomischen Modellen abgebildet wurden. Bekannte Beispiele solcher Modelle sind Kahnemann & Tverskys *Prospect Theory* und George Ainslies *Hyperbolic Discounting*.[1]

Was sagen uns solch deskriptiven Modelle über Rationalität? Zunächst einmal gar nichts. Wie sich Menschen im Durschnitt in bestimmten Situationen verhalten, hat keine direkte Konsequenz dafür wie sie sich verhalten *sollen*. Die präskriptive Geltung von Rationalitätsnormen kann nicht durch eine Menge rein deskriptiver Aussagen gerechtfertigt werden, das argumentierte schon David Hume in seiner *Sein-Sollen-Dichotomie*. Ganz im Gegenteil: würde menschliches Verhalten stets alle Rationalitätsnormen erfüllen, wären diese präskriptiv irrelevant. Normrelevanz entsteht gerade aus gelegentlicher Normverletzung. Dies wussten auch schon „neoklassische" Wirtschaftswissenschaftler, die z. B. ihr Erwartungsnutzenmodell als Idealisierung

---

1 Wobei darauf hingewiesen werden muss, dass die behauptete deskriptive Superiorität dieser Modelle keineswegs unumstritten ist. Ein Problem liegt darin, dass diese verhaltensökonomischen Modelle mehr freie Parameter haben als ihre „neoklassischen" Konkurrenten, und aus diesem Grund in einfachen Kurvenangleichungstests besser abschneiden [1]. Ein anderes Problem liegt in der oft unzureichenden Evidenz selbst, die für diese Modelle vorgewiesen wird [2].

https://doi.org/10.1515/9783110600261-010

verstanden, nicht nur in der Bedeutung „von der Realität abweichenden Annahmen treffend", sondern auch im Sinne eines Ideals rationalen Entscheidens. Verhaltensökonomen haben durch ihre Resultate also kaum zur Klärung der Frage „Was ist Rationalität?" beigetragen (noch haben sie das behauptet); wenn sie sich überhaupt mit dem Konzept der Rationalität beschäftigt haben, dann im Zusammenhang mit der Frage „Verhalten sich Menschen großteils rational oder nicht?".[2]

Indirekt jedoch könnten verhaltensökonomische Resultate durchaus Einfluss auf die Frage „Was ist rationales Verhalten unter Unsicherheit" haben. Denn wenn alle Menschen permanent eine Norm verletzen, könnte dies andeuten, dass es menschlich unmöglich ist, diese Norm zu erfüllen. Eine solche Norm würde dann das Prinzip *Sollen impliziert Können* verletzen: etwas, was Menschen kognitiv oder emotional unmöglich bewältigen können, kann nicht eine normative geltende Verpflichtung sein.

Allerdings reichen gegenwärtige verhaltensökonomische Erkenntnisse kaum aus, um solche Unmöglichkeitsbehauptungen zu rechtfertigen. Nur weil manche Menschen in bestimmten Situationen systematisch von Rationalitätsnormen abweichen, kann man nicht darauf schließen, dass es ihnen unmöglich ist, diese Normen zu erfüllen. Aber welche Art von Erkenntnis würde solche Schlüsse rechtfertigen? Der Philosoph Philip Kitcher gibt darauf eine interessante Antwort: *"prescriptions must be grounded in facts about how systems like us could attain our epistemic goals in a world like ours"* ([4]: 63). Das heißt: um die Geltung einer Norm gegen das *Sollen impliziert Können* Prinzip zu verteidigen, brauchen wir deskriptive Modelle der *Mechanismen*, durch die Menschen prinzipiell befähigt sind, diese Normen zu erfüllen. Die Verhaltensökonomik hat sich jedoch bisher kaum mit den emotionalen, kognitiven oder sozialen Mechanismen befasst, die für ein solches Argument vonnöten wären [5]. Daher trägt die Verhaltensökonomik, zumindest in ihrer gegenwärtigen Form, zur Lösung der Frage „Was ist Rationalität?" nicht bei und kann dies auch gar nicht leisten. Andreas Lange hat dies am Schluss seines Aufsatzes etwas vorsichtiger formuliert, aber mir scheint, dass wir darin grundsätzlich übereinstimmen.

Allerdings möchte ich in meiner Kritik einer Verbindung zwischen der Frage „Was ist Rationalität?" und der Verhaltensökonomik noch weiter gehen. Nicht nur bietet die Verhaltensökonomik keine relevante Antwort auf diese Frage, vielmehr erzeugt sie selbst neue Probleme, die das Fehlen einer Antwort noch schmerzlicher macht.

Dies ist besonders deutlich in dem Feld verhaltensökonomischer Regulierungen. In den letzten zwanzig Jahren hat sich dieser neue Zweig in der Verhaltensökonomie entwickelt, der aus der systematischen Diskrepanz zwischen deskriptiven und normativen Modellen eine neue Rechtfertigung für Regulierungen und Verhaltensinterventionen ableitet. Bekannte Versionen sind z. B. der *Asymmetrische* und der *Libertäre Paternalismus* sowie *Nudging*. Allen diesen Programmen ist gemein, dass sie

---

2 Diese Frage gab Anlass zu den sog. *Rationality Wars*, die aber, wie so viele Kriege, zu keinem sichtbar produktiven Ergebnis führten [3].

„neoklassische" Rationalitätsnormen als präskriptiv gültig anerkennen und (nicht-zwingende, nicht-fiskalische) Maßnahmen entwickeln, um von diesen Normen abweichendes Verhalten in normkonformes zu verändern. Relevante Rationalitätsnormen hier sind z. B. exponentielle Zeitpräferenzen und Erwartungsnutzenmaximierung. Diesen Normen folgend, versucht verhaltensökonomische Regulierung das Verhalten derer zu ändern, die aufgrund nicht-exponentieller oder nicht erwartungsnutzen-maximierender Präferenzen handeln. Das Argument der obgenannten Programme war in der Tat die systematische Diskrepanz zwischen deskriptiven und normativen Modellen. Zusätzlich dazu versuchen Verhaltensökonomen in letzter Zeit vermehrt – wie Andreas Lange selbst beschreibt – eine wohlfahrtstheoretische Begründung zu entwickeln, die besagt, dass nur solche Präferenzen, die den (neoklassischen) Rationalitätsnormen entsprechen, als wohlfahrtsrelevant beurteilt werden sollen.

Damit zeigt sich wiederum, dass Verhaltensökonomen gar keine neuen Einsichten in (praktische) Rationalität haben, sondern vielmehr die bestehenden „neoklassischen" Rationalitätsnormen für ihre Zwecke nutzen. Jedoch unterscheiden sich diese Zwecke deutlich: „Neoklassische" Ökonomen haben sich in der Vergangenheit nur wenig für von Rationalitätsnormen abweichendes Verhalten interessiert. Dies wurde verschieden begründet, z. B. durch die Annahme, dass die Subjekte wirtschaftswissenschaftlicher Forschung (z. B. Unternehmer, professionelle Investoren, Regulatoren) in ihren Expertisebereichen sehr wohl diese Normen erfüllen [6], oder dass durch stetige Wiederholung und Institutionenbildung rationales Verhalten gesichert würde [7], oder dass es unzulässig sei anzunehmen, dass Modellierer systematisch bessere Informationen hätten als die Modellierten [8]. Rationalitätsnormen, obwohl als normativ geltend interpretiert, hatten für die meisten „neoklassischen" Ökonomen daher kaum präskriptive Bedeutung: sie wurden nicht genutzt, um Menschen zu zeigen, wie sie besser entscheiden könnten.

Ganz anders in der Verhaltensökonomie. Hier wird den althergebrachten Rationalitätsnormen neue Bedeutung eingehaucht, wenn Experten sie anwenden, um Laien, häufig außerhalb wirtschaftlicher Kontexte, aufzuzeigen, wie sie sich besser verhalten können. Dies mag ein sehr fruchtbares und auch notwendiges Unterfangen sein; es ist nicht mein Anliegen, dies hier zu kritisieren. Ich bin einzig daran interessiert herauszuarbeiten, dass diese verhaltensökonomischen Anwendungen „neoklassischer" Rationalitätsnormen neu sind und sich durch diese die Frage „Was ist Rationalität?" noch viel dringlicher stellt.

Denn nun werden diese Normen nicht nur angewandt auf Unternehmer, professionelle Investoren und Regulatoren; nicht nur auf sich wiederholende und institutionell abgesicherte Situationen; allerdings unter der Prämisse, dass die Modellierer sehr wohl systematisch bessere Informationen haben als die Modellierten. Aber gelten die Normen auch für diese neuen Anwendungsbereiche? Das ist die neue Bedeutung der Rationalitätsfrage, die sich aus den verhaltenswissenschaftlichen Anwendungen ergibt.

Dies führt zu vielen gegenwärtigen Debatten, die ich hier nicht alle diskutieren kann. Eine besonders einschlägige Diskussion, auf die auch Andreas Lange Bezug nimmt, betrifft die Unterscheidung zwischen Entscheidungen unter Risiko und unter Unsicherheit. Lange folgt der Mehrheit der Ökonomen, indem er die Unterscheidung an der Verfügbarkeit von Wahrscheinlichkeiten festmacht. Allerdings umfasst Unsicherheit noch einen viel weiteren Bereich, z. B. Unsicherheit in Alternativen, Konsequenzen oder Werten [9].

Laut den verschiedenen, prominenten Versionen der Bayesianischen Entscheidungstheorie ist diese Unterscheidung jedoch irrelevant für rationales Handeln. Praktische Rationalität besteht darin, dass handelnde Subjekte ihre Urteile auf ihnen verfügbare Informationen aufbauen und daraus konsistente Schlüsse für ihr Handeln ziehen: Ihre Überzeugungen, Präferenzen und Intentionen dürfen sich nicht widersprechen. Garant für diese Konsistenz sind die Wahrscheinlichkeits-, Präferenz- und Erwartungsnutzen-Axiome. Dies geschieht sowohl in Risiko- wie in Unsicherheitssituationen: je weniger Informationen vorhanden sind, desto freier kann das Subjekt seine (konsistenten) Urteile bilden – immer innerhalb des formalen Rahmens der Erwartungsnutzenmaximierung.

Den Gründern der Bayesianischen Theorie, insbesondere Leonard Savage, war bereits bewusst, dass diese theoretische Einheitlichkeit mit stark idealisierenden Annahmen zu erkaufen sei. Savage spricht in diesem Zusammenhang von der Notwendigkeit, reale Entscheidungssituationen unter Unsicherheit (*big worlds*) in idealisierte Entscheidungssituationen mit spezifizierten Alternativen, Konsequenzen, Bewertungen und Wahrscheinlichkeiten (*small worlds*) zu überführen, um diese dann theoretisch analysieren zu können. Für Savage und andere Bayesianer erschien dies ein kleiner Preis im Vergleich zu dem theoretischen Zugewinn.

Dagegen hat sich zunehmend Kritik formiert. Manche Kritiker monieren, wie Andreas Lange beschreibt, dass diese Modelle unzulässig Wahrscheinlichkeitsbewertungen und Konfidenzen vermischen. Andere geben zu bedenken, dass die Repräsentation von Unsicherheit durch Erwartungsnutzenmodelle selbst Anlass für Verzerrungen und Missrepräsentationen sein könnte [10]. Wiederum andere kritisieren, dass die Konsistenzkriterien dieser Modelle keinerlei Handlungsanweisungen für besseres Handeln unter Unsicherheit geben, und im schlimmsten Fall sogar Anreiz für falsche Präzision und fehlgeleitete Formalisierung darstellen [11]. All diesen Kritiken ist gemein, dass sie die Geltung der Normen rationalen Handelns unter Risiko für Entscheidungen unter Unsicherheit bestreiten.

Selbst wenn man diese Kritiken für nicht allzu relevant hält, muss man doch eingestehen, dass sie durch die verhaltensökonomischen Regulierungsmaßnahmen an Gewicht gewonnen haben. Es sind die Verhaltensökonomen, die ihre Regulierungen aus dem Kasino der Wirtschaftsakteure heraus in den unsicheren Dschungel des Alltags getragen haben; und es sind sie, die daran festhalten, dass die Rationalitätsnormen des Kasinos auch die Gesetze dieses Dschungels sind. Die Verhaltensökonomie gibt daher der Frage „Was ist rationales Verhalten unter Unsicherheit" neue Dringlichkeit, ohne sie jedoch beantworten zu können.

Literatur

[1] Berg N, Gigerenzer G. As-if behavioral economics: Neoclassical economics in disguise? In: History of economic ideas. 2010;18(1):133–165.

[2] Harrison GW, Ross D. The empirical adequacy of cumulative prospect theory and its implications for normative assessment. In: Journal of Economic Methodology. 2017;24(2):150–165.

[3] Samuels R, Stich S, Bishop M. Ending the Rationality Wars: How To Make Disputes About Human Rationality Disappear. In: Common Sense, Reasoning and Rationality, ed. by Renee Elio. New York: Oxford University Press, 2002. 236–268.

[4] Kitcher P. The naturalists return. In: Philosophical Review. 1992;101(1):53–114.

[5] Grüne-Yanoff T. Why Behavioural Policy Needs Mechanistic Evidence. In: Economics and Philosophy. 2016;32(3):463–483.

[6] Binmore K. Rational Decisions. Princeton University Press, 2009.

[7] Smith VL. Rationality in economics: Constructivist and ecological forms. Cambridge University Press, 2007.

[8] Lucas R. Econometric Policy Evaluation: A Critique. In: Brunner K, Meltzer A. The Phillips Curve and Labor Markets. Carnegie-Rochester Conference Series on Public Policy. New York: American Elsevier, 1976. 19–46.

[9] Hansson SO. Decision Making Under Great Uncertainty. In: Philosophy of the Social Sciences. 1996;26(3):369–386.

[10] Hansson SO. From the casino to the jungle. In: Synthese. 2009;168(3):423–432.

[11] Arkes HR, Gigerenzer G, Hertwig R. How bad is incoherence? In: Decision. 2016;3(1):20.

Klaus Maurer

6 Entscheidung in Unsicherheit – eine tägliche Herausforderung und Lösungsstrategien im Bereich der Feuerwehr

Zusammenfassung: Führungskräfte der Feuerwehr müssen alle zur Menschenrettung und Gefahrenabwehr notwendigen Maßnahmen einleiten und letztlich verantworten. Sie müssen in räumlich unbekannten Umgebungen, in mitten komplexer gebäude- und anlagentechnischer Strukturen und unter hohem Zeit- und Entscheidungsdruck handeln. Entscheidungen müssen auf der Grundlage unvollständiger Informationen getroffen werden, die erst im Laufe des Einsatzes im Zuge der weiteren Erkundungen vertieft werden können. Gleichzeitig besteht für die Einsatzleiter eine hohe Informations- und Kommunikationsdichte. Menschliches Leid, Lärm, Brandrauch oder Schadstoffe mit Eigengefährdung belasten die Situation.

Der Beitrag beleuchtet Strategien und Techniken zur strukturierten Erfassung der zur Lageeinschätzung wichtigen Parameter, stellt Lösungsmechanismen zur schnellen, priorisierten Entscheidungsfindung vor und beleuchtet Aspekte der Ausbildung und des Trainings von Einsatzleitern der Feuerwehr.

Abstract: Decision in uncertainty – a daily challenge and solution strategies in the fire service. Fire department executives must initiate and are ultimately responsible for all measures necessary for the rescue of people and the defence of risks. They must act in spatially unknown surroundings, in the midst of complex building and plant engineering structures and under high pressure of time and decision-making. Decisions must be made on the basis of incomplete information, which can only be deepened during the course of further assessment. At the same time, there is a high density of information and communication for the commanders. Human suffering, noise, smoke or harmful substances with a risk to oneself put a strain on the situation.

The article discusses strategies and techniques for the structured assessment of parameters that are important for the assessment of the situation, presents solution mechanisms for rapid, prioritized decision-making, and highlights aspects of the training of incident commanders in the fire service.

Vielfältige technische Risiken, unvorhersehbare Naturereignisse und nicht zuletzt menschliches Fehlverhalten führen trotz aller Vorsorge und Prävention zu einem vielfältigen Einsatzspektrum der Gefahrenabwehr in allen Bereichen des täglichen Lebens. Einsatzleiter und Führungskräfte der Feuerwehr müssen alle zur Menschenrettung und Gefahrenabwehr notwendigen Maßnahmen einleiten und das Zusammenwirken der an der Gefahrenabwehr beteiligten Organisationen koordinieren und letztlich verantworten. Dabei sehen sie sich besonderen Herausforderungen gegen-

https://doi.org/10.1515/9783110600261-011

über: Es liegt in der Natur der Sache, dass die Lagen jeweils am Schadensort bewältigt werden müssen. Das bedeutet automatisch, dass in räumlich unbekannten Umgebungen, oftmals inmitten komplexer gebäude- und anlagentechnischer Strukturen und Produktionsprozesse gehandelt werden muss. Hier gilt es, diese in der für die anstehenden Maßnahmen jeweils notwendigen Detailtiefe zu erfassen und zu bewerten. Erschwerend kommt hinzu, dass über einen längeren Zeitraum an der Einsatzstelle hoher Zeit- und Entscheidungsdruck herrscht, da mehrere zeitkritische Aktionen priorisiert, mit Ressourcen hinterlegt und hinsichtlich ihrer Erfolgsaussichten bewertet werden müssen. Nicht selten müssen gegenläufige Ziele und Interessen abgewogen werden. So ist etwa zu entscheiden, welche Person als erste gerettet werden muss, wenn in mehreren Etagen Personen am Fenster eines Wohnhauses in Lebensgefahr sind.

Der hohe Zeitdruck bringt es mit sich, dass Entscheidungen auf der Grundlage unvollständiger Informationen getroffen werden müssen, die erst im Laufe des Einsatzes im Zuge der weiteren Erkundungen vertieft werden können. Gleichzeitig besteht für die Einsatzleiter eine hohe Informations- und Kommunikationsdichte. Vielfältige Informationen müssen aufgenommen, bewertet und an die in die Gefahrenabwehr eingebundenen Organisationen zielgerichtet weitergegeben werden.

Brände oder Einsätze der Technischen Hilfeleistung und des Rettungsdienstes sind oft mit menschlichem Leid und einer erheblichen Eigengefährdung der Einsatzkräfte verbunden. Zusätzlich sorgen Lärm, Brandrauch oder Schadstoffe für Beeinträchtigungen.

Der Beitrag beleuchtet im Folgenden Strategien und Techniken zur strukturierten Erfassung der zur Lageeinschätzung wichtigen Parameter, stellt Lösungsmechanismen zur schnellen, priorisierten Entscheidungsfindung vor und beleuchtet Aspekte der Ausbildung und des Trainings von Einsatzleitern der Feuerwehr.

1 Die zweitbeste Entscheidung ist besser als keine Entscheidung

Beim Großen Brand in Hamburg von 1842 wurden 72 Straßenzüge mit ca. 1.100 Häusern ein Opfer der Flammen. In über 100 Speichern verbrannten erhebliche Werte. Über die vier Tage des Brandes hinweg verloren 51 Menschen ihr Leben. Wie konnte es soweit kommen? Schon am Tag nach dem Brandausbruch in der Nacht zuvor waren fast alle Spritzen und über 1.000 Wittkittel (Löschmannschaften) im Einsatz und konnten die weitere Ausbreitung des Feuers, das zu diesem Zeitpunkt schon bis zum Rödingsmarkt vorgedrungen war, nicht verhindern. Der Vorschlag, mehrere Häuser zu sprengen, wird von Polizeisenator Hartung in Verkennung der kritischen Lage am Vormittag des ersten Tages abgelehnt, um die Warenvorräte der Hamburger Kaufleute nicht leichtfertig zu vernichten. Stattdessen ordnete er an, weitere Spritzen heranzuziehen. So bleibt zu einem frühen Zeitpunkt des mehrere Tage andauernden

Brandes eine wesentliche und erfolgversprechende Handlungsoption durch zögerliche bzw. fehlende Entscheidungen und Bedenken ungenutzt. Dies ist natürlich nur eine Facette der Gründe, warum der Brand dieses verheerende Ausmaß annahm. Am zweiten Tag wurde dann doch das Rathaus gesprengt. Zu spät, wie sich herausstellte, das Feuer lief auch darüber hinweg.

Die Sorge vor möglichen Konsequenzen, fachliche Unkenntnis, die Sorge vor Regress und sicher auch eine Portion Unsicherheit ließen den damals verantwortlichen Polizeisenator so lange zögern, bis die, zu einem frühen Zeitpunkt noch aussichtsreiche Löschmaßnahme, keinen Effekt mehr erzielen konnte, da das Feuer bereits zu groß geworden war und benötigtes Löschmaterial nicht unverzüglich bestellt wurde. Hier hat das Ausbleiben einer Entscheidung den Schaden eindeutig vergrößert.

Drei weitere Einsatzbeispiele verdeutlichen das Dilemma des Einsatzleiters: In einem aus dem zweiten Weltkrieg stammenden Hochbunker kommt es aus bislang ungeklärter Ursache zu einem Brand. Die Konstruktion des Hochbunkerns ist darauf ausgelegt, extremen Belastungen Stand zu halten und die Menschen, die seinerzeit in ihm Schutz gesucht haben, zuverlässig zu schützen. Dementsprechend ist die gesamte Konstruktion sehr massiv ausgeführt. In den Wänden befinden sich nur wenige klein Öffnungen, die weniger eine Belüftung als vielmehr eine Druckentlastung möglich machen sollen. Bei Eintreffen der Feuerwehr dringt dichter, schwarzer Rauch aus den weinigen Öffnungen des Gebäudes. Der Rauch wabert in Bodennähe über die Straße (Abb. 6.1).

Die Tatsache, dass sich der Rauch an diesem warmen Sommermorgen in Bodennähe hält, zeigt, dass er kälter ist als die Umgebungsluft und gibt damit Hinweise auf einen Schwelbrand, ein wenig entwickeltes Feuer im Inneren des Bunkers. Offensichtlich steht in dem Bunker nicht genügend Sauerstoff zur Verfügung, um ein aktives Feuer zu stützen. Auch ist zu diesem Zeitpunkt völlig unklar, was in dem Bunker brennt und welche Chemie dort abläuft. Der kalte Rauch füllt die Straße auf und

Abb. 6.1 Brand in einem Hochbunker. Kalter Rauch einer unvollständigen Verbrennung zieht in Bodennähe über die Straße (Quelle: Pressestelle Feuerwehr Hamburg).

zieht in zahlreiche offenstehende Fenster der angrenzenden Bebauung. Damit sind gleichzeitig viele Menschen akut durch Atemgifte gefährdet und müssen geweckt und in Sicherheit gebracht werden. Später wird sich zeigen, dass die ca. 200 Bewohner zum Teil erst eine Woche später wieder in ihre Wohnungen zurückkehren können. Die Einsatzleitung muss nun ohne Kenntnis der Vorgänge innerhalb des Bunkers entscheiden, ob Einsatzkräfte in das Gebäude vorgehen um die Lage zu erkunden und Löschmaßnahmen einzuleiten. Die besondere Schwierigkeit liegt dabei in der nahezu vollständig geschlossenen Gebäudehülle, die jeden Versuch eines Rauch- und Wärmeabzugs verhindert. Eine solche Situation stellt einen instabilen Zustand dar, bei dem nicht vorhersagbar ist, wie sich der Brand entwickelt. In dieser Situation wird bekannt, dass in dem Hochbunker in den oberen Stockwerken ca. 70 Tonnen ätherische Öle gelagert sind.

Diese ungewöhnlich hohe Brandlast und fehlende Belüftungsmöglichkeiten lassen erwarten, dass das Feuer in diesem Bunker tage-, wenn nicht wochenlang weiterbrennen und die Umgebung mit Schadstoffen beaufschlagen würde. Erschwerend kam hinzu, dass sich der kalte Rauch am Boden in Richtung der Elbbrücken, der Haupteinfallstraße nach Hamburg aus Richtung Süden, ausbreitete und diese über lange Zeit hätte gesperrt werden müssen.

Die Einsatzleitung muss in dieser Situation eine Entscheidung treffen, auch wenn sie ein nur sehr unvollständiges Bild von den Geschehnissen im Bunker hat. Diese Entscheidung in Unsicherheit muss die Risiken und Chancen für den Einsatzverlauf und auf die vorgehenden Einsatzkräfte bei einem Eindringen in den Bunker (Innenangriff) zu den Risiken eines abwartenden Handelns für die Umwelt und die Bevölkerung ins Verhältnis setzen.

Die Einsatzleitung entscheidet sich, einen Trupp in das Gebäude zur Erkundung zu schicken. Während der Trupp etwa in Höhe des zweiten Obergeschosses in die Nähe des Brands kommt, ereignet sich eine Durchzündung mit einer massiven Druckwelle, die den Trupp zwei Stockwerke den Treppenraum herunterschleudert und zahlreiche, zum Teil auch schwere Gegenstände, aus dem Bunker über die Straße katapultiert (Abb. 6.2).

Im Ergebnis sind 80 Feuerwehrangehörige und Anwohner verletzt, die Straße und die gegenüberliegende Häuserfront sehen aus wie nach einem Bombenangriff. Überall in den Fassaden stecken Teile aus dem Inventar des Bunkers. Der Angriffstrupp hat den Sturz über zwei Etagen dank einer guten Schutzkleidung weitgehend unverletzt überstanden.

Nach mehreren Stunden und einem massiven Kräfteeinsatz konnte der Brand in dem Bunker gelöscht werden, die Aufräumarbeiten haben Monate gedauert. Auch intensive Bemühungen der Brandermittlung und der Staatsanwaltschaft konnten letztlich nicht klären, welche Ursache für die Durchzündung verantwortlich war. Neben der Ermittlung der Brandursache prüft die Staatsanwaltschaft bei Personenschäden immer auch, ob Entscheidungen der Einsatzleitung zu einer Schadensausweitung beigetragen haben oder nicht und ob ggf. im Nachhinein ein strafrechtlich relevantes

Abb. 6.2 Während der Durchzündung im Hochbunker rettet sich ein Feuerwehrbeamter hinter einem PKW vor der Druckwelle (Quelle: Pressestelle Feuerwehr Hamburg).

Handeln der Einsatzleitung in ihrer Entscheidungsfindung unter hoher Unsicherheit zu sehen ist. Letzteres gilt für jeden Einsatz. Dieser Überprüfung, auch Regressforderungen, sehen sich die Einsatzleitungen im Hauptamt wie im Ehrenamt bei Freiwilligen Feuerwehren zunehmend ausgesetzt. Dabei steht nicht in Frage, dass auch unter hohem Zeitdruck und in Unsicherheit bestmöglich gehandelt werden muss. Diese Entwicklung wirft aber ein Licht auf die Verantwortung der Führungskräfte, in Nachgang nicht nur den optimalen Einsatzerfolg zu rechtfertigen, sondern auch unter diesem Eindruck rechtzeitig und mutig angemessene und tragfähige Entscheidungen zu treffen.

Ein zweites Beispiel soll deutlich machen, dass in einer ganz frühen Phase eines jeden Brandes weitreichende strategisch-taktische Entscheidungen zu treffen sind, die entscheidenden Einfluss auf die weitere Lageentwicklung haben. Abb. 6.3 zeigt die Situation bei Eintreffen der Führungskräfte bei einem Großbrand. Im Hintergrund brennen ca. 1.200 Tonnen Kautschuk mit einer sehr starken Rauch- und Brandausbreitung. Starke Winde und die Wärmestrahlung führen zu einer unmittelbaren Gefährdung des am linken Bildrand hinter dem Löschfahrzeug zu sehenden Gebäudes, in dem sich eine Büronutzung befindet. Bei der deutlichen Brandausbreitung und hohen Brandlast ist abzuwägen, wo im Umfeld des Brandobjektes eine sog. Riegelstellung aufgebaut wird. Darunter versteht man eine gedachte Linie, an der die Einsatzkräfte so in Stellung gebracht werden, dass diese Linie möglichst sicher im Zuge der Brandbekämpfung gehalten werden und eine Ausbreitung des Brandes darüber hinaus verhindert werden kann. In der konkreten Situation ist sehr schnell abzuschätzen, wie hoch die Wahrscheinlichkeit ist, dass das Gebäude mit einem massiven Einsatz von Löschwasser aus Strahlrohren und Werfern so gekühlt werden kann, dass es der Wärmestrahlung und dem Feuer Stand halten kann. Als limitierender Faktor ist zu klären, ob in der Anfangsphase des Einsatzes genügend Material (Schläuche, Strahlrohre, Wasserwerfer und Löschwasser) zu Verfügung steht und ob es zielgerichtet und

Abb. 6.3 1.200 Tonnen Kautschuk im Vollbrand. Die Führungskräfte treffen erste Absprachen (Quelle: Pressestelle Feuerwehr Hamburg).

schnell genug zum Einsatz gebracht werden kann. Dabei ist auch abzuschätzen, ob diese Situation tatsächlich den Einsatzschwerpunkt bildet, oder ob es in anderen Bereichen rund um die in Brand befindliche Lagerhalle nicht prioritäre Gefahrenlagen gibt. Auch kann es erfolgversprechend sein, die Kräfte besser für einen umfassenden Löschangriff auf den eigentlichen Brandherd einzusetzen.

In Abb. 6.3 sind drei Führungskräfte zu sehen, die kurz nach ihrem Eintreffen genau diese grundlegenden taktischen Fragen der Abschnittsbildung und Raumordnung miteinander abstimmen, um sie dann in ihren jeweiligen Einsatzabschnitten zielgerichtet umzusetzen. Im Endergebnis konnte das Bürogebäude nahezu unbeschädigt gehalten und damit einer Firma die Existenz gerettet werden.

Ein drittes Beispiel beleuchtet grundlegende Entscheidungsalternativen bei einem Schiffsbrand. Beim Brand eines Containerfrachters breitet sich das Feuer tief unten im Laderaum auf Teile der Ladung aus (Abb. 6.4). Nun gilt es abzuschätzen, ob ein bereits eingeleiteter Löschangriff bei unsicheren Erfolgsaussichten fortgeführt werden kann und ob Ladung und Schiff im Wert von ca. 1 Mrd. € damit gerettet werden können. Oder ist es besser, den „Verschlusszustand" an Bord herzustellen und zunächst die bordeigene Löschanlage zur Inertisierung des Laderaums einzusetzen, um das Feuer zu ersticken und dann, nach dem Öffnen des Laderaums die notwendigen Nachlöscharbeiten durchzuführen. Vor dieser Entscheidung gilt es, in wenigen

Abb. 6.4 Brand im Laderaum eines Containerschiffs – Gefahr der Bandausbreitung auf Schiff und Ladung (Quelle: Presseportal Polizei Hamburg).

Minuten die Erfolgsaussichten abzuwägen, den Aufwand und die erforderliche Einsatzzeit abzuschätzen, die die jeweiligen Maßnahmen brauchen, den dazu notwendigen technischen Aufwand zu bestimmen, die finanziellen und umwelttechnischen Folgen zu berücksichtigen und einen lösungsorientierten Ausgleich zwischen ca. zwanzig unterschiedlichen, teils gegensätzlichen Interessensgruppen vor Ort (Eigner, Versicherer des Schiffs, Eigner und Versicherer der Ladung, Havariekommando, Umweltbehörde, Hafenbetrieb, Wasserschutzpolizei, Brandursachenermittlung usw.) herbeizuführen. Bei der Risiko- und Folgenabschätzung sind nicht nur das Schiff und die Ladung als das eigentliche Brandobjekt zu betrachten. Ganz wesentlich sind auch betriebliche und umwelttechnische Auswirkungen auf den Hafenbetrieb zu erfassen. So ist bereits kurz nach dem Einsatzbeginn zu entscheiden, ob ein im betroffenen Hafenbecken liegendes großes Containerschiff ablegen und den Liegeplatz Richtung See verlassen darf. Gleichzeitig ist zu entscheiden, ob ein anderes Schiff in der Deutschen Bucht in das Elbefahrwasser einlaufen darf, um diesen Liegeplatz erneut zu belegen, ohne die Brandbekämpfung oder Umweltschutzmaßnahmen wie das Einschlängeln des Havaristen mit Ölsperren zu beeinträchtigen.

2 Der Lösungsansatz

Die Feuerwehren verfolgen auf der Grundlage einer natur- oder ingenieurwissen-schaftlichen Ausbildung einen analytischen und systematischen Ansatz, dessen Ent-scheidungsprozess durchaus mit dem anderer Bereiche des Wirtschafts-, Berufs- und Privatlebens im Grundsatz vergleichbar ist. Da der Einsatzleiter unter hohem Zeit- und Erfolgsdruck zu einem guten Ergebnis kommen muss, sind die dabei zu beachtenden Aspekte streng systematisiert. Sie sind im Zuge der Einsatzbewältigung fortlaufend und in immer größerer Tiefe zu erfassen (Lagefeststellung), hinsichtlich ihrer Vor- und Nachteile sowie ihrer Risiken zu bewerten und darauf aufbauend Maßnahmen zu entscheiden (Planung mit Bewertung und Entschluss) und anzuweisen (Befehls-gebung). Der erste Schritt eines nächsten Durchlaufs durch diesen Regelkreis der Ent-scheidungsfindung (Abb. 6.5) beginnt im Zuge der Erkundung mit einer Überprüfung der Wirkung der zuvor eingeleiteten Maßnahmen (Kontrolle).

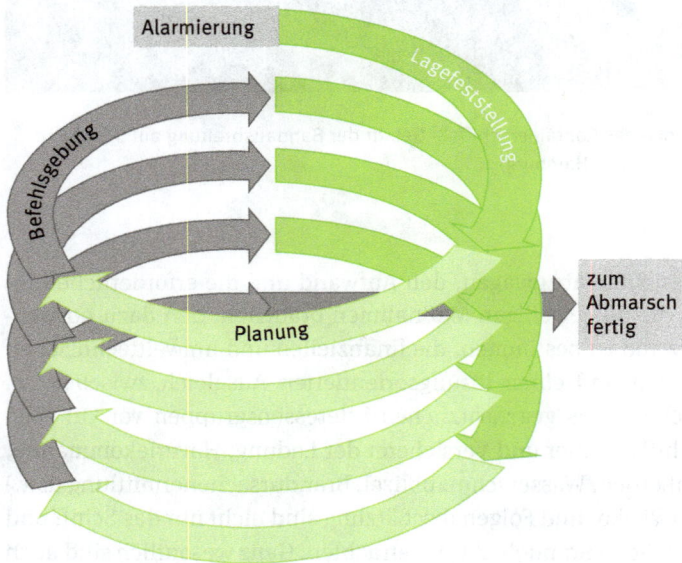

Abb. 6.5 Regelkreis zur strukturierten Ent-scheidungsfindung im Einsatz (Quelle: Feuer-wehrdienstvorschrift 100 des Ausschusses Feuerwehrangelegen-heiten, Katastrophen-schutz und zivile Verteidigung [AFKzV] der Innenminister des Bundes und der Länder).

2.1 Lagefeststellung

Da im Feuerwehreinsatz immer höchste Eile geboten ist, bleibt in der Regel keine Zeit, sich zunächst umfassend mit der Situation vor Eintritt des Schadensereignisses, dem örtlichen Umfeld und den zur Verfügung stehenden Einsatzmittel vertraut zu machen. Die Kenntnis der sog. kalten Lage muss also im Vorfeld sichergestellt werden. So ist es Stand der Technik, dass sich die Gesamtorganisation Feuerwehr und insbesondere alle Führungskräfte täglich zu Dienstbeginn mit der „allgemeinen Lage" vertraut machen. Hierzu gehört u. a. eine Auswertung der Wetterdaten (Frage: in welche Richtung ziehen Rauch- und Schadstoffwolken?), die aktuelle Verkehrssituation (welches ist der schnellste Weg zur Einsatzstelle, wo gibt es Baustellen?), die Verfügbarkeit der eigenen Ressourcen (Mannschaft, Gerät, Ausstattung), eine Bewertung des zurückliegenden, ggf. noch andauernden sonstigen Einsatzgeschehens, den aktuellen Pegelstand eines Gewässers im Einsatzgebiet und vieles andere mehr. Diese Informationen werden täglich durch die Leitstelle zur Verfügung gestellt.

Zur „kalten Lage" gehört auch die Kenntnis der für musterhaft ausgewählte Szenarien erstellen Standardeinsatzregeln und taktischen Konzepte sowie die vorgedachte und eingeübte Aufgabenverteilung und organisatorische Struktur der Einsatzbewältigung.

Um alle diese Informationen für das gesamte Einsatzgebiet, z. B. von der Größe und Komplexität einer Großstadt wie Hamburg, verfügbar zu halten, nutzt die Feuerwehr diverse Hilfsmittel, auf die jederzeit auch mobil und lokal zugegriffen werden kann. Beispielhaft seien genannt: Alarmpläne, Brandmeldeanlagen, Einsatzpläne, Einsatzleiterhandbuch, Feuerwehrpläne, Hydrantenpläne, Nachschlagewerke, Merkblätter, Karten, GPS-Positionen von Einsatzmitteln, strukturierte Abfragealgorithmen für die Notrufbearbeitung, den Einsatzleitrechner zur Unterstützung von Dispositionsentscheidungen sowie Orts- und Objektdatenbanken.

In einem ersten Rundblick auf Sicht beim Eintreffen gilt es, sichtbare Personen, das Objekt selbst, die optische Schadenslage, Zugangsmöglichkeiten, Aufstell- und Arbeitsflächen für Einsatzkräfte sowie die Wasserversorgung zu erfassen.

Zentraler Aspekt der Lagefeststellung ist die Erfassung der Situation vor Ort. Dabei ist es nicht hilfreich, durch eine Beschreibung ihrer Dimension oder Abschätzung ihrer Größe (z. B. brennender Kinderwagen im Treppenraum oder Vollbrand einer industriellen Lagerhalle) zu einem Bild zu kommen. Um in unterschiedlichsten Situationen eine verlässliche Lageeinschätzung zu entwickeln, bestimmt die Führungskraft die in der konkreten Situation (Lage) vorkommenden möglichen Gefahren an der Einsatzstelle und deren Wirkung. Wichtig ist nämlich zu differenzieren nach der Wirkung auf Menschen (die Bevölkerung und eigene Kräfte), Tiere und Sachwerte und das öffentliche Leben mit seinen sozioökonomischen und sozialen Belangen.

Auch hier gilt es wiederum, die Gefahrenabschätzung zur zeitnahen Bewältigung und Erfassung auf für den Einsatz relevante Aspekte zu reduzieren. Bei den Feuerwehren hat sich ein Schema bewährt, das die Gefahren in wenige Gruppen clustert (Tab. 6.1). Das hat den Vorteil, dass es leicht zu merken ist und ein schnelles Erkennen der Gefahren zulässt. Diese Gefahrenmatrix folgt dem Kürzel „4A, 1C, 4E". Dabei stehen die Buchstaben A, C und E für die Anfangsbuchen der in Clustern zusammengefassten Gefahrenaspekte. Diese sind: Atemgifte, Angstreaktionen, die Ausbreitung von Gefahren, Atomare Gefahren, Chemische Stoffe, mögliche Explosionen, Erkrankungen/Verletzungen, Einsturzgefahren und das Vorhandensein von Gefahren durch Elektrizität.

Tab. 6.1 Gefahrenmatrix zur Beurteilung von Lagen.

Atemgifte		Explosion
Angstreaktion	Chemische Stoffe	Erkrankung
Ausbreitung		Einsturz
Atomare Gefahren		Elektrizität

2.2 Beurteilung und Entschluss

Wenn die vorhandenen Gefahren erfasst worden sind, gilt es in einem nächsten Schritt diese zu priorisieren, um die zur Abwehr einzuleitenden Maßnahmen an den dringlichsten Bedarfen auszurichten. Es ist zu entscheiden, welche Gefahr die Größte ist und demnach zuerst bekämpft werden muss. In diesem Abwägungsprozess werden die aus der „kalten Lage" bekannten Handlungsoptionen der Gefahrenabwehr sowie die technischen Möglichkeiten den Gefahren gegenübergestellt. Dabei sind die jeweiligen Erfolgsaussichten, der Aufwand und Kräftebedarf sowie der zur Umsetzung erforderliche Zeitaufwand zu berücksichtigen. Auch ist zu beachten, dass die für die Gesamtsituation am wenigsten invasive Maßnahme gewählt wird.

Alle diese Abwägungen sind in Sekunden, selten in Minuten zu treffen. Genau an diesem Punkt der Entscheidungsfindung zeigt sich die Fähigkeit der Führungskraft, auf den Punkt und damit zu einem Entschluss zu kommen. Viele der dazu notwendigen Abwägungen sind nicht absolut zu bewerten. Es sind im Zuge von Ermessensentscheidungen verschiedene Möglichkeiten abzuwägen. Dabei geht es zwar um richtig oder falsch, öfter jedoch um besser oder schlechter. Unter diesem Aspekt gilt es – im Angesicht der Versäumnisse beim großen Brand – besser mit einer im Nachhinein betrachtet suboptimalen Lösung voranzuschreiten, als in endlosen Schleifen maximale Sicherheit zu suchen um für alle Zeiten unangreifbar zu sein. Verlorene Sekunden sind nicht mehr aufzuholen. Oftmals ist es auch hilfreicher, eine schon in der Umsetzung befindliche, als nicht ganz optimal erkannte Maßnahme trotzdem zu Ende zu bringen, anstatt sie anzuhalten, die Einsatzorganisation umzubauen und von vorne zu beginnen. Führungskräfte, die auf der Grundlage ihres Wissens und ihrer Erfahrung mutig und verantwortungsvoll Entscheidungen treffen, bringen die Einsatzbewältigung voran und werden von den Einsatzkräften als hilfreich wahrgenommen. Genau an dieser Stelle trennen sich Spreu und Weizen. Führungskräfte müssen der Motor der Einsatzbewältigung sein.

2.3 Befehl und Kontrolle

Zur schnellen Einleitung und Durchführung der notwendigen Maßnahmen setzen die Führungskräfte ihre Entscheidung in einen strukturierten Einsatzbefehl um. Hierbei werden – soweit notwendig – erkannte Gefahren benannt, notwendige Schutzmaßnahmen angeordnet, die erforderlichen Einheiten angesprochen und je nach Lage wird festgelegt, mit welchen Mitteln, auf welchem Weg und auf welches Ziel hin ein Auftrag zu erledigen ist. Ebenso werden auch die Bildung von taktischen Einsatzabschnitten, die Ordnung des Raums sowie die zu nutzenden Kommunikationswege angesprochen.

Bei den deutschen Feuerwehren ist es üblich, die Befehlsgebung auf den Handlungsrahmen zu beschränken und so der „Auftragstaktik" zu folgen. Hier wird für die nachgeordneten Führungskräfte der Handlungsrahmen abgesteckt. Gleichzeitig haben sie die Möglichkeiten, bei zunehmender Erkenntnistiefe und vor dem Hintergrund ihres Wissens angemessene Lösungen zur Erfüllung ihres jeweiligen Auftrags zu finden. Um in einem geordneten Einsatzablauf zu bleiben ist es daher wichtig, dass die Führungskräfte regelmäßig und in kurzen Zeitabständen sog. Rückmeldungen über die eingeleiteten Maßnahmen und ihre Wirkung abgeben.

2.4 Regelkreis

Im Zuge der Einsatzbewältigung wird der zuvor beschriebene Führungsvorgang zielgerichtet in einem fortlaufenden, immer wiederkehrenden, in sich geschlossenen Denk- und Handlungsablauf – einem Regelkreis – abgearbeitet (Abb. 6.6). Dabei ver-

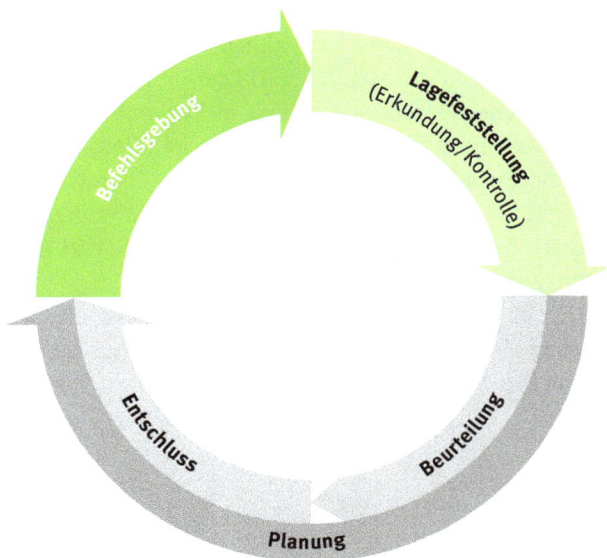

Abb. 6.6 Der Regelkreis zur Entscheidungsfindung wird mit zunehmender Informationstiefe fortwährend durchlaufen (Quelle: Feuerwehrakademie Hamburg).

schieben sich die Prioritäten im Zuge der Einsatzbewältigung durch die schrittweise Beseitigung von Gefahren. Ebenso ist ständig der Kräftebedarf zu prüfen und anzupassen.

2.5 Schulung und Prüfung von Führungskräften

Um Führungskräfte optimal auf ihre Aufgabe vorzubereiten und überhaupt in die Lage zu versetzen, fachlich gute Entscheidungen zu treffen, absolvieren sie vor der Tätigkeit in der Feuerwehr ein Studium der Natur- oder Ingenieurwissenschaften. Bei der Personalauswahl wird Wert auf einen interdisziplinären fachlichen Input gelegt. In dem sich darauf anschließenden Vorbereitungsdienst auf die jeweilige Laufbahn erlernen die angehenden Führungskräfte in der Theorie und in zahlreichen praktischen Übungen Techniken zum Umgang mit Stress und der Selbstwahrnehmung. In Planbesprechungen werden grundlegende taktische Konzepte erarbeitet und eingeübt. Da diese Fertigkeiten jederzeit, auch unter widrigen Bedingungen und hohem psychischen Druck abrufbar seien müssen, werden sie drillmäßig eingeübt. Dies gilt sowohl für kognitive als auch für praktische Fertigkeiten. In der Bewältigung von Planspielen an Dioramen oder in rechnergestützten Einsatzsimulationen werden dem Realeinsatz vergleichbare Situationen erzeugt, die die angehenden Führungskräfte unter einen erheblichen Stresslevel bringen. Im Anschluss an die Ausbildung und Prüfung absolvieren junge Führungskräfte über mehrere Monate ihre Einsätze zunächst unter Aufsicht erfahrener Einsatzleiter und Mentoren. Erst dann erhalten sie – entsprechendes Feedback vorausgesetzt – die Freigabe zu eigenverantwortlichem Handeln. Ist festzustellen, dass Führungskräfte auch nach entsprechender Hilfestellung ihrer Aufgabe nicht gewachsen sind, werden sie aus dem Einsatzdienst herausgenommen und mit administrativen, planerischen Aufgaben betraut.

Da in der Individualität der Führungskräfte vielfältige Anlagen unterschiedlich entwickelt sind, wird die systematische Vorbereitung durch individuelle Bewältigungsstrategien ergänzt. Insbesondere muss man mit den psychischen Belastungen und der Komplexität der Lagen und Einsatzstellen umgehen können. Ein auch historisch als hilfreich anerkanntes und probates Mittel ist der – mitunter auch nur mental – eingenommene Feldherrnhügel. Es ist in der ersten Einsatzphase zwingend, sich als Führungskraft nicht zu tief und emotional in die Lage zu begeben. Es hilft, sich in eine physisch räumliche Distanz, z. B. auf der gegenüberliegenden Straßenseite, zu positionieren. Der Führungsvorgang als schematische Denkhilfe ist ein stets verfügbarer Anker, um auch unter hohem Druck zu einer systematischen und umfassenden Einsatzbewältigung kommen.

Edwin Kreuzer

Ein Ansatz für den Umgang mit Risiken und Unsicherheit in der Entscheidungspraxis

Kommentar zum Beitrag „Entscheidung in Unsicherheit – eine tägliche Herausforderung und Lösungsstrategien im Bereich der Feuerwehr" von Klaus Maurer

Technische Schadenslagen aber auch Naturereignisse wie Erdbeben, Überschwemmungen, Erdrutsche und Stürme bedrohen Menschen und verursachen weltweit immense volkswirtschaftliche Schäden. Auf internationaler Ebene wurden Vereinbarungen getroffen, um den sozialen, wirtschaftlichen und ökologischen Folgen dieser Ereignisse besser begegnen zu können.

Bei vielen komplexen Situationen sind aber die Risiken überhaupt nicht von vornherein klar, die für die Auswahl der richtigen Entscheidung bekannt sein müssten. Gerade für die Einsatzleiter und Führungskräfte der Feuerwehr, die Entscheidungen auf der Grundlage unvollständiger Informationen und unter extrem hohem Zeitdruck zu treffen haben, trifft dies fast immer zu.

Der *International Risk Governance Council* (IRGC) mit Sitz in Lausanne ist eine unabhängige, spendenfinanzierte Organisation, die es sich zur Aufgabe gemacht hat, das Verständnis und das Management von neuen, auch systemischen, Risiken zu verbessern.

Das vom IRGC entwickelte Modell des Risiko-Governance-Prozess [1], siehe Abb. 6.7, wird aufgeteilt in einerseits den *Erfassungsbereich* (die Erzeugung von Wissen) und andererseits den *Managementbereich* (Entscheidung und Umsetzung von Maßnahmen), die beide zusammenwirken müssen! Für eine ausführliche Erläuterung dieses integrativen Ansatzes wird auf die Publikation von Renn und Sellke [2] verwiesen. Im Folgenden seien nur einige Hinweise zum Risiko-Governance-Prozess aufgeführt.

Der Prozess wird in *drei Hauptphasen* eingeteilt:
- Vorabbewertung
- Risikobeurteilung
- Risikomanagement

Eine weitere Phase, die Tolerierbarkeit & Akzeptanzbeurteilung, unterteilt in *Risikobewertung* und *Risikocharakterisierung*, ist zwischen die Phasen der Risikobeurteilung sowie des Risikomanagements gelegt. Dies bringt zum Ausdruck, dass diese Aufgabe je nach konkreter Fragestellung entweder von den Verantwortlichen der Vorabbewertung oder von den Risikomanagern bearbeitet werden kann. Die fünfte Phase ist die *Risikokommunikation*, die mit allen anderen Phasen direkt verbunden ist.

https://doi.org/10.1515/9783110600261-012

Managementbereich: Entscheidung & Umsetzung von Maßnahmen		Erfassungsbereich: Erzeugung von Wissen

Vorabbewertung

· Problemeingrenzung (Framing)
· Frühwarnsysteme
· Screening
· Festlegung wissenschaftlicher
  Standards

Risikomanagement

Umsetzung
· Durchführung der Maßnahmen
· Überwachung & Kontrolle
· Feedback vom Risiko-
  management
Entscheidungsfindung
· Identifizierung & Generierung
  von Optionen zur Risiko-
  minimierung
· Bewertung von Optionen
· Evaluation & Auswahl von
  Optionen

Kommunikation

Risikobeurteilung

Risikoabschätzung
· Gefahrenermittlung &
  -einschätzung
· Gefährdungspotential &
  Exposition
· Risikoberechnung
**Gesellschaftliche Risiko-
einstufung**
· Risikowahrnehmungen
· Soziale Belange
· Sozioökonomische
  Auswirkungen

Tolerierbarkeit & Akzeptanzbeurteilung

Risikobewertung
· Beurteilung von
  Tolerierbarkeit &
  Akzeptanz
· Urteil über risiko-
  mindernde
  Maßnahmen

Risikocharakterisierung
· Risikoprofil
· Beurteilung des
  Gesamtrisikos
· Schlussfolgerungen &
  Optionen zur Risiko-
  minimierung

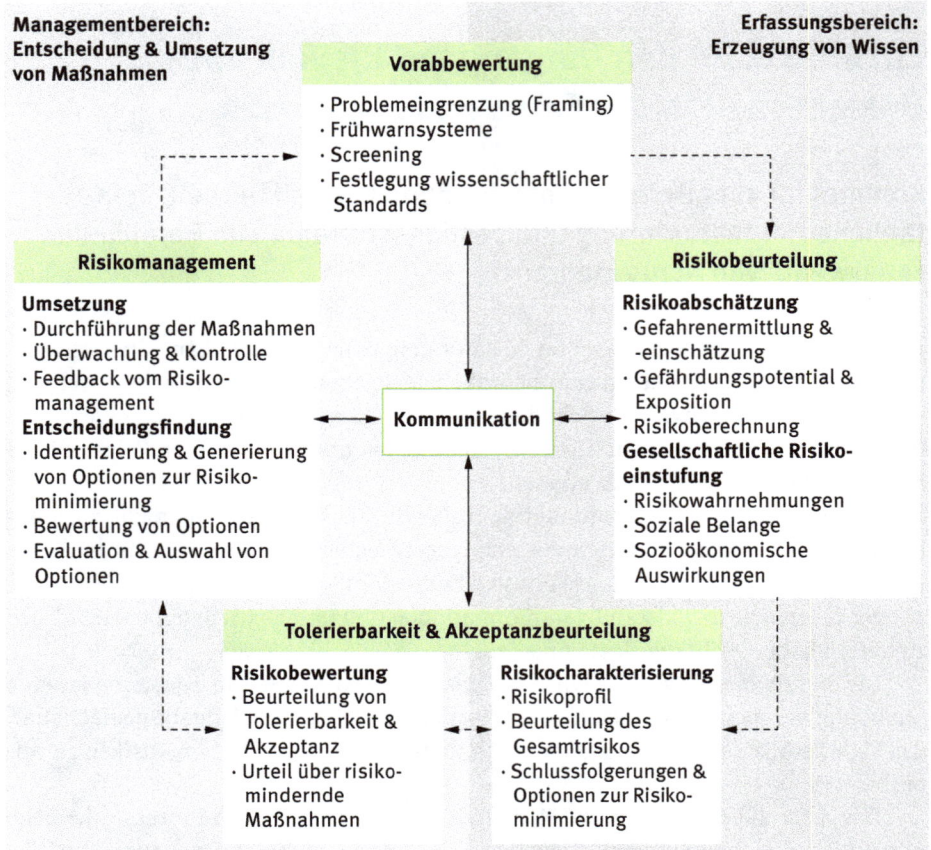

Abb. 6.7 Der IRGC-Risiko-Governance-Prozess (siehe: http://irgc.org/wp-content/uploads/2012/04/IRGC_WP_No_1_Risk_Governance__reprinted_version_3.pdf).

Der Erfolg oder Misserfolg dieses Risiko-Governance-Modells ist natürlich vom vorhandenen Wissen über ein Risiko abhängig.

Deshalb ist es von entscheidender Bedeutung, das *Wissen über ein Risiko systematisch zu kategorisieren*. Dies ist ein weiterer zentraler Baustein des Ansatzes. Für den einfachsten Fall, bei dem die kausalen Zusammenhänge zwischen Ursache und Wirkung eines Risikos eindeutig und unbestritten gegeben sind, spricht man von einem simplen Risiko. In anderen Fällen, die durch ein kompliziertes Zusammenspiel mehrerer materieller und psychologischer Faktoren gekennzeichnet sind, spricht man von komplexen Risiken.

Soweit die Theorie!

Der Mensch kann der Theorie nie gerecht werden. Extremsituationen und Unsicherheiten überfordern häufig unsere Fähigkeiten, und trotzdem müssen Entscheidungen getroffen werden. Hier ist es wichtig, dass in der Entscheidungspraxis der Feuerwehr (drillmäßig eingeübte) Automatismen greifen, die zudem aufgrund von Erfahrungen das Handeln mitbestimmen.

Zu beachten ist auch, dass unsere Rationalität in der Regel immer nur eingeschränkt zur Wirkung kommt. Deshalb wird in der Forschung heute von einer eingeschränkten Rationalität bei der Entscheidungsfindung ausgegangen, entgegen den vom Optimierungsgedanken geleiteten klassischen Annahmen. Eingeschränkt rationale Entscheidungen sind jedoch keineswegs immer irrational, wie aus anderen Beiträgen dieses Buches deutlich wird.

Eingeschränkte Rationalität basiert auf der Sichtweise, dass Entscheidungen im Rahmen der tatsächlichen kognitiven Möglichkeiten der handelnden Akteure getroffen werden. Entscheider müssen aber auch äußere Faktoren, wie Komplexität der Entscheidungsumwelt oder Zeitmangel, bei der Gestaltung einer Entscheidungsprozedur berücksichtigen. Die Entscheidungsprozeduren sind dabei durchaus vernünftig und führen gewöhnlich, aber nicht immer, zu guten Entscheidungen. Oder, wie der Autor des vorherigen Beitrags feststellt: „Die zweitbeste Entscheidung ist besser als keine Entscheidung".

Aus den Ergebnissen der Forschung wurde für den praktischen Einsatz bei der Feuerwehr, dem Katastrophenschutz und der zivilen Verteidigung ein Regelkreis – eine kondensierte Form des integrativen Risiko-Governance-Prozesses – zur strukturierten Entscheidungsfindung entwickelt. Dieser Regelkreis wird im Laufe eines Einsatzes bei ständigem Zuwachs an Informationen und Adaption an neue Erkenntnisse fortwährend durchlaufen.

Für den Einsatz bei Gefahrenlagen in der Feuerwehrarbeit lassen sich die folgenden wesentlichen Elemente benennen:

Die Herausforderungen
- Eine oder mehrere Gefahren müssen unter hohem Zeitdruck gleichzeitig bekämpft werden
- Die Informationsbasis ist anfänglich meist lückenhaft
- Hohe Informations- und Kommunikationsdichte
- Arbeiten in ständig wechselnden, in der Regel unbekannten Umgebungen
- Hohes Maß an Eigengefährdung und emotionaler Belastung der Einsatzkräfte

Die Lösung
- Strukturierte Vorbereitung und Kenntnis der „Kalten Lage" und der aktuellen „Eigenen Lage und Möglichkeiten"
- Reduzierung der Gefährdungsabschätzung auf neun (vgl. Tab. 6.1: Gefahrenmatrix zur Beurteilung der Lagen) mögliche Gefährdungen beschreibende Aspekte zur schnellen Erfassung der Risiken

-   Systematisierung der Abwägung zur Gefahrenabwehr und
-   Kontinuierliche Weiterentwicklung der Erkundung, Bewertung und Befehlsgebung in einem Regelkreis

Chancen
-   Aktive Informationsgewinnung
-   Der Einsatzleiter als „Motor" der Einsatzbewältigung
-   Hohes Maß an Verantwortungsbereitschaft auf der Basis von Wissen und Erfahrung
-   Es gibt immer mehrere Möglichkeiten der Einsatzbewältigung. Ziel ist es, die bestmögliche Lösung zu finden (Aspekte: Schnelligkeit, Ressourcenaufwand, Erfolgsaussicht, Nebenwirkungen, Kosten)

Risiken
-   Unvollständige oder fehlerhafte Erfassung der Lage
-   Fehlentscheidungen mit Gefahr für Leib und Leben gefährdeter Personen und eigener Kräfte sowie hohe materielle Verluste
-   Zögerliches Entscheidungsverhalten oder Passivität führt zu höherem Risiko mit einem unstrukturierten Vorgehen der Einsatzkräfte und Dritter
-   Höchstes Risiko: keine Entscheidung treffen

Im Modell des *International Risk Governance Council* werden die wissenschaftliche Erfassung, die gesellschaftliche und wirtschaftliche Dimension des Handelns miteinander verknüpft. Diese Verknüpfung wird auch in den Lösungsmechanismen der Feuerwehr, die zusätzlich das Zusammenwirken der an der Gefahrenabwehr beteiligten Organisationen zu koordinieren hat, deutlich. Nach einem Einsatz wird das Handeln der Akteure analysiert – danach werden gegebenenfalls Modifikationen der Entscheidungsstruktur abgeleitet – und bei Personenschäden wird es zu einer juristischen Überprüfung kommen, ob Entscheidungen der Einsatzleitung zur Schadensausweitung beigetragen haben oder nicht. Dabei wird es darauf ankommen, ob das technisch Mögliche mit dem gesellschaftlich Erwarteten angemessen verbunden wurde, um die Risiken für alle Beteiligten zu minimieren.

Der Beitrag des Leiters der Hamburger Berufsfeuerwehr liefert eine von großer Erfahrung getragene Darstellung der Umsetzung theoretischer Erkenntnisse und Konzepte aus der Entscheidungstheorie und zeigt auf, mit welchen Strategien Einsatzleiter und Führungskräfte der Feuerwehr trotz begrenzten Wissens, starker kognitiver Belastung und unter hohem Zeitdruck Entscheidungen treffen und ihr Handeln organisieren.

Literatur

[1]   Renn O. with an Annexes by Graham P. Risk Governance: Towards an Integrative Approach. Ed.
      by International Risk Governance Council (White Paper No. 1). Geneva: IRGC, 2005.
[2]   Renn O, Sellke P. Risk-Governance: Ein neuer Ansatz zur Analyse und zum Management kom-
      plexer Risiken. In: Nova Acta Leopoldina NF. 2014;117(397):55–76.

Ralf Martin Meyer

7 Führen und Entscheiden in polizeilichen Extremsituationen

Zusammenfassung: Polizeiliche Extremsituationen wie Geiselnahmen, Entführungen, Erpressungen, Bedrohungslagen, aber auch Amokläufe und Terroranschläge stellen die Polizei vor Herausforderungen, die nicht mit alltäglichen Vorgehensweisen bewältigt werden können. Diese Situationen zeichnen sich durch ihre hohe Komplexität, zeitliche Dringlichkeit und gravierenden Auswirkungen aus, da jede (Nicht-)Entscheidung den Tod von Menschen bedingen kann. Der vorliegende Beitrag schildert die Belastung durch diese herausragende Verantwortungsübernahme für eine polizeiliche Führungskraft. Unter Bezugnahme auf reale Beispiele wird auf den Weg der Entscheidungsfindung und die Notwendigkeit einer offenen Beratungskultur durch Einbezug eines multidisziplinären Expertengremiums eingegangen sowie organisatorische Anforderungen zur schnellen Entscheidungsumsetzung dargestellt. Ebenso wird die Bedeutung begleitender Öffentlichkeitsarbeit und nachträglicher Reflexion erläutert. Es zeigt sich, dass die Entscheidungsfindung unter extremem Zeitdruck eine große Offenheit für andere Sichtweisen und ein hohes Maß an Vertrauen in die Kompetenz des Führungsteams verlangt.

Abstract: Police extreme situations like hostage-takings, hijacks, blackmailing, serious threat situations but also rampages and terrorist attacks pose challenges to the police that can't be met with every-day procedures. Those situations are characterized by high complexity, great urgency and tremendous consequences, because each (non-)decision can affect life and death of people. In the present article, the remarkable pressure and burden due to the taking of responsibilities by police leaders is shown. Giving real-life examples, the process of decision making and the need for an open culture of deliberation with the help of a multi-disciplinary expert panel as well as organizational requirements for quick decisions are described. Besides, the relevance of public relations and post-hoc reflection is explained. As a result, it can be stated that decision-making under extreme pressure requires great openness for different views and an enormous amount of trust in the competence of the leading-panel.

Der Alltag von Polizisten verläuft zwar weitestgehend routiniert ab, jedoch verfügen sie auf Basis ihrer Erfahrung und ihres Trainings über ein erhöhtes Gefahrenbewusstsein, wodurch sie schnell den Routinemodus verlassen und sich auf die bedrohliche Situation einstellen können. Dies ermöglicht nicht nur adäquates Handeln und Einschreiten, sondern bietet ihnen zugleich einen gewissen persönlichen Schutz. Nichtsdestotrotz zeigt die Geschichte, dass auch in Deutschland Polizisten ohne Vorwarnung angegriffen und getötet werden können. So z. B. im Fall des NSU-Mordes 2007

https://doi.org/10.1515/9783110600261-013

an der Polizeibeamtin Michele Kiesewetter während einer Verkehrskontrolle oder im Fall des Reichsbürgers, Wolfgang P., der 2016 einen Polizisten unvermittelt durch eine geschlossene Tür hindurch erschoss.

Ereignisse wie diese stellen ein viel größeres Risiko im Polizeiberuf dar als der große Einsatz bei einer Sonderlage, auf den entsprechend vorbereitet werden kann und der auch mit spezieller Ausrüstung einhergeht. Der Begriff Sonderlage kennzeichnet besondere Herausforderungen, die mit der Alltagsorganisation der Polizei im täglichen Dienst nicht bewältigt werden können. Hierbei handelt es sich um polizeiliche Extremsituationen wie Geiselnahmen, Entführungen, Erpressungen von Firmen und Konzernen, Bedrohungslagen aber auch andere schwierige Einsatzsituationen wie Fahndungen nach Kindern, gefährlichen entwichenen Straftätern oder die Ermittlungen nach Sexualverbrechen an Kindern.

Strukturell wird in diesen Lagen von der Alltagsorganisation abgewichen und eine sog. Besondere Aufbauorganisation (BAO) eingesetzt, welche den spezifischen Bedürfnissen der jeweiligen Lage entspricht. Mit der Führung solcher Lagen sind das Management von Komplexität und die Entscheidungsfindung in schwierigen Situationen häufig unter einem Höchstmaß an Verantwortung verbunden.

Ziel dieses Beitrags ist es, die Aspekte zu beleuchten, die mit den spezifischen Anforderungen solcher, oft hochkomplexer Ausnahmesituation sowie ihrer Führung und Bewältigung einhergehen. Taktische Aspekte werden dabei außen vorgelassen.

Konkret werden zentrale Fragen der Führung, der Prozess der Entscheidungsfindung unter erhöhter Unsicherheit sowie maßgebliche Instrumente der polizeilichen Führung inklusive der Rollen der Öffentlichkeitsarbeit und Berichterstattung behandelt. Anschließend werden die Mechanismen der Qualitätssicherung für derartige Lagen herausgestellt und auf die spezifischen Besonderheiten von Amok- und Terrorlagen eingegangen.

1 Zentrale Fragestellungen der Führung

Die Übernahme der Führungsverantwortung in polizeilichen Extremsituationen betrifft sechs zentrale Aspekte, die bei jeder Entscheidung mit bedacht werden müssen:
Verantwortungsübernahme für
– Entscheidungen über Leben und Tod direkt Betroffener,
– das Leiden Dritter,
– die Qualität der polizeilichen Arbeit,
– die Folgewirkung des Einsatzverlaufs,
– die Art der Medienberichterstattung,
– die eigene Person.

Maßgeblich ist hierbei der Grundsatz „Gefahrenabwehr geht der Strafverfolgung vor", d. h. dass Entscheidungen, die für Leben und Tod bedeutend sein können immer unter dem Vorrang der Lebensrettung stehen, auch wenn dadurch bspw. die Möglichkeit zur Aufklärung der zugrundeliegenden Straftat oder die Festnahme des Tatverdächtigen verhindert werden.

Die leitenden Fragen der Verantwortungsübernahme in einer polizeilichen Sonderlage lassen sich anhand des Falles des in Hamburg entführten Jan Philipp Reemtsma[1] darstellen, bei dem die Polizei die Forderungen der Erpresser konsequent erfüllt hat. Die Tätereinschätzung ging von rationalen Tätern aus, die von Anfang an planvoll vorgegangen sind und steuerbar waren.

Nach einem obligatorischen Lebenszeichen waren die Fragen:

- Wie lässt sich das Leben des Entführten retten?
- Was passiert, wenn die Forderungen der Täter erfüllt werden? Nehmen die Täter das Geld und töten das Opfer als gefährlichen Zeugen?
- Ist die Verweigerung der Zahlung eine Möglichkeit? Führt sie zur frustrierten Freilassung oder zur Tötung des Entführten? Letzteres war in diesem Fall wahrscheinlich.
- Was spricht für einen Zugriff bei der Geldübergabe? Leitgedanke ist hier nicht die Täter für die Strafverfolgung festzunehmen, sondern dem Opfer über die Vernehmung der Täter das Leben zu retten, z. B. dadurch, dass der Aufenthaltsort in Erfahrung gebracht wird.
- Wird es überhaupt bei der Geldübergabe die Chance zum Zugriff geben?
- Was ist, wenn nicht alle Täter festgenommen werden können? Töten diese dann das Opfer oder lassen sie es unversorgt zurück?

Kennzeichnend für derartige Situationen ist, dass ein hoher Entscheidungsdruck bei zeitgleich unzureichender Informationslage besteht, daher ist es von erheblicher Bedeutung, die Menge an vorhandenen Informationen möglichst zu erhöhen.

Eine Möglichkeit hierzu besteht sicherlich in Verhandlungen mit dem Täter, z. B. durch Gespräche über den Modus der Freilassung oder die Notwendigkeit aktueller Lebenszeichen. Dabei ist stets in Betracht zu ziehen, dass Täter oder andere Quellen teilweise gezielt Fehlinformationen liefern oder Interpretationsspielräume lassen. Verweigern die Täter z. B. ein aktuelles Lebenszeichen, heißt das dann automatisch, dass das Entführungsopfer tot ist? Und wird ein Lebenszeichen geliefert, kann sichergestellt sein, dass es tatsächlich auch echt ist?

Entscheidungen über Leben und Tod zu verantworten bringt aber nicht nur mit sich, die Situation des Opfers zu würdigen, sondern auch die Gefährdungssituationen, z. B. für den Geldüberbringer, egal ob Familienmitglied oder Polizeibeamter, mit in Betracht zu ziehen. Wie stellt es sich darüber hinaus dar, wenn ein Geiselnehmer

---

1 Der Hamburger Mäzen Reemtsma wurde 1996 entführt und die Täter forderten zunächst 20, später 30 Mio. DM Lösegeld. Aufgrund mehrerer gescheiterter Übergabeversuche wurde Reemtsma erst nach 33 Tagen Gefangenschaft gegen Zahlung des Lösegelds freigelassen.

die Forderung nach freiem Abzug unter Mitnahme mindestens einer Geisel aufstellt, wie dies beim sog. „Gladbecker Geiseldrama"[2] der Fall war? Im Nachhinein könnten in der öffentlichen Diskussion kritische Fragen dazu auftauchen, warum die Polizei nicht früher eingegriffen hat, daher gilt es, stets in verschiedenen Szenarien parallel zu denken. Welche Entwicklungen sind denkbar? Was könnte der Täter vorhaben? Wie könnte der Täter die Polizei austricksen? Ein Täter, dem dies über längere Zeit gut gelungen ist, war der als Dagobert bekannt gewordene Kaufhauserpresser Arno Funke. Er erpresste von 1988 bis 1994 mehrere Kaufhäuser und es gelang ihm aufgrund extremer Vorsicht und Tücken immer wieder, sich der Festnahme zu entziehen, bis er zuletzt 1994 doch überführt werden konnte. Täuschungen und Schlauheit des Täters sind daher in die polizeiliche Entscheidung mit einzubeziehen und andererseits ist sehr genau zu überlegen, wie man den Täter selbst austricksen kann.

2 Entscheidungsfindung mit Beratergremien

Um dem Täter möglichst einen Schritt voraus zu sein sowie die Menge an zur Verfügung stehenden Informationen zu erhöhen, wird der Prozess der polizeilichen Entscheidungsfindung durch multidisziplinäre Expertenmeinungen angereichert. Sog. Beratergruppen des Landeskriminalamtes schätzen die vorliegende Lage auf Basis von Erfahrungswerten aus ähnlich gelagerten Fällen und statistischen Analysen ein, um anschließend Prognosen über das Verhalten des Täters und mögliche Handlungsweisen liefern zu können.

Die endgültige Entscheidung trifft der Polizeiführer jedoch alleine und muss diese auch selbst verantworten. In polizeilichen Extremsituationen berät er sich aber wiederholt oder sogar permanent im Kreise der sog. Befehlsstelle mit weiteren hochrangigen polizeilichen Führungskräften. Um das Risiko einer Fehlentscheidung möglichst gering zu halten, wird hier in alternativen Szenarien gedacht und eine Vielzahl von Entwicklungsmöglichkeiten in Betracht gezogen. Darauf basierend werden jeweils mehrere Handlungsoptionen gebildet und gegeneinander abgewogen.

Darüber hinaus hat der Polizeiführer unterschiedliche Experten aus sachverständigen und operativen Bereichen an seiner Seite, die ihn beraten. Grundlage einer solchen Beratung ist das hohe Vertrauen, das diesem Beraterkreis entgegengebracht wird und werden muss. Folgende Bereiche nehmen dabei die bedeutendste Stellung ein:

---

2 1988 entwickelte sich ein Banküberfall im nordrhein-westfälischen Gladbeck zu einer zweitägigen Verfolgung der Täter, bei der mehrfach Geiseln genommen wurden. Während der Flucht kamen eine Geisel und ein Polizist ums Leben. Bei der abschließenden Festnahme der Täter wurde eine weitere Geisel erschossen.

Gefährdungseinschätzer

Hier geht es besonders um die Frage nach der Gefährlichkeit des Täters. Dazu gehört die Frage: Wie gefährdet ist das Opfer? Auch gilt zu beurteilen, wie bestimmte polizeiliche Maßnahmen, die Medienberichterstattung oder das mutmaßliche Opferverhalten auf den Täter wirken und wie er damit umgeht. Die Gefährdungseinschätzung der Experten ist ein zentraler Punkt, an dem sich die zu treffenden Maßnahmen orientieren. Je zutreffender die Gefährdungseinschätzung desto qualitativ hochwertiger werden die Maßnahmen.

Im Fall des Kaufhauserpressers Dagobert war z. B. die relevanteste Frage, ob er seine Drohung, eine Bombe in einem Kaufhaus zu platzieren, wahrmacht, sollte es nicht zu einer Geldübergabe kommen.

Für die Gefährdungseinschätzung zieht die Polizei weiteres Expertenwissen aus den Bereichen Psychologie, Psychiatrie, Islamwissenschaft, Kriminalistik/Kriminologie und IT-Forensik mit ein. Im Landeskriminalamt Hamburg wurde dazu eine eigene Dienststelle eingerichtet, die auch in Alltagssituationen herangezogen werden kann.

Verhandler

Die sog. Verhandlungsgruppe hat den Auftrag, die Kommunikation mit dem Täter zu führen. Durch spezifische Gesprächsführung wird einerseits verfolgt, weitere Informationen zu gewinnen, andererseits aber auch das Verhalten des Täters, z. B. über die Art der Geldübergabe oder das Abgeben eines Lebenszeichens, zu beeinflussen. Basis für die Verhandlungen mit dem Täter ist das Ergebnis der Gefährdungseinschätzung, wobei ebenfalls die Frage nach dem Kommunikationsmedium (Telefon, Mail, öffentliche Inserate etc.) eine taktische Rolle spielt, da auch hierüber die Verhaltensweisen des Täters beeinflusst werden können.

Spezialeinsatzkräfte

Das Mobile Einsatzkommando (MEK) und Sondereinsatzkommando (SEK) sind zuständig für operative Maßnahmen wie Observationen, Geldübergaben und gefährliche Zugriffe. Als hochspezialisierte Ausführende der polizeilichen Entscheidung sind sie bei der Beurteilung der Risiken eines Zugriffs und Entwicklung von Handlungsoptionen enorm bedeutsam.

Operative Techniker

Operative Techniker leisten die technische Überwachung von Straftätern durch Maßnahmen wie Abhören, Lauschen und Ortsbestimmungen. Mit Zunahme der digitalen Kommunikationswege wächst natürlich auch die Zahl der Überwachungsmöglichkeiten. Die Polizei in Deutschland verfügt sicherlich nicht über die finanzielle oder technische Ausstattung und die rechtlichen Rahmenbedingungen, die bspw. bei USamerikanischen Sicherheitsbehörden vorliegen und z. B. durch den NSA-Skandal[3] deutlich geworden sind. Die Begrenztheit der Mittel führt andererseits jedoch dazu, dass ein hohes Geschick des Personals bei den vorhandenen Möglichkeiten an den Tag gelegt wird.

Pressestelle

Die Pressearbeit übernimmt bei polizeilichen Extremsituationen zwei wichtige Funktionen. Einerseits dient sie als Instrument der Kommunikation nach außen, um dem Informationsbedürfnis der Menschen gerecht zu werden, andererseits kann sie eine aufarbeitende Funktion haben.

In polizeilichen Sonderlagen sind Medien für die Polizei hochgradig bedeutsam. Neben der Informationspflicht über derart herausragende Ereignisse, dienen sie auch als Werkzeug für Fahndungsaufrufe, Warnmeldungen, die Kommunikation mit dem Täter, Zeugenaufrufe und für Verhaltens- und Präventionshinweise an (potenzielle) Opfer.

Aus polizeilicher Sicht ist in dieser ersten Phase eine möglichst neutrale Berichterstattung wünschenswert, da eine negative Berichterstattung zu einem sehr frühen Zeitpunkt die polizeiliche Arbeit sehr erschweren und zu einem unnötig hohen Stressniveau auf Seiten der Polizei und der Öffentlichkeit beitragen kann. Erfahrene Mitarbeiter der Polizeipressestelle werden daher frühzeitig in die Beratung des Polizeiführers mit einbezogen.

Im September 2017 hat ein Erpresser am Bodensee mit der Vergiftung von Babynahrung in deutschen Supermärkten und Drogerien gedroht und wie wir heute wissen, seine Drohung auch bereits in die Tat umgesetzt. Die Behörden haben sich in dem Fall sehr früh für die Veröffentlichung eines Fahndungsfotos über die Medien entschieden. Kurze Zeit später konnte der Erpresser festgenommen werden. Auch hier galt: Gefahrenabwehr vor Strafverfolgung, denn als der Täter sein öffentliches Fahndungsbild gesehen hat, hatte er viel Zeit, um Beweise zu vernichten, was er auch tat.

Grundsätzlich wird in schwierigen Einsatzsituationen von Hintergrundgesprächen zwischen Journalisten und dem Polizeiführer Gebrauch gemacht, da sie ein probates Mittel darstellen, sensible Fakten zu transportieren. Dies geschieht insbesondere dann, wenn man empfindliche Botschaften an den Täter transportieren will oder es aus taktischen Gesichtspunkten sehr wichtig ist, dass über bestimmte Dinge noch nicht berichtet wird.

---

3 2013 veröffentlichte der ehemalige Mitarbeiter des US-Geheimdienstes NSA, Edward Snowden, geheime Dokumente über globale Überwachungs- und Spionageaktivitäten von US-Geheimdiensten. Sie stellen dar, wie vor allem US-Sicherheitsbehörden weltweit und verdachtsunabhängig in großem Umfang Telekommunikationskanäle überwachen und dabei auch gezielt nationale und internationale Politiker ausspioniert werden.

Über die Reemtsma-Entführung z. B. wurden die Medien zeitnah informiert, haben sich aber bereit erklärt, auf eine Berichterstattung zunächst zu verzichten, um das Leben der Geisel zu schützen. Ob eine derartige Verantwortungsübernahme durch die Medien heutzutage wieder erzielt werden kann, scheint ungewiss im Angesicht gestiegenen Konkurrenzkampfes um die Aufmerksamkeit der Öffentlichkeit, der Allgegenwart von Handy-Videos und des erhöhten Einflusses von Amateur-Journalisten, die sich nicht dem Pressekodex verpflichtet fühlen.

Welche negativen Folgen Berichterstattung für die polizeiliche Arbeit haben kann, zeigte eindrucksvoll die innerhalb der Medienlandschaft als „Sündenfall von Gladbeck" bekannt gewordene Geiselnahme (siehe Fußnote 2), die unter anderem deswegen einen so dramatischen Verlauf genommen hat, weil Journalisten ihren Sensationshunger über ethische Prinzipien gestellt haben. Sie interviewten die bewaffneten und großspurig auftrumpfenden Täter direkt neben den Geiseln, die um ihr Leben fürchteten, ließen sich für Verhandlungen zwischen Polizei und Tätern einspannen und hinderten die Polizei am gewaltsamen Zugriff, weil sie in der Kölner Fußgängerzone viel zu dicht um den Fluchtwagen standen.

Der Presserat reagierte auf den Fall von Gladbeck mit einer Anpassung des Pressekodexes. Seitdem sind Interviews mit Tätern während des Tatgeschehens verboten, da sie die Presse zum Werkzeug von Verbrechern machen können. Wer sie dennoch führt, muss mit einer offiziellen Rüge des Presserates rechnen.

Aber auch polizeiintern hat es nach Gladbeck eine Reihe von Lehren gegeben, die anschließend umgesetzt wurden und heute zum Standard gehören. Bei der Aufarbeitung von polizeilichen Einsätzen spielt die anschließende Berichterstattung eine wesentliche Rolle. Aufgabe der grundrechtlich verankerten Pressefreiheit ist es unter anderem auch Fehler der Polizei bzw. der Polizeiführung aufzuzeigen.

Grundsätzlich kann zur Medienberichterstattung in Hamburg gesagt werden, dass sie in zwei Phasen verläuft. Nach Beendigung des polizeilichen Einsatzes kommt es zunächst für ein paar Tage zu einer durchaus positiven Berichterstattung über die Polizei. Anschließend folgt eine Phase der kritischen Berichterstattung. Je nach Ausrichtung des Mediums waren die polizeilichen Maßnahmen entweder weit überzogen und damit für den Steuerzahler viel zu teuer oder die Polizei hat unzulässig verharmlost und die eigentliche Gefahr unterschätzt. Die Polizei muss aufgrund des entstehenden politischen Drucks regelmäßig zu den Berichterstattungen Stellung beziehen. Zwar wird auch über tatsächliche Fehler der Polizei berichtet, woraus ein Lernprozess katalysiert wird, der zu organisatorischen Anpassungen führen kann. Häufig werden jedoch lediglich vermeintliche Fehler angeprangert, die sich letztlich als haltlos erweisen, aber die Polizei und auch ihre Führung in einem sehr negativen Licht stehen lassen. Auch hierfür muss der Polizeiführer Verantwortung übernehmen, darf sich von möglicher schlechter Presse, die auch Auswirkungen auf seine Karriere haben kann, jedoch in seiner sachlichen Entscheidung nicht beeinflussen lassen. Dieses sprichwörtlich dicke Fell müssen sich die meisten polizeilichen Führungskräfte jahrelang hart erarbeiten.

Alle Beratungen, ob von den Gefährdungseinschätzern, den Verhandlern, den Spezialeinsatzkräften, den Technikern oder der Pressestelle, finden immer unter enormem zeitlichem und emotionalem Druck statt. Dies ist immer mit der Frage verbunden, was dem Opfer zugemutet werden kann oder darf und vor allem durch die ständige Ungewissheit begründet: Der Ungewissheit zwischen den Täterkontakten, der Ungewissheit, wenn Lebenszeichen ausbleiben, der Ungewissheit nach gescheiterten Geldübergaben.

3 Qualitätssicherung

Die Qualität der polizeilichen Arbeit ist für das Vertrauen in die Polizei von hoher Bedeutung. Die Polizei kann die Qualität der Täter nicht beeinflussen, aber sie kann die Qualität ihrer eigenen Arbeit beeinflussen. An die Auswahl der Polizeiführer bei Erpressungen, Entführungen oder Bedrohungslagen werden deshalb hohe Anforderungen gestellt. Sie werden speziell aus- und fortgebildet, um den komplexen Situationen gerecht zu werden. Dies verhindert natürlich nicht, dass trotzdem Fehler geschehen und im Nachhinein Kritik aufkommen kann, wie die Erfahrungen des jüngst in Hamburg stattgefundenen G20-Gipfels zeigen. Zur Planung und Durchführung des Einsatzes wurde eine für Großlagen sehr erfahrene und bundesweit anerkannte Führungskraft eingesetzt, dennoch dominiert in der medialen Aufbereitung des Gipfel-Einsatzes die kritische Perspektive auf polizeiliches Fehlverhalten und (vermeintliche) Fehlentscheidungen.

Für derartige Großlagen ist die Qualität der polizeilichen Bewertungen, also die Lageeinschätzung, die Tätereinschätzung und die Gefährdungseinschätzung ein essentieller Faktor der Arbeitsqualität insgesamt. Ausgehend von der Gesamtbewertung entscheidet der Polizeiführer, *was* getan werden muss. Welche Maßnahmen getroffen werden sollen, was aber auch an Maßnahmen unterbleiben muss. Bevor das *Wie* entschieden wird, müssen die Risiken auf dem Tisch liegen und bewertet werden. Dabei ist es wichtig, dass der Polizeiführer Leitlinien und Entscheidungsvorbehalte formuliert.

So wird den Mitarbeitern die Philosophie des Einsatzes deutlich und sie können ihre Maßnahmen im vorgegebenen Rahmen zielgerichtet umsetzen. *Wie* diese Vorgaben umgesetzt werden, obliegt also letztlich den Mitarbeitern bzw. untergeordneten Führungskräften. Sie sind die operativen Experten und beraten den Polizeiführer über Risiken.

In der Phase der Entscheidungsfindung ist es daher sehr wichtig, dass sich alle Besprechungsteilnehmer aktiv in die Diskussion einbringen und vor allem abweichende Meinungen kundtun. Widerstand erzeugt starke Entscheidungen. Es kommt auf eine große Offenheit an sowie auf Courage, auch noch so abstrus wirkende abweichende Meinungen oder Vorschläge zu artikulieren. Am Ende muss die Entscheidung von allen akzeptiert und nach außen sowie nach innen vertreten werden. Nur so entsteht Loyalität zu den getroffenen Entscheidungen.

Die offene Gesprächskultur ist nicht nur bei der Beratung im laufenden Einsatz notwendig, sondern auch genauso in der anschließenden Phase der Reflexion. Sie ist damit Teil der Fehlerkultur. In komplexen Lagen gibt es immer Optimierungsbedarf und Lernpotenziale. Um diese auch zu nutzen, muss ein angstfreies Klima herrschen, in dem Fehler angesprochen und zugegeben werden können, ohne persönliche Nachteile zu befürchten. Im öffentlichen Diskurs mag es zwar häufig so erscheinen, als würden Reflexions- und Aufarbeitungsprozesse nur durch medialen oder politischen Druck und gegen den Willen der Polizei initiiert, jedoch liegt die Aufarbeitung im Kerninteresse der Polizei selbst, um zukünftig bei ähnlichen Situationen besser aufgestellt zu sein, auch wenn dies, wie im Fall von G20, enorme personelle Ressourcen bindet.

4 Sonderfall der Entscheidungsfindung: Amoklagen und Terroranschläge

Amoklagen und Terroranschläge sind Sonderlagen, bei denen der zeitliche Druck derart hoch ist, dass für eine Entscheidungsfindung zunächst kein Spielraum bleibt und die Organisation reflexartig reagieren muss, bevor im weiteren Verlauf rationale Entscheidungen getroffen werden können.

Der Amoklauf am 20. April 1999 in Colombine, Littleton, einem Vorort von Denver/Colorado, bei dem zwei Teenager der Columbine High School insgesamt zwölf Schüler und einen Lehrer töteten, 24 Menschen verwundeten und anschließend Suizid begangen, schockierte die Welt. Diese Tat war der Beginn einer neuen Ära von Sonderlagen, da sie auch nicht nur in den USA, sondern u. a. auch in Deutschland Nachahmer fand. Hierzu zählten z. B. die Amokläufe im Erfurter Guttenberg Gymnasium im Jahr 2002 oder der Amoklauf in Winnenden 2009.

Diese neue Art einer Sonderlage führte innerhalb der Polizei zu einem Paradigmenwechsel.

Das bisherige Vorgehen bei Geiselnahmen oder Bedrohungslagen sah wie folgt aus: Die Lage wurde statisch gehalten. Der Bereich weiträumig abgesperrt, die Spezialeinheiten wurden alarmiert, dann erfolgten Zugriffsmaßnahmen. Bis dahin waren die Kolleginnen und Kollegen des Streifenwagens maximal für einen Notzugriff vorgesehen. Die Sonderlage eines Amoklaufes stellt jedoch einen akuten Handlungsdruck dar. Das sofortige Handeln ist erforderlich, um den Täter am weiteren Töten zu hindern. Daher ist in diesen Situationen keine Zeit vorhanden, die Lage detailliert zu besprechen und zu beratschlagen, eine Gefährdungseinschätzung vorzunehmen oder Handlungsalternativen zu diskutieren.

Dies impliziert natürlich auch, dass eine Top-Down-Führung in der ersten Phase nicht möglich sein kann, da sie zu viel Zeit in Anspruch nimmt. Stattdessen bedarf es einer quasi reflexartigen Reaktion der ansonsten sehr hierarchisch strukturierten Organisation durch die Ausführungsebene selbst, nämlich die Streifenwagenbesatzungen, die als erste am Einsatzort ankommen. Damit die polizeilichen Handlungen nicht chaotisch ablaufen, wurden deutschlandweit neue Konzepte erarbeitet. Die Polizisten des Streifenwagendienstes wurden fortan mit der Zielrichtung geschult, das Töten des Amokläufers möglichst schnell zu unterbinden.

Bisherige Grundregeln wie die Priorität Erster Hilfe waren dabei radikal zu überdenken. Ist es bei den bisher beschriebenen Sonderlagen eine ganze Aufbauorganisation, die aufeinander abgestimmt handelt, so kommt es aufgrund des Zeitlaufes eines Amokläufers in erster Linie auf das beherzte Vorgehen und die Fähigkeiten des Streifendienstes an. Durch die neuen klaren Konzepte und die Fortbildung aller Mitarbeiter, die im Ernstfall autonom handeln können, kommt die Organisation Polizei in dieser ersten Phase ohne Führung von oben aus.

Bei Terroranschlägen ist die Situation aus polizeilicher Perspektive ähnlich. Auch hier müssen die Polizisten vor Ort sofort reagieren und die Täter, wie jene des Anschlags 2015 im Pariser Bataclan oder am und im Münchner Olympia-Einkaufszentrum 2016 bekämpfen. Daher wurden die Erkenntnisse von Amokläufen auch für das Einschreiten bei Terrorlagen weitestgehend übernommen, sodass jeder Polizist bei dem ersten Anzeichen eines Anschlags weiß, was er oder sie zu tun hat.

Im Juli 2017 erlebte Hamburg einen Terroranschlag, bei dem ein Mann in einem Supermarkt mit einem Messer wahllos Menschen attackierte, einen tötete und fünf weitere verletzte. Bei diesem Einsatz zeigte sich, dass die taktischen Konzepte greifen und umgesetzt werden, jedoch wurde in der Nachbereitung auch festgestellt, dass im zuständigen Landeskriminalamt Informationen zur psychischen Labilität des Täters vorlagen, der Sozialpsychiatrische Dienst aber nicht eingeschaltet und dem Fall keine Priorität zugemessen wurde. Um Ermittlern die enorme Verantwortungslast zu nehmen, welchen der zahlreichen Verdachtsfälle eine erhöhte Priorität beigemessen wird, wurden Organisationsveränderungen vorgenommen. Eine zentrale Stelle im Landeskriminalamt wurde geschaffen, bei der Berichte zu psychisch kranken Personen im besonderen Maße geprüft und bewertet werden. Zudem entscheidet kein Ermittler mehr alleine, ob der Sozialpsychiatrische Dienst eingeschaltet wird, ob mit dem Verfassungsschutz Kontakt aufgenommen oder eine Fallkonferenz einberufen wird.

5 Fazit

Polizeiliche Extremsituationen stellen die Organisation und ihre Führungskräfte vor erhebliche Herausforderungen. Um diese zu bewältigen, gilt es im Entscheidungsprozess möglichst schnell möglichst viele Informationen heranzuziehen, in verschiedenen Szenarien zu denken, alternative Handlungsoptionen zu entwickeln und sich dabei stets bewusst zu sein, dass jede Entscheidung das Leben und den Tod von Menschen bedingen kann.

Bei der Entscheidungsfindung steht der polizeilichen Führungskraft ein Beratergremium aus unterschiedlichsten operativen und sachverständigen Bereichen zur Seite, dem ein beachtliches Vertrauen entgegengebracht werden muss, da die Verantwortung der Entscheidung und ihrer Konsequenzen letztlich komplett von der Führungskraft übernommen wird. Hierbei ist eine offene Diskussionskultur von erheblicher Bedeutung, um die Vielzahl von Argumenten mit einbeziehen zu können. Dies gilt nicht nur für den Entscheidungsprozess selbst, sondern auch für die Nachbereitungsphase, um Fehler ehrlich analysieren und aus ihnen lernen zu können. Die mediale Berichterstattung nimmt in diesem Kontext eine bedeutsame Hilfsfunktion ein, welche sich die Polizei zu Nutze machen kann.

Amok- und Terrorlagen nehmen bezüglich der Entscheidungsfindung aufgrund ihrer extremen zeitlichen Dringlichkeit eine Sonderrolle ein, da hier kein Spielraum für Entscheidungen von oben besteht. Um Mitarbeitern die Bürde der Verantwortung für spezifische Entscheidungen zu nehmen, wurden Konzepte entwickelt und die Mitarbeiter geschult, sodass ein quasi-reflexhaftes Reagieren im Sinne der Polizeiführung gewährleistet werden kann.

Letztlich sind die erfolgskritischen Faktoren einer polizeilichen Führungskraft Offenheit beim Hinzuziehen externen Sachverstandes, Kritikfähigkeit, die Offenheit bei der Nachbereitung und Fehleranalyse sowie das Vertrauen in die Kompetenz der Mitarbeiter, was deren regelmäßige Aus- und Fortbildung verlangt.

Um in polizeilichen Sonderlagen erfolgreich zu arbeiten, ist es häufig erforderlich, Entscheidungen zu treffen, die bis an die Grenze des Rechtsstaates gehen. Es ist erforderlich, die Risiken abzuwägen, aber auch den Mut zu haben, diese Entscheidungen zu treffen und später für sie einzustehen. Mit seinen Entscheidungen muss ein Polizeiführer auch vor sich selbst bestehen können. Hilfreich ist dabei häufig die Erkenntnis, dass der Wissens- und Informationsstand zum Zeitpunkt der Entscheidung keine Alternativen zuließ, auch wenn sich die Entscheidung später vielleicht als fehlerhaft erweisen sollte.

Nur dann kann er später in der öffentlichen Diskussion, möglicherweise auch vor Gericht oder vor einem Untersuchungsausschuss überzeugend seine Situation darstellen und nur so kann er mit dieser Entscheidung im Nachhinein vor seinem Gewissen bestehen.

Michael Fehling

Zur Bewertung von Entscheidungsfindungen

Kommentar zum Beitrag „Führen und Entscheiden in polizeilichen Extremsituationen" von Ralf Martin Meyer

Der Polizeipräsident hat in seinem Beitrag den Fokus auf den Weg der Entscheidungsfindung, die Beratungskultur und die nachträgliche Reflexion sowie die Verantwortungsübernahme gelegt. Es ging ihm dabei primär um die internen Abläufe beim polizeilichen Krisenmanagement. Die rechtswissenschaftliche Perspektive und auch die juristische Praxis rücken demgegenüber klassischerweise die nachträgliche, vor allem gerichtliche Kontrolle in den Mittelpunkt. Der Entscheidungsprozess selbst wird dabei typischerweise eher indirekt, abgeleitet reflektiert – auch deshalb, weil dem Theoretiker zu verwaltungs- und polizeiinternen Abläufen regelmäßig der Zugang und das unmittelbare Anschauungsmaterial fehlen. Allerdings hat es sich seit einigen Jahren die sog. „Neue Verwaltungsrechtswissenschaft" [1,2] auf die Fahne geschrieben, die Handlungs- und Bewirkungsperspektive des Verwaltungsrechts (wozu auch das Polizei- und Ordnungsrecht gehört) stärker in den Blick zu nehmen.

Für das polizeiliche Handeln in Extremsituationen bedarf es rechtlicher Mechanismen, um einerseits eine informierte und rationale Entscheidungsfindung sowie die Beachtung der Grundrechte der Betroffenen zu gewährleisten und andererseits die Entscheidungsträger gerade in Extremsituationen nicht mit unrealistisch überzogenen Anforderungen zu überfrachten. In der Sache geht es zentral um die Frage, welche rechtlichen Anforderungen an Prognosen zu stellen sind, wenn es gilt, die Konsequenzen verschiedener Handlungsoptionen zu bewerten und zu vergleichen. Aus der Kontrollperspektive kommen die Fragen nach Kontrollmaßstab und Kontrolldichte hinzu. Insbesondere fragt sich, ob bei der Gerichtskontrolle nachträgliche Erkenntnisse noch berücksichtigt werden können und inwieweit den handelnden Akteuren Spielräume einzuräumen sind.

Unterscheidung zwischen Gefahr und Risiko

Rechtsdogmatisch grundlegend erscheint zunächst einmal die Unterscheidung zwischen *Gefahr* (mit der klassischen Polizeiaufgabe der Gefahrenabwehr) und bloßem *Risiko* (mit eventueller Notwendigkeit der Gefahrenvorsorge) [3,4]. Diese Differenzierung ähnelt der in der Ökonomie [5] und anderen Wissenschaften [6] verbreiteten Unterscheidung von Risiko (gleich juristisch Gefahr) und Unsicherheit (gleich juristisch Risiko) [7]. Bei der Gefahr sind definitionsgemäß Szenarien und Eintrittswahrscheinlichkeiten im Wesentlichen (ggf. mit einer prozentualen Marge) bekannt, sodass sich jedes Szenario theoretisch in einem Produkt aus Resultat und Eintrittswahrscheinlichkeit bewerten und vergleichbar machen lässt. Selbstverständlich sind sich auch

https://doi.org/10.1515/9783110600261-014

Juristen dessen bewusst, dass bei menschlichem Verhalten Wahrscheinlichkeiten im streng mathematischen Sinne jedenfalls dort, wo nur relativ wenige Erfahrungswerte existieren, nicht exakt berechnet werden können. Man begnügt sich mit einer annäherungsweisen Schätzung, gepaart mit einer normativ-wertenden Betrachtung [8], wie sie zur Bestimmung einer „überwiegenden", „hohen" oder gar „mit an Sicherheit grenzenden" Wahrscheinlichkeit notwendig ist. Die Kategorie des Risikos soll demgegenüber Situationen erfassen, „die sich durch Unsicherheiten über Schadensmöglichkeiten und Eintrittswahrscheinlichkeiten sowie über die Kausalität von Ursache und Wirkung auszeichnen" [9,10]. Allerdings wird diese kategoriale Unterscheidung von Gefahr und Risiko keineswegs von allen geteilt. Es gibt auch Stimmen, die angesichts gleitender Übergänge das Risiko als Oberbegriff sehen [11,12]. Die Rechtsprechung geht zwar von der obigen Unterscheidung aus, doch verfließen die Grenzen zwischen Gefahr und Risiko teilweise wieder, wenn das Bundesverfassungsgericht und andere auch beim Risiko die „Je-desto-Formel" bemühen. Für die Annahme eines rechtlich relevanten Risikos (in Abgrenzung zum hinzunehmenden bloßen „Restrisiko jenseits praktischer Vernunft") genügt nämlich eine umso geringere prozentuale Wahrscheinlichkeit des Schadenseintritts, je größer der bei Untätigkeit zu erwartende Schaden zu werden droht [13,14] – was logisch eine zumindest annähernde Bestimmbarkeit von Wahrscheinlichkeiten voraussetzt. Diese „Je-desto-Formel" ist freilich nicht streng mathematisch zu verstehen; vielmehr mischen sich einmal mehr normativ-wertende Elemente („jenseits praktischer Vernunft" versus hinreichende Wahrscheinlichkeit zur Überschreitung der Relevanzschwelle) mit Rechenoperationen (Ermittlung eines Produkts von idealiter prozentualer Wahrscheinlichkeit eines Schadens und Schadenshöhe, wobei freilich die Schadenshöhe bei immateriellen Schäden wiederum ein Stück weit wertend bestimmt werden muss).

Traditionell werden auch die von Herrn Meyer geschilderten polizeilichen Extremsituationen – im Gegensatz zu manchen Szenarien bei der vorsorgenden Kriminalitätsbekämpfung, insbesondere der Datenverarbeitung im Vorfeldbereich [15] – in diesem Sinne der Gefahrenabwehr und nicht dem Risiko und der Gefahrenvorsorge zugerechnet [16]. Daran lässt sich jedoch mit Fug und Recht zweifeln, wenn man den Zeitdruck mitberücksichtigt. Denn dieser kann eine fundierte Wahrscheinlichkeitsabschätzung hinsichtlich weiterer Szenarien unmöglich machen. Bei bereits begonnenen terroristischen Attacken oder Amokläufen steht die höchste Gefahrenstufe als solche außer Zweifel, doch weiß man nicht unbedingt, wohin sich der oder die Täter wenden werden. Bei Geiselnahmen ist der Grad der Wahrscheinlichkeit unsicher, mit dem Leben und Gesundheit des Opfers bei verschiedenen polizeilichen Reaktionen gefährdet sind.

Entscheidungsfindung

Auch die Rechtswissenschaft geht vom *Leitbild einer rationalen und das heißt im Normalfall möglichst informierten synoptischen Entscheidungsfindung* aus. Dies allerdings auf einer recht pragmatischen Ebene, ohne sich auf ein bestimmtes Menschenbild (homo oeconomicus oder verhaltensökonomische Rationalitätsskepsis [17,18]) festzulegen. Gute Ausbildung und sachverständige Beratung der Entscheidungsträger sollen dies unterstützen. Insoweit kann ich die Aussagen von Herrn Meyer nur unterstreichen.

Weniger diskutiert ist, inwieweit das Idealbild der informierten, verschiedene Szenarien vergleichenden Berechnung gerade unter Zeitdruck und dadurch bedingter Informationsdefizite durch Heuristiken, durch Intuition und „Daumenregeln" ergänzt oder modifiziert werden kann oder muss. Ich habe in etwas anderem Zusammenhang unter Berufung nicht zuletzt auf Gigerenzer [6] dafür plädiert [7]. Allerdings muss Intuition aus Erfahrung wachsen und darf nicht zur Chiffre für Beliebigkeit oder gar Vorurteile werden. Die vorschnelle Fixierung auf die „üblichen Verdächtigen" (z. B. Migranten, „linke Chaoten" usw.) ist auch bei politischem Erfolgsdruck keine rechtsstaatliche Option. Um dies zu verhindern, zeigt sich das Recht in vielen Vorschriften eher skeptisch gegenüber einem undifferenzierten Rekurs auf polizeiliche Erfahrung und verlangt eine (klare) Tatsachenbasis für die Prognose.

Erkenntnisstand

Unsicherheit und Zeitdruck werden vor allem dadurch berücksichtigt, dass man bei der späteren (Gerichts-)Kontrolle auf den *Erkenntnisstand ex ante*, also im Zeitpunkt der Entscheidungsfindung, und nicht ex post (zum Zeitpunkt der gerichtlichen Kontrolle) abstellt [19]. Hinterher ist man nämlich (fast) immer klüger. Maßgeblich ist das, was ein gut ausgebildeter und fähiger Polizeibeamter – das ist weniger als der „ideale Beamte" – in der jeweiligen Situation erkennen und verarbeiten konnte und musste [20]. Indem so die juristischen Anforderungen auf ein gleichsam menschliches Maß reduziert werden, soll zugleich der psychologischen Tendenz entgegengewirkt werden, dass die Beamten aus Furcht vor rechtlichen Konsequenzen vor klaren Entscheidungen zurückschrecken.

Beurteilungsspielraum

Davon abgesehen billigt das Polizei- und Ordnungsrecht den handelnden Akteuren auf Polizeiebene *keinen Beurteilungsspielraum* bei der Einschätzung zu, wo die Gefahrenschwelle – definiert als hinreichende Wahrscheinlichkeit eines Schadenseintritts – überschritten ist. Insoweit bleibt ihre Einschätzung unter der Prämisse der ex-ante-Perspektive idealiter gerichtlich voll überprüfbar [21]. De facto wirkt sich der Entscheidungsmaßstab ex ante aber teilweise ähnlich kontrollreduzierend aus, wie es bei einem gerichtlich nur eingeschränkt überprüfbaren Beurteilungsspielraum der Fall wäre.

Zudem gibt es auf der Rechtsfolgenseite im Polizeirecht typischerweise Ermessen. Als *Auswahlermessen* wird es gerade in den von Herrn Meyer skizzierten Szenarien besonders bedeutsam, in denen verschiedene Handlungsoptionen existieren. Streng genommen kommt dieses Ermessen als nur eingeschränkt (auf Ermessensfehler in Form von Ermessensnichtgebrauch, -fehlgebrauch und -überschreitung [22]) überprüfbarer Handlungsspielraum jedoch erst ins Spiel, nachdem schon die Prognosen richtig getroffen worden sind. Ob sich dies wirklich immer so klar trennen lässt, muss freilich bezweifelt werden.

Einschätzungsspielraum

Auf *Regierungsebene* räumt die Verfassungsrechtsprechung seit der Schleyer-Entscheidung [23] dagegen den politisch Verantwortlichen darüber hinaus bei der Erfüllung ihrer grundrechtlichen Schutzpflichten für die Bürger einen recht *weiten Einschätzungsspielraum* ein. Denn die Betreffenden müssen sich primär demokratisch bei den nächsten Wahlen und nicht juristisch vor Gericht (Gewaltenteilung!) verantworten. Je weitreichender die potentiellen Folgen, umso größer tendenziell der Spielraum. Die äußerste Grenze bleibt die unantastbare Menschenwürde, wie das Bundesverfassungsgericht beim Verbot des präventiven Abschusses eines entführten Passagierflugzeugs (Luftsicherheitsgesetz) noch einmal verdeutlicht hat [24].

Prozeduralisierungsstrategie

Wenn sich Entscheidungen nicht im Voraus in ihrem Inhalt gesetzlich determinieren lassen, wie dies hier typischerweise aufgrund ihrer Einzelfallabhängigkeit der Fall ist, sucht das Recht die Entscheidung prozedural zu steuern [25]. Eine solche „Flucht ins Verfahren" im engeren Sinne scheidet in unseren Konstellationen freilich oftmals aus, weil unter Zeitdruck kein Raum für elaborierte Verwaltungsverfahren bleibt. Im weiteren Sinne lassen sich jedoch auch eine gute Vorbereitung durch Organisation, Planung und Strukturierung von Entscheidungsabläufen als eine solche *Prozeduralisierungsstrategie* einordnen. Denn derartige Vorkehrungen, deren Notwendigkeit Herr Meyer gerade zur Vorbereitung auf Terrorattacken betont hat, sollen juristisch dafür kompensieren, dass das (Polizei-)Recht in der Sache für Strategien und Einsätze in Extremsituationen nur grobe „Leitplanken" liefern, aber keine genauen inhaltlichen Vorgaben machen kann.

Allgemein setzt das (Verfassungs-)Recht bei Entscheidungen unter Unsicherheit oftmals auf Beobachtungs- und Nachbesserungspflichten [26]. Nachträgliche Korrekturen dürften in den hier thematisierten Extremsituationen indes kaum möglich sein. Umso wichtiger werden aber nachträgliche Evaluationen, um es beim nächsten Mal gegebenenfalls besser zu machen (soweit die Situationen überhaupt vergleichbar sind). Auch insoweit kann ich den Ausführungen des Herrn Polizeipräsidenten aus rechtswissenschaftlicher Perspektive beipflichten.

Literatur

[1]   Voßkuhle A. Neue Verwaltungsrechtswissenschaft. In: Hoffmann-Riem W, Schmidt-Aßmann E, Voßkuhle A (Hrsg.). Grundlagen des Verwaltungsrechts, Band 1, 2. Aufl. München: Beck, 2012, § 1.

[2]   Fehling M. Die „neue Verwaltungsrechtswissenschaft" – Problem oder Lösung. In: Burgi M, (Hrsg.). Zur Lage der Verwaltungsrechtswissenschaft. Die Verwaltung. Beiheft 12, Berlin: Duncker & Humblot, 2017. 65–103.

[3]   Pieroth B, Schlink B, Kniesel M. Polizei- und Ordnungsrecht. 9. Aufl. München: Beck, 2016: § 4 Rn. 6 f.

[4]   Jaeckel L. Gefahrenabwehrrecht und Risikodogmatik. Tübingen: Mohr Siebeck. 2010. 88 ff.

[5]   Knight F. Risk, Uncertainty and Profit. Reprint New York: Kelly, 1964[1921]. 19 f., 197 ff.

[6]   Mousavi S, Gigerenzer G. Risk, Uncertainty and Heuristics. In: Journal of Business Research. 2014;67:1671–1678.

[7]   Fehling M. Der Umgang mit Unsicherheit in der ökonomischen Analyse des (Öffentlichen) Rechts. In: Hill H, Schliesky U (Hrsg.). Management von Unsicherheit und Nichtwissen. Baden-Baden: Nomos, 2016. 203–237.

[8]   Schenke W-R. Polizei- und Ordnungsrecht. 9. Aufl. Heidelberg: C.F. Müller, 2016. Rn. 77.

[9]   Steinberg R. Der ökologische Verfassungsstaat. Frankfurt am Main: Suhrkamp, 1998. 21

[10] Di Fabio U. Entscheidungsprobleme der Risikoverwaltung. In: Natur und Recht. 1991;13(8):353–359 (354, 357).

[11] Spiecker gen. Döhmann I. Rechtliche Strategien und Vorgaben zur Bewertung von Nichtwissen. In: Hill H, Schliesky U (Hrsg.). Management von Unsicherheit und Nichtwissen. Baden-Baden: Nomos, 2016. 89–112.

[12] Ladeur K-H. Das Umweltrecht der Wissensgesellschaft. Berlin: Duncker & Humblot, 1995. 69 ff.

[13] Bundesverfassungsgericht, Amtliche Entscheidungssammlung (BVerfGE) 49. 89–147 (138) – Kalkar.

[14] Wahl R, Appel I. Prävention und Vorsorge. Von der Staatsaufgabe zur rechtlichen Ausgestaltung. In: Wahl R (Hrsg.). Prävention und Vorsorge. Bonn: Economica-Verlag, 1995. 1–216 (4 ff.).

[15] Poscher R. Eingriffsschwellen im Recht der inneren Sicherheit. In: Die Verwaltung. 2008;41:345–373.

[16] Möstl M. Die staatliche Garantie für die öffentliche Sicherheit und Ordnung. Tübingen: Mohr Siebeck, 2002. 192–198

[17] Engel C (Hrsg.). Recht und Verhalten, Tübingen: Mohr Siebeck, 2007.

[18] Fehling M. Ökonomische Analyse im Öffentlichen Recht als Methode zur Reformulierung und Operationalisierung von Gerechtigkeitsfragen. In: Die Fakultät der Bucerius Law School (Hrsg.). Begegnungen im Recht. Tübingen: Mohr Siebeck, 2011. 39–67 (52 ff.).

[19] Schenke W-R. Polizei- und Ordnungsrecht. 9. Aufl. Heidelberg: C.F. Müller, 2016. Rn. 69, 80.

[20] Pieroth B, Schlink B, Kniesel M. Polizei- und Ordnungsrecht. 9. Aufl. München: Beck, 2016. § 4 Rn. 47.

[21] Schenke W-R. Polizei- und Ordnungsrecht. 9. Aufl. Heidelberg: C.F. Müller, 2016. Rn. 51, 77.

[22] Maurer H, Waldhoff C. Allgemeines Verwaltungsrecht. 19. Aufl. München: Beck, 2017. § 9 Rn. 19–23.

[23] BVerfGE 46. 160–165.

[24] BVerfGE 115. 118–166 (153 f.)

[25] Hoffmann-Riem W. Eigenständigkeit der Verwaltung. In: Grundlagen des Verwaltungsrechts (siehe [1]). § 10 Rn. 100.

[26] Fehling M. Der Umgang mit Unsicherheit in der ökonomischen Analyse des (Öffentlichen) Rechts (siehe [7]). 235 f.

Till Grüne-Yanoff

8 Modell-Auswahl für Politik- und Verwaltungsentscheidungen am Beispiel der Pocken-Epidemiologie[1]

Zusammenfassung: Öffentliche Entscheidungsträger verwenden zunehmend wissenschaftliche Methoden, einschließlich Simulationsmodellen, um ihre Entscheidungen zu rechtfertigen. Wissenschaftler, Verwaltungsfachleute und Politiker stehen dabei vor einer großen Auswahl an möglichen Modellierungsstrategien. In diesem Vortrag skizziere ich einige Kriterien, die helfen sollen, eine solche Auswahl zu systematisieren. Am Beispiel der Pockenepidemiologie werden drei Arten von Strategien unterschieden: *Massive Simulationsmodelle* (MSMs), *Abstrakte Simulationsmodelle* (ASMs) und *Makro-Gleichungsmodelle* (MEMs). Durch die Analyse einiger der wichtigsten Pocken-Epidemiemodelle, die in den letzten zwanzig Jahren vorgeschlagen wurden, wird erörtert, wie die Strategiewahl mit Bezug auf die Kerncharakteristika dieser jeweiligen Strategien gerechtfertigt werden kann. Erstens argumentiere ich, dass MEMs oft für öffentliche Entscheidungen ausreichen und nur ersetzt werden müssen, wenn sie nicht ausreichend robust sind. Eine solche Robustheitsanalyse erfordert jedoch nur die Verwendung von ASMs, nicht von MSMs. Zweitens argumentiere ich, dass MSM in verschiedenen Dimensionen zwar größeres Potenzial haben als ASMs, sie aber auch eher scheitern – und dass in vielen Fällen diese Wahrscheinlichkeit des Scheiterns ihr höheres Potenzial überwiegt. Zu diesen Dimensionen gehören insbesondere die Repräsentation des relevanten Ziels, die genaue Messung der relevanten Parameter, die Anzahl der enthaltenen Parameter, die Anzahl der simultan modellierten Mechanismen und die Art und Weise, mit struktureller Unsicherheit umzugehen. Während dies keineswegs die Möglichkeit ausschließt, dass einige MSM gute Begründungen für politische Entscheidungen liefern, will ich mit meinen Argumenten vor einer generellen Bevorzugung von MSM gegenüber ASMs für politische Entscheidungszwecke im Allgemeinen und Impfprobleme im Besonderen warnen.

Abstract: Policymakers increasingly draw on scientific methods, including simulation modeling, to justify their decisions. For these purposes, scientists and policymakers face an extensive choice of modeling strategies. Discussing the example of smallpox epidemiology, this paper distinguishes three types of strategies: *Massive Simulation Models* (MSMs), *Abstract Simulation Models* (ASMs) and *Macro Equation Models* (MEMs). By analyzing some of the main smallpox epidemic models proposed in the last twenty years, it discusses how to justify strategy choice with reference to the core characteristics of these respective strategies. First, I argue that MEMs often

---

1 Dieser Aufsatz ist eine übersetzte und revidierte Fassung von Grüne-Yanoff (2018).

https://doi.org/10.1515/9783110600261-015

suffice for policy purposes, and need to be replaced only if they are insufficiently robust. Determining the robustness of MEMs, however, only requires the use of ASMs, not MSMs. Second, I argue that although MSMs have larger potentials than ASMs in various dimensions, they are also more likely to fail — and that in many cases, this probability of failing outweighs their higher potential. In particular, these dimensions include the representation of the relevant target, the accurate measurement of the relevant parameters, the number of parameters included, the number of mechanisms modeled simultaneously, and the ways of dealing with structural uncertainty. While this in no way excludes the prospect that some MSMs provide good justifications for policy decisions, my arguments caution against a general preference for MSMs over ASMs for policy decision purposes in general and vaccination problems in particular.

Epidemieprävention und -kontrolle sind wichtige Funktion der Gesundheitsbehörden. So haben z. B. die *Centers for Disease Control and Prevention* (CDC) Notfallpläne für Ebola-Epidemien, verschiedene Arten von Grippe, Pocken und viele andere Krankheiten erstellt. Der CDC-Reaktionsplan für Pocken schreibt bspw. eine Impfstrategie vor, die Kontakte einer infizierten Person identifiziert und impft.[2] Die Annahme dieser Strategie war nicht unumstritten, da einige Autoren die Wirksamkeit des Plans in Frage stellten (z.B. [1]) und stattdessen die freiwillige Massenimpfung der Bevölkerung beim ersten Anzeichen einer Infektion empfahlen.

Entscheidungsträger wie die CDC wollen ihre Entscheidungen auf der Grundlage der besten verfügbaren wissenschaftlichen Erkenntnisse treffen. Jedoch sind Pocken in modernen städtischen Gesellschaften niemals epidemisch aufgetreten, und daher gibt es keine empirischen Belege für die unterschiedliche Wirksamkeit dieser und anderer Impfstrategien, z. B. bei einem möglichen Ausbruch in den USA. Anstelle dessen haben politische Entscheidungsträger und ihre Berater hier auf die Simulierung von Pockenepidemien zurückgegriffen und diese Modelle verwendet, um die Wirksamkeit verschiedener Impfstrategien zu untersuchen.

In diesem Aufsatz untersuche ich, wie Forscher die Modelle wählen, auf deren Basis Impfentscheidungen getroffen werden. Insbesondere werde ich drei Arten von Modellen unterscheiden: *Macro-Equation Models* (MEMs), *Massive Simulation Models* (MSMs) und *Abstract Simulation Models* (ASMs). MEMs kategorisieren die Population in unterschiedliche Gesundheitszustände und modellieren Krankheitsdynamiken zwischen diesen Gruppen. MSMs und ASMs sind im Gegensatz dazu Mikro-Simulationen, welche Infektionen als Interaktion von Individuen modellieren. Jüngste technologische Fortschritte haben die Menge an Details, die bei der Berechnung eines Modells verarbeitet werden können, rasch erweitert. Mikromodelle, deren Details

---

2 https://www.cdc.gov/smallpox/bioterrorism-response-planning/public-health/vaccination-strategies.html, zuletzt eingesehen am 6.10.2017.

ausschließlich durch die aktuellen Rechenkapazitäten eingeschränkt sind, nenne ich *Massive Simulation Models* (MSMs). Modelle, deren Details auch durch andere Überlegungen (Einfachheit, Transparenz usw.) eingeschränkt sind, nenne ich *Abstract Simulation Models* (ASMs).

Meine Frage ist methodologisch: Mich interessiert, wie eine Modellwahl gerechtfertigt wird. Was rechtfertigt einen Modellierer, bspw. ein MSM einem ASM, oder ein ASM einem MEM vorzuziehen? Antworten auf solche Begründungsfragen hängen offensichtlich vom Zweck ab, für den das Modell verwendet wird. Pockenepidemie-Modellierung erweist sich hier als vortreffliches Fallbeispiel, weil hier alle Modelle zum gleichen Zweck eingesetzt werden – nämlich als Evidenz für die rationale Wahl der Impfstrategie.

Dem ersten Anschein nach mag es scheinen, dass Entscheider MSMs über ASMs oder MEMs bevorzugen sollten, weil MSMs mehr Details enthalten, das reale System besser approximieren können, Komplexität und Heterogenität in der Bevölkerung besser darstellen können und dem Entscheider als *holistisches Testbett* für mögliche Maßnahmen dienen kann. MEMs und ASMs bieten aufgrund ihrer zusätzlichen Einschränkungen nicht das gleiche Potenzial wie MSM in diesen Aspekten – und mögen daher häufig als mindergeeignet für Politik- und Verwaltungsentscheidungen angesehen werden.

Gegen diese *prima facie* Intuition wende ich mich in diesem Aufsatz. Entgegen des ersten Anscheins argumentiere ich, dass ASMs oder MEMs für Politik- und Verwaltungsentscheidungen den MSMs häufig vorzuziehen sind. Ich entwickle mein Argument in zwei Schritten. Erstens zeige ich, dass Entscheidungsträger für ihre Zwecke die spezifischen Eigenschaften von MSMs nicht benötigen, wenn MEMs oder AEMs verfügbar sind. Zweitens führe ich eine Reihe von Gründen an, warum MSMs selten ihr Potenzial ausschöpfen. Während MSMs möglicherweise bessere Modelle sein *könnten*, laufen sie auch mehr Gefahr, gravierende Fehler mit einzuschließen, und sind daher oft *nicht* besser. Zusammen warnen diese Argumente davor, sich für Politik- und Verwaltungsentscheidungen auf MSM zu verlassen und betonen gleichzeitig die Vorteile, die MEMs und AEMs bieten.

Mein Aufsatz ist wie folgt strukturiert: Unter Abschnitt 1 wird zwischen MEMs, MSMs und ASMs unterschieden und dieser Unterschied mit Fällen aus der Pockenimpfungsliteratur illustriert. Abschnitt 2 argumentiert, warum MSMs typischerweise nicht benötigt werden, wenn MEMs oder AEMs verfügbar sind. Abschnitt 3 behandelt die speziellen Probleme von MSMs, aufgrund derer ASMs und MEMs häufig vorzuziehen sind.

1 Drei Typen von Modellen

Impfung ist eine der wirksamsten Methoden zur Bekämpfung von Epidemien. Viele Impfstoffe bieten jedoch keinen Langzeitschutz oder haben schwerwiegende Nebenwirkungen, sodass eine vorbeugende Impfung (z. B. für alle Kinder im Alter von fünf

Jahren) nicht möglich ist. Stattdessen sollten diese Impfstoffe nur angewendet werden, wenn das Risiko einer Epidemie ausreichend hoch ist. Der Entscheidungsträger muss dann eine folgenschwere Entscheidung treffen: Wie werden Impfungen in einer großen Population durchgeführt, wenn eine Epidemie unmittelbar bevorsteht oder bereits ausgebrochen ist? Die relevantesten Alternativen hier sind eine *Ringimpfung* (TV), bei der die potenziellen jüngsten Kontakte einer infizierten Person verfolgt und geimpft werden; eine *begrenzte Impfung* (LV), bei der eine zufällige Teilmenge der Bevölkerung geimpft wird; oder eine *Massenimpfung* (MV), bei der die gesamte Bevölkerung geimpft wird. Die Wahl ist nicht trivial: MV ist eher in der Lage, die Ausbreitung der Krankheit zu stoppen, aber ist teurer und trägt Impfrisiken für eine große Bevölkerung. Die Wirksamkeit von LV und TV dagegen sind weniger sicher, aber sie sind weniger kostenintensiv und setzten eine geringere Anzahl von Menschen dem Impfrisiko aus. Die Evaluierung der LV-Impfstrategie im Vereinigten Königreich während der Grippepandemie 2009 [2] gibt einen guten Einblick in die Komplexität dieser Diskussion.

Da in modernen städtischen Gesellschaften Pocken niemals epidemisch aufgetreten sind, gibt es keine direkten empirischen Belege für die unterschiedliche Wirksamkeit verschiedener Impfstrategien. Stattdessen haben die politischen Entscheidungsträger und ihre Berater auf die *Simulierung* von Pockenepidemien zurückgegriffen und diese Modelle verwendet, um die Wirksamkeit verschiedener Impfstrategien zu untersuchen. Epidemiologen stehen heute eine Vielfalt von Modellen zur Verfügung, auf deren Basis sie Entscheidungen treffen können (für einen Überblick siehe [3]). Um die Diskussion zu vereinfachen, teile ich diese Modelle in drei Gruppen ein: *Macro-Equation Models* (MEMs), *Massive Simulation Models* (MSMs) und *Abstract Simulation Models* (ASMs). Obwohl epidemiologische Modelle natürlich detaillierter (oder anders) unterschieden werden können, reicht diese einfache dreigliedrige Unterscheidung für das vorliegende Argument aus. Ich werde diese Kategorien nun der Reihe nach beschreiben, mit einem Beispiel illustrieren und ihre wichtigsten Unterscheidungsmerkmale analysieren.

MEMs abstrahieren die Population in *Gruppen* mit unterschiedlichem Gesundheitszustand und modellieren Krankheitsdynamiken zwischen diesen Gruppen. Z. B. simulieren Kaplan et al. [4] eine Epidemie in einer Bevölkerung von 10 Millionen, ausgehen von 1.000 Anfangsinfektionen. Dabei wird angenommen, dass die Bevölkerung sich homogen mischt – d. h. alle haben die gleiche Chance, miteinander zu interagieren. Die Basisreproduktionszahl R_0 wird für die gesamte Simulation als einheitlich angenommen. $R_0 = 3$ wird aus historischen Daten abgeleitet. Ein infiziertes Individuum durchläuft vier Phasen. Nur in der ersten ist der Impfstoff wirksam; nur in der dritten und vierten ist das Individuum ansteckend; in der vierten zeigt sie jedoch Symptome und wird automatisch isoliert. Zusätzlich wird die Verabreichung von Impfungen unter logistischen Bedingungen modelliert: MV der gesamten Bevölkerung wird in zehn Tagen erreicht. Das Aufspüren *und* Impfen einer infizierten Person in Ringimpfungen erfordert jedoch viermal so viel Aufwand wie eine einfache Impfung.

Kaplan et al. [4] sind somit ein Beispiel für ein MEM. Die R_0 ist ein Makropara-meter, das die Bevölkerung als Ganzes charakterisiert. Impfeffekte werden direkt an diesem Populationsparameter modelliert, und die Hauptfrage ist, ob die Verabrei-chung von Impfstoffen die zufällige Verteilung in der Population übertreffen kann. Es überrascht daher vielleicht nicht, dass die Ergebnisse MV viel besser erscheinen lassen als TV. Am fünften Tag nach der ersten Infektion eingeleitet, führt MV zu 560 Todesfällen, während TV zu 110.000 Todesfällen führt. Außerdem ist TV gegenüber der Anzahl der anfänglichen Infektionen sowie gegenüber Änderungen von R_0 emp-findlicher als MV, was das Urteil zugunsten von MV weiter unterstützt. Die benötigte Zeit für die Identifizierung und Impfung der Exponierten ist einfach zu lang.

Kaplan et al. [4] steht in der Tradition der sog. *compartmental models* in der Epidemiologie, in der Tradition von Kermack und McKendrick [5]. Zwischen diesen Modellen bestehen zahlreiche Variationen, sowohl hinsichtlich ihrer strukturellen Merkmale als auch ihrer Parametrisierung.[3] Alle diese Modelle stellen Epidemien als Größenänderung von Bevölkerungsuntergruppen dar (z. B. die *susceptible*, *infected* und *recovered* Gruppen), wobei die Veränderung durch globale Parameter (z. B. R_0) bestimmt wird. Solche globalen Parameter sind Attribute der gesamten Bevölkerung, nicht der Individuen in der Bevölkerung. Aus diesem Grund nenne ich diese Modelle *Macro-Equation-Models* (MEMs).

MEMs wurden kürzlich für ihre Makroperspektive kritisiert. Z. B. wurde das Kap-lan et al. Modell [4] für seine Homogenitätsannahme kritisiert ([6]). Kritiker argumen-tieren, dass für Pockeninfektion enger Kontakt zwischen infizierten und gesunden Individuen erforderlich ist. In großen Bevölkerungen ist es höchst unplausibel, dass ein infiziertes Individuum mit gleicher Wahrscheinlichkeit Kontakt mit jedem beliebi-gen Nicht-Infizierten hat. Anstelle dessen scheint es plausibel, dass die Art, wie sich die infizierten Individuen durch die Population bewegen – d. h. mit wem und mit wie vielen gesunden Individuen sie Kontakt haben – Einfluss hat auf den Effekt verschie-dener Impfstrategien. Kritiker behaupten daher, dass MEMs keine adäquaten Modelle für Impfstrategie-Entscheidungen seien. Stattdessen schlagen sie *Mikrosimulationen* für diesen Zweck vor.

Mikrosimulationen (auch bekannt als *agent-based models*) modellieren die Inter-aktion von Individuen, einschließlich Individuum-zu-Individuum-Infektionen, um Makrophänomene wie eine Epidemie zu erfassen. Sie können aufgrund ihres indi-viduell ausgerichteten Modellierungsansatzes die oben genannten Homogenitäts-annahmen vermeiden. Aus dem gleichen Grund sind Mikrosimulationen rechentech-nisch aufwendig. Fortschritte in der Rechnertechnologie haben jedoch in den letzten

---

3 Beispiele hierfür sind die Wahl zwischen SIR- (susceptible-infected-recovered) und SIS- (suscepti-ble-infected-susceptible) Modellen sowie zwischen verschiedenen Verfeinerungen dieser (z. B. SEIR, MSEIR oder SEIS, vgl. [3]). Das Kaplan et al. [4] Modell gehört zur SEIR-Gruppe, da es zusätzlich zum Standard-SIR-Modell ein „exposed" Kompartiment enthält.

Jahren die berechenbare Datenmenge drastisch erhöht. Mikromodelle, deren Details ausschließlich durch die aktuellen Rechenkapazitäten beschränkt sind, nenne ich *Massive Simulation Models* (MSMs). Modelle, deren Details auch durch andere Überlegungen (Einfachheit, Transparenz usw.) beschränkt werden, nenne ich *Abstract Simulation Models* (ASMs). Während die genaue Abgrenzung dieser beiden Kategorien notwendigerweise in einer Grauzone liegt, werden die zwei folgenden Beispiele veranschaulichen, wie unterschiedlich Modelle dieser Kategorien sein können.

Mein Beispiel eines ASM: Burke et al. [7] simuliert eine einzige Initialinfektion auf ein städtisches Netzwerk von 6.000 oder 50.000 Menschen. Die Netzwerke bestehen entweder aus einer einfachen Stadt, einem Ring aus sechs Städten oder einer „Narbe" mit vier „Speichen". Jede Stadt besteht aus Haushalten mit bis zu sieben Personen, einem Arbeitsplatz und einer Schule. Alle Städte teilen sich ein Krankenhaus. Jede Stadt wird als Gitter dargestellt, sodass jede Zelle im Gitter acht Nachbarn hat. Individuen unterscheiden sich nach Typ (Kind, Gesundheitspersonal [5 % der erwachsenen Bevölkerung], Pendler [10 %] und Nichtpendler [90 %]), nach Familienidentität und Infektionsstatus. An jedem „Tag" besuchen die Individuen Gitterpositionen entsprechend ihres Typs und kehren dann nach Hause zurück. Am ersten „Tag" der Simulation wird die Position in Schulen und am Arbeitsplatz zufällig zugewiesen, danach erinnern sich die Individuen an ihre Positionen. Während des „Tages" interagieren Individuen mit allen ihren unmittelbaren Nachbarn: 10 Mal zu Hause, 7 Mal auf der Arbeit und 15 Mal im Krankenhaus. Die Annahme homogene Mischung wird in diesem Modell also durch eine strukturierte Interaktion von Individuen in dynamischer Nachbarschaften ersetzt.

Die Krankheitsübertragung erfolgt mit einer bestimmten Rate bei Interaktionen der Individuen. Übertragungsraten hängen vom Stadium ab, in dem sich die infektiöse Person befindet, von der Art der Krankheit, und davon, ob natürliche Immunität vorliegt.

Burke et al. bewerteten TV als erste Impfstrategie und LVs unterschiedlichen Grades als Zusatzmaßnahmen. Die Ergebnisse aller drei Netzwerke zeigen eine wesentliche Übereinstimmung. Im Gegensatz zu einem *No Response*-Szenario reichte TV in Kombination mit einer Krankenhausisolierung aus, um die Epidemie auf weniger als 48 Fälle und eine mittlere Dauer von weniger als 77 Tagen zu begrenzen. *Post-Release*-LV von 80 % der Gesamtbevölkerung reduzierte den Mittelwert der infizierten Personen auf 33 und verkürzte die mittlere Dauer auf weniger als 60 Tage.

Mein Beispiel eines MSM: Eubank et al. [8] simuliert eine Initialinfektion von 1.000 in der Bevölkerung von Portland/Oregon, von 1,5 Millionen. Portland ist durch ungefähr 181.000 Orte vertreten, jeweils mit einer spezifischen Aktivität, wie Arbeit, Einkaufen oder Schule. Jedes Individuum ist durch eine Liste der Eintritts- und Austrittszeiten für alle Orte gekennzeichnet, die die Person während des Tages besucht hat. Diese riesige Datenbank wurde durch das Verkehrssimulationswerkzeug TRANSIMS entwickelt, das wiederum auf US-Volkszählungsdaten basiert.

Die Pocken werden durch das Parameter *disease load* (analog zu einem viralen Titer) modelliert. Individuen haben individuelle Schwellenwerte, oberhalb derer ihre Belastung zu Infektion, Symptomen, Übertragung und Tod führt. Stündlich werfen infektiöse Individuen einen festen Bruchteil ihrer Belastung auf die lokale Umgebung ab. Standorte werden somit mit einer Belastung kontaminiert, die gleichmäßig auf die Anwesenden verteilt wird. Streu- und Absorptionsanteile unterscheiden sich individuell. Infizierte ziehen sich 24 Stunden nach ihrer Ansteckung in ihre Häuser zurück.

Das Eubank et al. [8] Modell ergibt ungefähr ähnliche Ergebnisse für alle Impfstrategien. MV mit einer Verzögerung von 4 Tagen führt zu 0,39 Todesfällen pro anfänglich infizierter Person; TV mit der gleichen Verzögerung zu 0,54 Todesfällen. Unterschiede in der Verzögerungslänge erweist sich in diesem Modell als der wichtigste Faktor bei der Begrenzung von Todesfällen, mit ähnlichen Resultaten für TV und MV.

Beide Modelle geben mehr oder weniger konkrete Entscheidungshilfen. Um nur zwei Beispiele zu nennen: "*Contact tracing and vaccination of household, workplace and school contacts, along with effective isolation of diagnosed cases, can control epidemics of smallpox*" ([7]:1148); und "*Outbreaks can be contained by a strategy of targeted vaccination combined with early detection without resorting to mass vaccination of a population*" ([8]:180).

Was sind die Hauptunterschiede zwischen MSMs und ASMs? MSMs unterscheiden sich von ASMs auf den ersten Blick durch ihre viel höhere Detaildichte, insbesondere in der Anzahl der Variablen und Parameter, und der Anzahl der Beziehungen zwischen ihnen. Das Eubank et al. [8] Modell umfasst z. B. ungefähr 1,6 Millionen Knoten mit maximal 1,5 Millionen Kanten, die sich 24 Mal am Tag ändern könnten, während das Burke et al. [7] Modell nur etwa 7.900 Knoten mit maximal 6.000 Kanten umfasst, sie sich maximal 17 Mal pro Tag ändern können.

Basierend auf diesem Reichtum in realistischen Details, wird manchmal behauptet, dass MSMs ein sehr genaues Bild des realen Systems bieten:

> Such models allow for the creating of a kind of virtual universe, in which many players can act in complex – and realistic – ways. ([9]:686)[4]

So verstanden, werden MSMs typischerweise als direkte Darstellung realer Systeme gesehen: ihre Struktur ermöglicht eine Abbildung des Modells auf das Zielsystem, ohne Rückgriff auf vermittelnde Modelle zu nehmen. Das Eubank et al. [8] Modell

---

4 Dieses und die folgenden zwei Zitate stammen von Ökonomen, die über ökonomische MSMs schreiben, nicht speziell über die epidemiologischen MSMs, die ich hier diskutiert habe. Debatten in der Ökonomie über die Makro-Mikro-Kluft, über die Genauigkeit und Detaildichte der Modellierung gehen jedoch eng mit den hier angesprochenen Fragen einher. Ich zitiere diese Autoren, um die Motivation für die Wahl von MSM allgemein zu illustrieren, was *mutatis mutandis* auch auf den betrachteten Fall zutrifft.

wird z. B. als direkte Darstellung der Stadt Portland vorgestellt. ASMs können dagegen kaum behaupten, ein reales System direkt darzustellen – ihr Detaillierungsgrad ist nicht ausreichend. Im besten Fall sind sie in der Lage, *stilisierte Tatsachen* oder Abstraktionen eines Systems darzustellen, die durch Abstraktion oder Idealisierung aus dem realen System entstanden sind. Burke et al. z. B. erklären explizit, eine „künstliche Stadt" zu repräsentieren, die einige Eigenschaften mit realen Städten teilt, aber ansonsten anders ist ([7]:1442).

Dass MSMs reale Systeme direkt repräsentieren, wird durch die Praxis unterstützt, das Modell direkt an reale Daten anzupassen oder zu kalibrieren. Das Eubank et al. [8] Modell basiert bspw. auf der Spezifikation von Kanten und deren stündlichen Änderung auf Volkszählungs- und Stichprobendaten über Portland/Oregon. Das Burke et al. [7] Modell dagegen stipuliert bestimmte Kantenänderungen und interpretiert diese Aktivitäten als „zu Hause", „Weg zur Arbeit", „im Krankenhaus sein" usw. Diese Interpretation basiert nicht auf Daten von tatsächlichen Zielsystemen, sondern auf Plausibilitätsannahmen.

Sowohl MSMs und ASMs repräsentieren typischerweise Prozesse ihrer jeweiligen Zielsysteme. Aber auch hier gibt es einen wichtigen Unterschied. MSMs repräsentieren typischerweise eine Vielzahl von parallelen Prozessen oder Mechanismen, während ASMs typischerweise nur eine oder eine kleine Anzahl solcher Prozesse darstellen. Nehmen wir z. B. die folgende Behauptung über die Vorteile von agentenbasierten Modellen in der Ökonomie:

> *A thorough attempt to understand the whole economy through agent-based modeling will require integrating models of financial interactions with those of industrial production, real estate, government spending, taxes, business investment, and with consumer behavior.* ([9]:686)

Vermutlich werden viele dieser Komponenten durch unterschiedliche Mechanismen operieren. Ein einziges MSM, das alle diese Komponenten repräsentiert, muss viele verschiedene Prozesse gleichzeitig betreiben, um ein Modellergebnis zu erzeugen. Das Eubank et al. [8] Modell unterscheidet bspw. mehrere Aktivitäten an jedem Standort, von denen jeder unterschiedliche Kontaktraten ergibt; es beinhaltet auch die Auswirkungen demographischer Faktoren (insbesondere des Alters) auf die Mischung; es unterscheidet verschiedene Formen von Pocken; und es versucht zumindest einige rudimentäre Auswirkungen der Infektion auf individuelles Verhalten zu integrieren. Das Burke et al. [7] Modell dagegen umfasst eine geringere Anzahl von Standorten und unterscheiden nicht zwischen Aktivitäten, Demographie oder Verhaltenseffekten. Daher enthalten MSM typischerweise viel mehr gleichzeitige Mechanismen als ASMs.

MSMs und ASMs unterscheiden sich außerdem in ihrer typischen Interpretation und Anwendung. MSMs werden aufgrund ihrer größeren Detaildichte häufig als „realistische" Repräsentationen interpretiert. „Realistisch" ist ein subjektiver psychologischer Effekt, der sich aus einem Eindruck von Vertrautheit ergeben mag und zu mehr Vertrauen in das Modell und seine Schlussfolgerungen führen könne:

Decision makers might be more willing to trust findings based on rather detailed simulation models where they see a lot of economic structure they are familiar with than in general insights obtained in rather abstract mathematical models. ([10]:354)

Im Eubank et al. [8] Modell kann der Benutzer z. B. die Entwicklung der Epidemie auf einer Karte von Portland/Oregon verfolgen. Die Karte bietet eine hochauflösende Darstellung der Wohndichte und mit fortschreitender Epidemie den Anteil der Bevölkerung, die an einer Position infiziert ist, sowie die Gesamtanzahl der Todesfälle, Impfungen und Quarantänen. Der Benutzer erhält so einen „realistischen" Eindruck von einer möglichen Epidemieentwicklung in der Stadt. ASMs bietet keine so reiche Sammlung bekannter Details und werden daher in der Regel nicht als „realistisch" interpretiert.

Dies führt auch zu einem wichtigen Unterschied in der Verwendung dieser Modelltypen für Politik- und Verwaltungsentscheidungen. MSMs werden häufig als Teil eines „holistischen Ansatzes" verwendet: Ein „Modell der gesamten Wirtschaft" wird als „virtuelles Universum" verwendet ([9]:686), um die Auswirkungen vorgeschlagener Interventionen zu bewerten im Zielsystem. Das heißt, Interventionen werden im Modell simuliert und Modellresultate werden als Prognosen der Ergebnisse solcher Interventionen im realen System interpretiert. Während Eubank et al. [8] eine solche Verwendung ihres Modells nicht ausdrücklich befürworten, ist es zumindest damit vereinbar. ASMs können nicht auf diese Weise verwendet werden, da es keine (scheinbare) Darstellung des gesamten Systems bietet. Die holistische Synthese, die das MSM verspricht, muss vom ASM-Nutzer auf andere Weise durchgeführt werden, z. B. durch Expertenrunden.

Natürlich haben MSMs und ASMs trotz der Unterschiede wichtige Ähnlichkeiten. Beide zielen darauf ab, nichtlineares und komplexes Verhalten darzustellen, wenn auch auf verschiedenen Abstraktions- und Idealisierungsebenen. Dadurch unterscheiden sie sich von MEMs. Darüber hinaus abstrahieren und idealisieren beide Modelltypen, aber in unterschiedlichem Maße und aus verschiedenen Gründen. MSMs abstrahieren und idealisieren aus Gründen der Lenkbarkeit und der Berechenbarkeit: Sie sind hauptsächlich durch die derzeitigen Rechenkapazitäten eingeschränkt. ASMs im Gegensatz dazu werden auch durch andere Überlegungen (z. B. der Einfachheit, der Transparenz usw.) bestimmt, sodass ihre Berechenbarkeit selten zu einer relevanten Einschränkung für sie wird.

Schließlich ist die Unterscheidung zwischen MSM und ASM selbst eine Vereinfachung. Viele tatsächliche Simulationsmodelle weisen einige Eigenschaften des einen Typs und einige des anderen auf und fallen somit nicht eindeutig in eine der beiden Kategorien. Dies ist jedoch kein Problem für meine Argumentation; meine Diskussion im Abschnitt 3 bespricht jede dieser Eigenschaften separat, sodass relevante Schlüsse für solche Hybridtypen gezogen werden können.

2 MSMs nicht notwendig für politische Entscheidungen

Epidemiologen stehen vor einer methodologischen Entscheidung: Sie müssen aus einer großen Auswahl möglicher Modelle das Modell auswählen, das sie verwenden wollen, und sie müssen begründen, warum dies die beste Wahl für ihre Zwecke ist. In der Praxis wird dieses Menü natürlich aus einer unübersichtlichen Menge von Möglichkeiten bestehen. Aber für meine Argumentation reicht es aus, dieses methodologische Problem als eine Wahl zwischen drei abstrakten Typen von Modellen – MEMs, ASMs und MSMs – zu diskutieren. Mein Ziel ist es, die Gründe für die Wahl einer Option gegenüber einer anderen darzustellen und zu analysieren, wenn der Zweck dieser Modellierung die Unterstützung von Politik- und Verwaltungsentscheidungen ist.

In diesem Abschnitt zeige ich, dass die Eigenschaften, welche MSMs gegenüber MEMs und AEMs auszeichnen, für die Zwecke von politischen und Verwaltungsentscheidern nicht vonnöten sind. Fürsprecher von MSMs mögen zwar argumentieren, dass MSMs im Rahmen eines „ganzheitlichen Ansatz" verwendet werden können: das Model wird als exakte Kopie des realen Systems interpretiert, sodass jeder im Modell simulierte Effekt einer Entscheidung als verlässliche Vorhersage solcher Eingriffe im realen System benutzt werden kann. Während eine solche Sichtweise offensichtlich eine große Anziehungskraft auf Entscheidungsträger ausübt, ist sie nicht notwendig, um Entscheidungen rational zu legitimieren.

Tatsächlich können die meisten Formen der systematischen Kontrolle ohne solche ganzheitlichen Kopien erfolgreich durchgeführt werden. Als Beispiel sei der Kapitän genannt, der ein Boot durch raue See steuert. Um sein Schiff auf sicherem Kurs zu halten, muss er nicht alle Faktoren voraussagen, die den Kurs des Bootes beeinflussen, noch muss er das Zusammenspiel dieser Faktoren mit dem Lenkmechanismus vorhersagen. Vielmehr genügt es, dass er den Lenkmechanismus kennt und anzuwenden weiß, um den Bootskurs beeinflussen zu können. Andere Faktoren (z. B. Wind, Strömung, Hindernisse) beeinflussen natürlich auch die Bootsleistung. Es genügt jedoch, dass der Kapitän richtig beobachtet, wie sich die gegenwärtigen Faktoren auf den Kurs auswirken, und dass er das Steuer entsprechend korrigiert, um die Kontrolle über das Boot zu behalten.

Ähnlich ist es mit Maßnahmen zur Steuerung einer Epidemie. Solange der Entscheider zuverlässige Mechanismen kennt, durch die er den Verlauf der Epidemie beeinflussen kann, und anzuwenden weiß, muss er weder in der Lage sein, die Entwicklung des gesamten Systems vorherzusagen, noch die Wechselwirkung von anderen Teilen des Systems mit seinen Maßnahmen genau vorherzusagen. Stattdessen ist es legitim, dass die Anwendung dieses Wissens von den beobachteten Bedingungen des Zustands der Epidemie und ihrer Entwicklung abhängt, wie es hier ausgedrückt wird:

Would an attack be small and controllable through traced vaccination or large enough to require mass vaccination? Would an attack be overt, in which case it could prove possible to respond immediately in a highly targeted fashion and obtain much better results, or covert and detected only from symptomatic cases as assumed in this article? ([11]:269)

Kaplan kann diese genauen Fragen stellen, weil er in seinen Modellen einen vermeintlich zuverlässigen Mechanismus zur Kontrolle „kleiner" Epidemien *isoliert*, einen anderen für solche, die „large enough" sind, einen für „offene" Infektionen und einen für „verdeckte". Ein solches Wissen ermöglicht es den Entscheidungsträgern auf die Bedingungen einer tatsächlichen Epidemie zu reagieren, indem sie den geeigneten Mechanismus wählen, der es ihnen ermöglicht, das System in die gewünschte Richtung zu beeinflussen – ohne jedoch notwendigerweise die Entwicklung des gesamten Systems vorherzusagen zu können.

Das Konzept der isolierenden Modelle ist in der Literatur ausführlich analysiert (z. B. [12],[13]). Ein kausaler Zusammenhang zwischen einer Intervention und einem Effekt wird isoliert, indem die Auswirkungen anderer störender Faktoren aus dem Modell ausgeschlossen werden. Entweder werden diese Faktoren aus der Darstellung vollständig weggelassen oder sie werden idealisiert (d. h. ihren Einflussparametern werden bekanntermaßen nicht-akkurate Werte zugeordnet, häufig null oder unendlich).

Allerdings muss man den Isolationsprozess, der eine Idealisierung beinhalten kann, vom Produkt der Isolation unterscheiden. Um einen Faktor *F* von anderen Faktoren G_1, ..., G_n zu isolieren, können die Einflüsse der G_i idealisiert werden, nicht aber den Einfluss des Faktors *F* selbst. Auf diese Weise trifft das Modell zwar falsche Behauptungen über die G_i; aber das Ziel des theoretischen Prozesses – die Isolierung von F – bleibt intakt. Idealisierung ist also ein Verfahren, das auf Entitäten angewandt wird, *von denen man isoliert*, aber nicht auf Entitäten, *die man isolieren* will ([13]:328); und Idealisierung wird als Hilfstechnik zur Erzeugung von Isolation verwendet, ist aber kein Teil der Isolation selbst ([13]:325). So wird das Isolationsprodukt – der isolierte Faktor – niemals idealisiert. In Kaplans MEM-Modell wird bspw. die Entwicklung der Epidemie dadurch isoliert, dass demografische Entwicklungen (*Vital-Dynamics*) überhaupt nicht berücksichtigt werden. Während eine solche Annahme offensichtlich falsch ist, kann das Modell die *isolierte* Wirkung der Intervention auf die Krankheit weiterhin korrekt darstellen.

Diese Analyse hilft uns zu verstehen, wann es MEMs gelingt, Informationen über zuverlässige Mechanismen zu liefern und wann dies nicht der Fall ist. Kaplans Modell enthält z. B. viele idealisierende Annahmen, einschließlich "*all random tracing is of susceptible*", oder "*all people leave the untraced compartment via tracing, not disease symptoms*" ([14]:46). Diese Idealisierungen sind eindeutig Annahmen *über den isolierten Mechanismus selbst* – d. h. über die Relation zwischen Intervention und Epidemie. Daher untergraben sie die oben genannte klare Trennung zwischen isolierten und idealisierten Entitäten ([15],[16]).

Solche Idealisierungen der Mechanismen selbst müssen jedoch nicht notwendigerweise die Relevanz eines Modells gefährden. Stattdessen könnte ein Modellierer zeigen, dass eine solche idealisierende Annahme tatsächlich harmlos ist. Durch Variieren der fraglichen Annahme und der Beobachtung, dass sich das Modellergebnis unter solchen Variationen nicht ändert, zeigt ein Modellierer, dass das Modell unter der fraglichen Annahme *derivativ robust ist*. Robustheitsergebnisse erlauben dem Modellierer darauf zu vertrauen, dass die Annahme, obwohl sie einen Teil des Mechanismus idealisiert, das Ergebnis des Modells nicht beeinflusst [17]. Wenn dies der Fall ist, gibt es wenig Grund zu befürchten, dass die Zuverlässigkeit des Modells durch diese Annahme beeinträchtigt wird.

Robustheit spielt eine wichtige Rolle in der Debatte um homogenes Mischen bei der Pockenmodellierung. Wie oben erwähnt, kritisierten Halloran et al. [6] das Kaplan et al. MEM [4] wegen dessen Vernachlässigung der Netzwerkstruktur. Kaplans et al. MEM ergab bessere Resultate durch MV als durch TV. Doch als Halloran et al. die Homogenitätsannahme durch eine strukturierte Interaktion zwischen Individuen ersetzten, ergab MV nicht mehr bessere Resultate als TV. Kaplan und Wein [18] antworteten darauf, dass dieser Unterschied nur durch eine Differenz in den Bevölkerungsgrößen der jeweiligen Simulationen zustande kam. Wenn beide Modelle im gleichen Maßstab verglichen werden, zeigten sie, dass beide Modelle in etwa die gleichen Ergebnisse liefern (nämlich MV effektiver als TV). Halloran und Longini [19] antworteten, dass dies zwar für kleine Populationen und eine geringe Anzahl von Erstinfektionen zutrifft, dies jedoch für größere Populationen und viele anfängliche Infektionen unwahrscheinlich ist.[5]

Diese Debatte veranschaulicht, wie solche Robustheitsanalysen ablaufen. Halloran et al. [6] hatten einige *prima facie* Gründe zu glauben, dass die Homogenitätsannahme das isolierende Modell für die Entscheidung unzuverlässig machen würde. Sie konstruierten daher ein ASM ohne diese und zeigten, dass dies einen Unterschied für die vorliegende Entscheidung machte. Kaplan und Wein [18] konnten jedoch zeigen, dass es nicht diese Idealisierung war, die einen Unterschied machte, sondern eher der Maßstab. Das MEM war somit robust in Bezug auf die Homogenitätsannahme, zumindest in einem kleinen Maßstab (d. h. kleine Populationen mit geringer Anzahl anfänglicher Infektionen). Es blieb jedoch unklar, ob das MEM auch in größerem Umfang robust sein würde. Halloran und Longini [19] können kein Ergebnis vorweisen, welches das Gegenteil zeigt, geben aber verschiedene Plausibilitätsgründe an, die dagegensprechen.

---

5 Allerdings modellierten Halloran et al. solche großen Bevölkerungsgrößen nicht, sondern spekulieren nur über solche Situationen: "Many choices are available in scaling up the heterogeneous [ASM] model ... Difference between the two current models [Kaplan's et al. MEM and their ASM] could also become more manifest when scaled up" ([6]: 1503).

Ohne diese Debatte entscheiden zu wollen, kann man dennoch feststellen, dass die Argumente von beiden Seiten sich auf die Verwendung *sowohl* von MEMs und ASMs stützen. Halloran et al. [6] brauchten das ASM, um die Idealisierung in Frage zu stellen. Auch Kaplan und Wein [18] benötigten das ASM, um zu zeigen, dass diese De-Idealisierung keinen Unterschied machte. Halloran und Longini [19] würden darüber hinaus ein modifiziertes ASM (aus den „vielen Möglichkeiten … zur Vergrößerung") benötigen, um ihre Behauptung zu stützen, dass das MEM im größeren Maßstab nicht robust ist. Robustheit erfordert einen Modellvergleich über verschiedene Arten von Modellen hinweg – und insbesondere in der Epidemiologie zwischen MEMs und ASMs. Selbst wenn am Ende alle zustimmten, das MEM als das relevante Modell zu akzeptieren, hätten ASMs eine wichtige Beweisfunktion in dieser Annahmeentscheidung gespielt.

Das MSM jedoch wird für diesen Zweck *nicht* benötigt. Warum nicht? Weil der für Robustheitsfragen relevante Modellvergleich immer nur die De-Idealisierung einer oder einiger weniger Annahmen betrifft. Um dies zu tun braucht man keine massiven Details, mehrere Mechanismen, direkte Darstellung eines realen Ziels oder Kalibrierung mit realen Daten. Zwar musste in dem vorliegen Fall von einer Makro- zu einer Mikrosimulation gewechselt werden. Diese Mikrosimulation konnte jedoch in vielerlei Hinsicht stark vereinfacht sein. ASMs waren dafür ausreichend. Daher benötigt der Entscheider kein MSM für seine Zwecke.

3 MSMs enthalten eher Fehler als ASMs

Obwohl MSMs nicht notwendig sind, um zu verlässlichen Belegen für die Politikgestaltung zu gelangen, wäre es natürlich für einen politischen Entscheidungsträger hilfreich, ein Modell zu haben, das den genauen Verlauf einer Epidemie im Voraus einschließlich aller Umwelteinflüsse korrekt vorhersagt und außerdem korrekte Vorhersagen über die Wirkung aller möglichen Interventionen trifft.

Während solch eine Verwendung natürlich wünschenswert wäre, argumentiere ich hier, dass MSM selten die Bedingungen erfüllen, unter denen die Hoffnung auf eine solche Verwendung gerechtfertigt wäre. Speziell zeige ich, dass MSMs zwar größere Potenziale als ASMs in verschiedenen Dimensionen haben, aber auch eher scheitern – und dass diese Wahrscheinlichkeit des Scheiterns in vielen Fällen ihr höheres Potenzial überwiegt. Unter Verwendung der obigen Pockenmodelle diskutiere ich nun die verschiedenen Dimensionen, in denen MSMs im Vergleich zu ASMs versagen könnten und weswegen deshalb letztere vorzuziehen sind. Konzeptionell trenne ich diese Dimensionen, obwohl sie in der Praxis häufig überlappen.

3.1 Was ist das Zielobjekt?

MSMs wie z. B. bei Eubank et al. [8] sind *prima facie* auf ein bestimmtes Objekt gerichtet: z. B. die Stadt Portland/Oregon. ASMs wie bei Burke et al. [7] dagegen scheinen kein solches Ziel zu haben; sie repräsentieren vielmehr einen abstrahierten Typ, wie „eine Stadt" oder „ein städtisches Bevölkerungsnetz". Folglich werden MSMs oft als *realistischer* als ASMs bewertet, da Modellbenutzer die MSM-Merkmale leichter auf die Eigenschaften eines bestimmten Ziels zurückführen können. Diese Einschätzung der Realitätsnähe wiederum, wie das obige Zitat von Dawid und Fagiolo [10] zeigt, veranlasst Entscheider oft dazu, mehr Vertrauen in die Zuverlässigkeit und Nützlichkeit des fraglichen Modells zu setzen. Aus diesem Grund scheinen sie MSMs häufig ASMs für ihre Zwecke vorzuziehen.

Aber ist dieser Schluss von der Einschätzung der Realitätsnähe auf die Zuverlässigkeit und Nützlichkeit gerechtfertigt? Vermutlich lautet das Argument, dass (i) ein realistisches Modell eine sehr genaue Darstellung des Ziels ist und dass (ii) eine genaue Darstellung des Ziels eine notwendige Bedingung ist, um zuverlässige Informationen über mögliche Eingriffe zu erlangen.

Während ich diese Behauptungen hier nicht einzeln bestreite, argumentiere ich, dass ihre Verbindung kein gültiges Argument darstellt, wenn sich das Zielobjekt zwischen ihnen ändert. Genau das aber passiert in den Pocken-Simulationsstudien. Ziel *der Entscheidung* ist ein generisches städtisches Umfeld, wie der einleitende Satz von Eubank et al. zeigt:

> The dense social-contact networks characteristic of urban areas form a perfect fabric for fast, uncontrolled disease propagation. [...] How can an outbreak be contained before it becomes an epidemic, and what disease surveillance strategies should be implemented? ([8]:180)

Da epidemische Maßnahmen in der Regel in der Verantwortung von nationalen oder internationalen Institutionen liegen, sind die Ziele der Entscheider *alle* Städte innerhalb des Regierungsbereichs dieser Institution (z. B. alle US-Städte, alle Städte in Industrieländern, alle Städte der Welt usw.). Das Ziel einer solchen Entscheidung ist somit eine abstrakte Einheit: die Netzwerkeigenschaften aller städtischen Gebiete innerhalb des relevanten Bereichs.

Das Ziel der Pocken-MSM dagegen ist kein generisches, sondern ein konkretes Objekt: die Stadt Portland/Oregon. Die Autoren dieses Modells behaupten, dass es sich hierbei nur um eine Instanziierung der Netzwerkcharakteristika handelt.[6] Indem sie jedoch ein konkretes Ziel auswählen, ermöglichen sie eine mögliche Divergenz zwischen der Bedeutung von „Ziel" in Schritt (i) und (ii) in dem obigen Argu-

---

6 "We view the social networks created by TRANSIMS as a single instance of a stochastic process defined in an enormous space of possibilities" ([8] Supplement:3).

ment. Insbesondere könnte die Beurteilung, dass ihr Modell realistisch ist, nur auf Ähnlichkeiten ihres Modells und der Stadt Portland basieren, die für Ähnlichkeiten zwischen ihrem Modell und den Netzwerkeigenschaften *aller* städtischen Gebiete innerhalb der relevanten Domäne völlig irrelevant sind. Z. B. könnte die Einbeziehung des Columbia-Flussbettes, der Standorte von Portlands Universitäten sowie des öffentlichen Transportsystems von Portland die realistische Beurteilung des Modells erhöhen. Dies können jedoch Merkmale sein, die für den Weg einer Epidemie durch ein städtisches Netzwerk entweder *irrelevant* sind oder für urbane Netzwerke in den USA generell nicht repräsentativ sind. In beiden Fällen wäre die Verbindung zwischen Reliabilität, Zuverlässigkeit und Nutzen aufgehoben: Ein MSM mit diesen Merkmalen ist möglicherweise realistischer als ein ASM, während der ASM eine genauere Darstellung der relevanten Netzwerkeigenschaften *aller* städtischen Gebiete darstellt. In solchen Fällen wäre das ASM ein leistungsfähigeres Entscheidungsinstrument als das MSM.

3.2 Parameter-Messung

MSMs unterscheiden sich von ASMs in ihrem viel höheren Detaillierungsgrad, insbesondere der Anzahl der Variablen und Parameter, die sie enthalten und der Anzahl der Beziehungen zwischen diesen. Unter der Annahme, dass beide Modelle das gleiche Ziel haben (sodass das Problem des vorangegangenen Abschnitts nicht auftritt), gibt eine höhere Anzahl von Variablen und Parametern MSMs mehr Potenzial als ASMs, um das Zielsystem genau darzustellen. *Prima facie* bietet dies MSMs einen Vorteil gegenüber ASMs für Politik- und Verwaltungsentscheidungen.

Dieses Argument geht jedoch davon aus, dass die zusätzlichen Variablen und Parameter, die MSMs einen Vorteil gegenüber ASMs geben, mit ausreichender Genauigkeit gemessen oder geschätzt werden können. Beide Annahmen sind problematisch. Ich werde die Messprobleme in diesem Teilabschnitt und die Schätzprobleme im nächsten Abschnitt besprechen.

Die gemessenen Variablen und Parameter der Pocken-MSM sind diejenigen, deren Wert direkt von einer externen Datenquelle geliefert wird. Z. B. werden Eigenschaften wie Alter, Beruf, Gesundheit und Heimatstandort aus Volkszählungsdaten für alle 1,5 Millionen Individuen in dem Modell erhalten. Die Eigenschaften des städtischen Verkehrsnetzes und der Landbesetzung und -nutzung werden von städtischen Planungsorganisationen erhalten ([8] Supplement:3). Diese Beispiele für eine massive Datenaufnahme scheinen tatsächlich den vergleichenden Detailreichtum von MSMs gegenüber ASMs zu unterstützen.

Eine genauere Lektüre des Artikels und seines ergänzenden Materials zeigt jedoch, dass viele der Parameter und Variablen nicht genau gemessen (oder überhaupt gemessen) werden konnten. Sie werden vielmehr durch *Ad-hoc*-Annahmen, oder Vermutungen bestimmt. Ich beschreibe hier drei Beispiele zur Veranschaulichung. Das erste betrifft die krankheitsrelevanten Kontakte von Individuen:

> *We do not have data for proximity of people, other than that they are in the same (possibly very large) location. [...] It seems as though the dependence on distance is very coarse: one mode of transmission occurs at close ranges (< 6 feet) and another for large ranges. We have developed an ad hoc model that takes advantage of this coarseness.* ([8] Supplement:9)

Dieses *Ad-hoc*-Modell macht einheitliche Annahmen über die Belegungsrate von Standorten innerhalb eines Stadtblocks, die, so die Autoren, „nichts weiter als vernünftige Vermutungen" sind ([8] Supplement:11). Die Auslastung der Standorte beeinflusst jedoch entscheidend die Anzahl der möglichen Kontakte – und kann daher für die Ausbreitung von Krankheiten relevant sein.

Ein anderes Beispiel betrifft die Parametrisierung des Krankheitsmodells:

> *There is not yet a consensus model of smallpox. We have designed a model that captures many features on which there is widespread agreement and allow us to vary poorly understood properties through reasonable ranges.* ([8]:183)

Was *reasonable* in diesem Zusammenhang bedeutet und in welchem Umfang es mit den verfügbaren Daten zusammenhängt, bleibt unklar. Zum Schluss noch ein Beispiel zur Parametrisierung der TV-Intervention:

> *Every simulated day, if contact tracing is in effect, a subset of the people on the list [of people showing symptoms] is chosen for contact tracing. [...] In the experiment reported here, we use the fraction 0.8 and set the absolute threshold at either 10,000 or 1,000. These are probably unrealistic numbers, but they allow us to estimate the best case results of a targeted vaccination strategy.* ([8] Supplement:11)

In all diesen Beispielen stellt sich das MSM nicht als detailreich, sondern als *detailfordernd* heraus: die große Menge an Parameter und Variablen, welche MSMs gegenüber ASMs charakterisieren, wirft die Frage auf, wie diese mit Inhalt gefüllt werden können. Standardmäßig könnte man annehmen, dass sie mit empirischen Daten gefüllt sind. Für diese Beispiele lagen jedoch keine empirischen Daten oder Daten zu geringer Qualität vor. Die Modellierer griffen stattdessen auf *Ad-hoc*-Annahmen oder beste Vermutungen zurück.

Ich beabsichtige diese Beobachtungen nicht als Kritik an dem bestimmten Pockenmodell oder an MSMs im Allgemeinen. Es erscheint durchaus sinnvoll, einige Parameter des eigenen Modells zu improvisieren. Aber wenn man die Modellwahl diskutiert und insbesondere die Detailauflösung des Modells wählt, sollte man berücksichtigen, wie diese Entscheidung den Improvisationsbedarf beeinflusst. Stellen Sie sich einen Extremfall vor, in dem ein detailarmes Modell mit nur wenigen Parametern, die alle aus qualitativ hochwertigen Daten bestimmt werden können, zu einem detailreichen Modell entwickelt werden kann, dessen Parameter nur durch *Ad-hoc-*Annahmen, Bestwerte oder durch Intervallschätzungen bestimmt werden können. Da diese Improvisationen eine große Fehlerwahrscheinlichkeit aufweisen, ist das detailarme Modell wahrscheinlich genauer und daher für Entscheidungszwecke vorzuziehen, als das detailreiche Modell. Mein MSM- vs. ASM-Fall ist viel weniger klar als dieser Extremfall, erstens, weil manche Parameter des ASM auch durch Improvisation bestimmt werden, und zweitens, weil das MSM viele zertifizierte Daten enthält. Dennoch zeigt sich ein ähnliches Kompromissmuster wie im Extremfall und dieser Trade-off könnte in einigen Fällen zu der Schlussfolgerung führen, dass das ASM ein leistungsfähigeres Politikinstrument ist als das MSM.

3.3 Anzahl der Parameter

Nehmen Sie an, dass die Messung der Parameter kein Problem darstellt, sodass 3.2 keine Beschränkungen für die Detailtiefe in einem MSM auferlegen würde. In diesem Fall ergibt sich ein anderes Argument gegen eine solche unbegrenzte Zunahme an Details, basierend auf der vergleichbaren Leistung solcher Modelle bei der Parameterschätzung oder -kalibrierung.

Abgesehen von den technischen Details zielen sowohl Schätzungen als auch Kalibrierungen darauf ab, Werte von nicht beobachtbaren Modellparametern zu bestimmen, indem das Modell an beobachtbare Daten *angepasst* wird. Im Pockenfall werden so viele Parameter der zugrundeliegenden TRANSIMS- und EpiSims-Modelle bestimmt. Um es einfach auszudrücken, das Modell nimmt Volkszählungsdaten, Transportnetzwerkdaten, Landnutzungsdaten usw. als Eingaben auf und gibt als Output Kontaktinzidenz, -dauer und -position zwischen Individuen an. In Übereinstimmung mit dem *generative approach* in Simulationsstudien [20] werden dann Modellparameter angepasst, um dasjenige Modellergebnis zu erzeugen, das am besten zu den Beobachtungsdaten passt. Sobald eine solche Annäherung erreicht wurde, wird das Modell als validiert betrachtet und es werden kontrafaktische Interventionen eingeführt.

Auf den ersten Blick scheinen MSMs für Schätzungen oder Kalibrierungen besser geeignet zu sein. Wenn das Zielobjekt von hoher Komplexität ist (was im Falle der Impfpolitik zweifellos der Fall ist), ist das Modell umso weniger gut geeignet, auf das Ziel zu passen, je mehr Beschränkungen dem Modell auferlegt werden (z. B. die Art und Anzahl seiner Parameter). Umgekehrt gilt, je weniger Beschränkungen einem Modell auferlegt werden, desto besser *kann* es auf sein Ziel passen. So scheint es, dass MSMs besser auf ihre Ziele passen als ASMs und daher als das leistungsfähigere Entscheidungsinstrumente erscheinen.

Die obige Intuition, obwohl korrekt, verfehlt ein wichtiges Dilemma, das aus der Modellauswahlliteratur gut bekannt ist. Obwohl Modelle mit mehr freien Parametern ein größeres *Potenzial* für die Anpassung an das Ziel aufweisen, führt die größere

Anzahl an freien Parametern *in der Praxis* oft zu einer geringeren Anpassung als die eines Modells mit weniger Parametern.

Dieses Dilemma wird verständlicher, wenn zwei Schritte im Prozess der Anpassung eines Modells an Daten unterschieden werden. Der erste Schritt besteht darin, die Struktur des Modells, d. h. die Anzahl der Parameter, zu bestimmen. Hier erhöht die Anzahl von Parametern tatsächlich das *Potenzial* des Modells, das Ziel genau darzustellen.

Der zweite Schritt besteht darin, die Parameter basierend auf einer *Stichprobe* aus der Population zu kalibrieren oder zu schätzen. Die Erhöhung der Anzahl der Parameter erhöht zwar die Anpassung des Modells an die Stichprobe – aber das ist nicht das ultimative Ziel. Vielmehr soll die Anpassung des Modells *an die Population* verbessert werden. Wird das Modell zu „nah" (d. h. durch zu viele Parameter) an die Probe angepasst, werden unvermeidliche zufällige Fehler in der Probe repräsentiert, was zu einer Zunahme der Divergenz zwischen Modell und Ziel führt. Dieses Phänomen ist in der Statistik und der maschinellen Lernliteratur als *overfitting* bekannt und gilt auch für die Simulationsmodellierung [21].

Die Auswahl der richtigen Anzahl von freien Parametern ist somit das Problem, *"finding an appropriate compromise between these two opposing properties, potential and propensity to underperform"* ([22]:45). Wie verschiedene Studien gezeigt haben, wird bei einem großen Stichprobenumfang das Hinzufügen weiterer Parameter über einen bestimmten Schwellenwert die Anpassung an das Ziel nicht wesentlich verbessern. Wenn die Stichprobengröße mittel oder klein ist, verringert das Hinzufügen weiterer Parameter sogar die Anpassung an das Ziel [22],[23].

Diese allgemeine Feststellung gilt auch für die Wahl zwischen MSM und ASM. In Abschnitt 3.1 habe ich festgelegt, dass MSMs viel mehr Parameter enthalten als ASMs. Folglich unterliegen MSMs eher der Gefahr von *overfitting* und sind daher eher anfällig dafür, die unterliegende Population ungenügend abzubilden. Natürlich muss für den Einzelfall entschieden werden, welches Problem überwiegt (insbesondere gilt dies auch für die beiden Pockenmodelle, da eine numerische Untersuchung ihrer jeweiligen Passung den Rahmen dieses Artikels sprengt). Dennoch macht diese generelle Tendenz es unplausibel MSMs allgemein gegenüber ASMs zu bevorzugen.

3.4 Anzahl der Mechanismen

Eines der wichtigen Merkmale der hier diskutierten Simulationsmodelle ist, dass sie explizit darauf abzielen *Mechanismen* darzustellen. Im Fall der Pocken wurden sowohl das MSM als auch das ASM als Verbesserung gegenüber Kaplans et al. Makromodell [11] gesehen, weil sie explizit den Populationsmischungsmechanismus modellierten, anstatt einfach eine homogene Mischung anzunehmen. Dennoch unterscheiden sich MSM und ASM erheblich darin, wie sie solche zusätzlichen Mechanismen einführen. Das Pocken-ASM versucht eine kleine Anzahl einfacher Mechanismen einzuführen, während das MSM eine Vielzahl von detailreichen Mechanismen einführt, von denen angenommen wird, dass sie parallel operieren.

Insbesondere unterscheidet das MSM mehrere Aktivitäten an jedem Standort, von denen jede unterschiedliche Kontaktraten ergibt; es beinhaltet auch die Auswirkungen demographischer Faktoren (insbesondere des Alters) auf die Mischung; es unterscheidet verschiedene Formen von Pocken; und es versucht zumindest einige rudimentäre Auswirkungen der Infektion auf das Verhalten der Individuen zu integrieren. Das ASM hingegen umfasst eine geringere Anzahl von Standorten und unterscheidet nicht zwischen Aktivitäten oder demografischen Merkmalen; außerdem repräsentiert es keine Infektionseffekte auf das Verhalten.

Den meisten Beobachtern erscheinen diese zusätzlichen Mechanismen als vorteilhaft. Deswegen scheint es dann auch *prima facie* plausibel zu sein, das MSM dem ASM vorzuziehen, da ersteres noch mehr Mechanismen und mechanistische Details als letzteres enthält.

Gegen diese Intuition möchte ich ein Argument gegen die vermeintlich höhere *Erklärungskraft* realistischer Simulationsmodelle anbringen. Dieses Argument wurde u. a. von Lenhard und Winsberg [17] mit einem speziellen Fokus auf Klimamodelle entwickelt. Diese Autoren argumentieren, dass Modelle mit zunehmender Komplexität immer *undurchsichtiger* werden und dass diese Opazität das Verständnis der Beiträge der Modellkomponenten zum Modellergebnis verhindert oder zumindest reduziert.

Genauer gesagt argumentieren Lenhard und Winsberg, dass mit zunehmender Komplexität die *fuzzy modularity* eines Modells zunimmt. Je komplexer ein Modell ist, desto mehr Unterkomponenten hat es. Wenn eine Simulation für ein komplexes Modell ausgeführt wird, werden diese Modellkomponenten zusammen und parallel ausgeführt. Aber sie tragen nicht alle unabhängig zum Modellergebnis bei. Vielmehr tauschen die Komponenten im Verlauf einer Simulation häufig Ergebnisse intermediärer Berechnungen untereinander aus, sodass der Beitrag jeder Komponente zum Modellergebnis wiederum von all jenen Komponenten beeinflusst wird, die damit interagieren.

> The results of these modules are not first gathered independently and then only after that synthesized. [...] The overall dynamics of one global climate model is the complex result of the interaction of the modules – not the interaction of the results of the modules [...]. Due to interactivity, modularity does not break down a complex system into separately manageable pieces. ([24]:258)

Anders ausgedrückt ist der Effekt der multiplen Mechanismen in einem MSM eher unterbestimmt als in einem ASM: aufgrund der größeren Anzahl von Mechanismen, die in einem MSM enthalten sind, aber auch aufgrund der erhöhten Interaktion – der *fuzzy modularity* – der Mechanismen im MSM. Offensichtlich gibt es in einem MSM wie bei Eubanks et al. [8] mehr *fuzzy modularity* als in einem ASM wie bei Burke et al. [7]. In erster Linie ist dies ein Problem für die Erklärungskraft von MSMs. Obwohl MSMs möglicherweise das *explanandum* ziemlich exakt generieren, ist es wegen der höheren Unterbestimmtheit in MSMs schwieriger als in ASMs, darauf zu schließen, welche Ursachen durch welche Mechanismen das Ergebnis erzeugt haben. Wenn aber Verständnis darin besteht, die Mechanismen zu identifizieren, die das *explanandum* hervorgebracht haben, dann untergräbt die *fuzzy modularity* eines Modells die Verbesserung unseres Verständnisses.

Diese Sorge gilt auch für die Nutzung von MSMs als Entscheidungsinstrument. Das Modell und die Simulation sollen Entscheidern dabei helfen Interventionen zu identifizieren, die in den relevanten Kontexten die gewünschten Ergebnisse zuverlässig produzieren. Wenn wir eine solche Intervention an einem stark unterbestimmten Modell simulieren, dann wissen wir nicht, auf welchen Mechanismen (oder Wechselwirkungen zwischen Mechanismen) die Wirkung der Intervention basierte. Dies ist der Fall in Eubanks et al. [8]: Die Ergebnisse könnten von einigen oder allen der Mechanismen im Modell oder von ihren spezifischen Wechselwirkung abhängen, aber es ist unmöglich, diese Einflüsse auseinander zu halten. Mit ASMs lassen sich Analysen einfacher durchführen, weshalb sie für Entscheidungszwecke vorzuziehen sind.

3.5 Strukturelle Unsicherheit

Aus der bisherigen Diskussion folgt, dass Unsicherheit in der Modellspezifikation nie vollständig beseitigt werden kann, wie viel Details man auch immer in das Modell aufnehmen mag. Einige Unsicherheitsfaktoren betreffen MSMs mehr als ASMs, wie in den Abschnitten 3.2 und 3.3 beschrieben wird. Aber andere unvermeidbare Unsicherheiten ergeben sich aus der allgemeinen Fehlbarkeit des menschlichen Wissens und betreffen daher MSMs und ASMs gleichermaßen. In diesem Abschnitt werde ich die früheren differentiellen Probleme ignorieren und annehmen, dass MSMs und ASMs dem gleichen Grad an Unsicherheit ausgesetzt sind. Die Frage ist dann, ob MSMs und ASMs unterschiedliche Strategien anbieten, mit solchen unvermeidlichen Unsicherheiten umzugehen, und welche dieser Strategien besser ist.

Betrachten Sie das folgende Beispiel von Eubanks et al. [8]. Die Kontaktdaten, auf denen die Simulation basiert, geben eine detaillierte Darstellung der sozialen Interaktion. Das Modell enthält keine Angaben darüber, wie sich diese sozialen Kontakte unter externen Schocks verändern können. Die Ankunft einer bedrohlichen Epidemie ist wohl ein solcher Schock. Sie könnte einen wichtigen Einfluss darauf haben, wie oft Menschen in der Öffentlichkeit auftreten, zur Arbeit oder ins Krankenhaus gehen. Die Autoren beschäftigen sich mit dieser Unsicherheit wie folgt:

> *One of the most important assumptions in any smallpox model is whether infectious people are mixing normally in the population. [...] We undertook to model two (probably unrealistic) extreme cases: one in which no one who is infectious is mixing with the general population and another in which no one's behavior is affected at all by the disease. In addition, we modeled one more realistic case between these two extremes.* ([8] Supplement:11)

Die Modellergebnisse hängen stark von diesen unterschiedlichen Annahmen ab. Insbesondere wenn Menschen sich zu Hause zurückziehen, führt jede Impfpolitik zu ähnlichen Ergebnissen, insbesondere wenn sich das Impfverfahren verzögert. Wenn Menschen sich jedoch nicht zurückziehen, ist LV wesentlich weniger effektiv als entweder MV oder TV ([8]:182, Abb. 4).

Beachten Sie, dass das MSM hier nur eine qualitative Unterscheidung erlaubt: Abhängig davon, ob der Entzug „früh", „spät" oder „nie" erfolgt, führt die Simulation zu einer anderen kumulativen Anzahl von Todesfällen. Eine solche Analyse ist in ähnlicher Weise mit ASMs möglich. Die MSM-Autoren bewerten die in diesen qualitativen Ergebnissen enthaltenen Unsicherheiten nicht. Obwohl mir dies in diesem Fall das richtige Verfahren zu sein scheint – da nicht genügend Evidenz vorliegt, um eine quantifizierte Bewertung der Verhaltensänderungen unter Schocks zu liefern – stellt sich die Frage, warum man dann die zusätzlichen Anstrengungen und Kosten eines MSM auf sich nimmt, wenn ähnliche Ergebnisse mit einem ASM erreicht werden könnten.

Was MSM oft erreichen wollen, ist eine Gesamtquantifizierung der damit verbundenen Unsicherheit. Obwohl Eubanks et al. dies nicht anstreben (richtigerweise, wie ich glaube), hätten sie versuchen können, eine Wahrscheinlichkeitsverteilung über die verschiedenen Verhaltensmechanismen zu spezifizieren und dann das Modellergebnis als erwartete kumulative Todesfälle darzustellen. Solche *one-size-fits-all* Ansätze in MSMs wurden zu Recht kritisiert, weil sie *falsche Präzision* liefern:

> *if uncertainty is represented and reported in terms of precise probabilities, while the scientist conducting the analysis believes that uncertainty is actually 'deeper' than this — e. g. believes that available information only warrants assigning wide interval probabilities or considering an outcome to be plausible – then the uncertainty report will fail to meet the faithfulness requirement; it will have false precision. ([25]:4)*

Mein Argument hier ist, dass bei den meisten Anwendungen von MSMs für Entscheidungszwecke nicht quantifizierbare Unsicherheiten auftreten. Diese sollten nicht mit falscher Präzision überdeckt werden, wie im obigen Zitat beschrieben. Alternativ werden MSMs verwendet, um verschiedene qualitative Ergebnisse zu liefern, wie am Eubanks et al. Beispiel zu sehen – dies hätte aber auch von einem ASM geliefert werden können. Verteidiger von MSMs könnten hier antworten, dass solche qualitativen Ergebnisse von MSMs genauer sind als die Vergleichsergebnisse von ASMs. Meine früheren Ausführungen in den Abschnitten 3.2–3.4 stellen jedoch die Frage, ob dies notwendigerweise der Fall ist. Folglich sind die Strategien zur Unsicherheitsquantifizierung, die von MSMs unterstützt werden, nicht notwendigerweise besser als die Strategien von ASMs [26].

4 Schlussfolgerungen

In diesem Aufsatz argumentiere ich, dass MEMs oft für Entscheidungszwecke ausreichen. Sie isolieren einen zuverlässigen Mechanismus, mit dem der Entscheidungsträger das fragliche System systematisch beeinflussen und diese Interventionen von Beobachtungen des aktuellen Zustands abhängig machen kann. MEMs müssen nur dann ersetzt werden, wenn sie nicht ausreichend robust sind. Solche Robustheitsuntersuchungen erfordern jedoch nur die Verwendung von ASMs, nicht von MSMs. MSMs sind daher für politische Zwecke *nicht notwendig*.

MSMs, obwohl nicht notwendig, mögen für Entscheidungsträger dennoch als sehr bequem erscheinen. Gegen diesen Eindruck argumentierte ich, dass MSMs selten eine Qualität aufweisen, die der Entscheidung tatsächlich dienlich wäre. Insbesondere argumentierte ich, dass MSMs bei der Bestimmung der Genauigkeit des Modells schwerwiegendere Probleme haben können als ASMs. Dass MSMs im Umgang mit unvermeidlicher Unsicherheit größere Probleme haben können als ASMs; und schließlich, dass MSMs größere Probleme mit Fehlinterpretationen haben können.

Dies schließt natürlich nicht aus, dass einige MSMs gute Begründungen für Entscheidungen liefern (und sogar bessere Begründungen als einige ASMs). Mein Resultat, dass MSMs weder notwendig für rationale Entscheidungen sind, noch häufig Bedingungen erfüllen, die sie überhaupt zu guten Entscheidungshilfen qualifizieren, sollte Entscheidern Bedenken geben, MSMs allgemein ASMs als Entscheidungshilfe vorzuziehen.

Literatur

[1]   Bicknell WJ. The case for voluntary smallpox vaccination. In: The New England journal of medicine. 2002;346(17):1323–1325.
[2]   Hine D. The 2009 Influenza Pandemic: An independent review of the UK response to the 2009 influenza pandemic. 2010 (Available at https://www.gov.uk/government/uploads/system/uploads/attachment_data/file/61252/the2009influenzapandemic-review.pdf [2.5.2016]).
[3]   Vynnycky E, White R. An introduction to infectious disease modelling. Oxford University Press, 2010.
[4]   Kaplan EH, Craft DL, Wein LM. Emergency response to a smallpox attack: The case for mass vaccination. In: Proceedings of the National Academy of Sciences. 2002;99(16):10935–10940.
[5]   Kermack WO, McKendrick AG. A Contribution to the Mathematical Theory of Epidemics. In: Proceedings of the Royal Society. 1927;115(772):700–721.
[6]   Halloran ME, Longini IM, Nizam A, Yang Y. Containing bioterrorist smallpox. In: Science. 2002;298(5597):1428–1432.
[7]   Burke DS, Epstein JM, Cummings DA, et al. Individual-Based Computational Modeling Of Smallpox Epidemic Control Strategies. In: Academic Emergency Medicine. 2006;13(11):1142–1149.
[8]   Eubank S, Guclu H, Kumar VSA, et al. Modelling Disease Outbreaks In Realistic Urban Social Networks. In: Nature. 2004;429:180–184 (see supplement at http://www.nature.com/nature/journal/v429/n6988/extref/nature02541-s1.htm [2.10.2017]).

[9]   Farmer JD, Foley D. The economy needs agent-based modelling. In: Nature. 2009;460(7256):685–686.

[10] Dawid H, Fagolio G. Editorial. In: Journal of Economic Behaviour & Organization. 2008;67:351–354.

[11] Kaplan EH. Preventing second-generation infections in a smallpox bioterror attack. In: Epidemiology. 2004;15(3):264–270.

[12] Cartwright N. Nature's Capacities and their Measurement. Oxford University Press, 1994.

[13] Mäki U. On the method of isolation in economics. In: Idealization IV: Intelligibility in science, ed. by Dilworth C. Amsterdam: Rodopi, 1992. 319–354.

[14] Kaplan EH, Craft DL, Wein LM. Analyzing bioterror response logistics: the case of smallpox. In: Mathematical Biosciences. 2003;185(1):33–72.

[15] Cartwright N. The vanity of rigour in economics: Theoretical models and Galilean experiments. In Hunting causes and using them: Approaches in philosophy and economics, ed. by Cartwright N. Cambridge University Press, 2007. 217–261.

[16] Grüne-Yanoff T. Isolation is Not Characteristic of Models. In: International Studies in the Philosophy of Science. 2011;25(2):1–19.

[17] Kuorikoski J, Lehtinen A, Marchionni C. Economic modelling as robustness analysis. In: The British Journal for the Philosophy of Science. 2010;61(3):541–567.

[18] Kaplan EH, Wein LM. Smallpox bioterror response. In: Science. 2003;300(5625):1503 .

[19] Halloran ME, Longini IM. Response. In: Ibidem. 1503–1504.

[20] Epstein, JM. Agent-based computational models and generative social science. In: Complexit. 1999;4(5):41–57.

[21] Myung IJ. The importance of complexity in model selection. In: Journal of Mathematical Psychology. 2000;44(1):190–204.

[22] Zucchini W. An introduction to model selection. In: Ibidem. 4–61.

[23] Gigerenzer G, Brighton H. Homo heuristicus: Why biased minds make better inferences. In: Topics in Cognitive Science. 2009;1(1):107–143.

[24] Lenhard J, Winsberg E. Holism, entrenchment, and the future of climate model pluralism. In: Studies in History and Philosophy of Science Part B: Studies in History and Philosophy of Modern Physics. 2010;41(3):253–262.

[25] Parker WS, Risbey JS. False Precision, Surprise and Improved Uncertainty Assessment. In: Philosophical Transactions of the Royal Society A: Mathematical, Physical and Engineering Sciences. 2015;373(2055):20140453.

[26] Grüne-Yanoff T. Choosing the Right Model For Policy Decision-Making: The Case of Smallpox Epidemiology. In: Synthese. 2018: 1–22 (https://doi.org/10.1007/s11229-018-1827-3).

Michael Brzoska

Modellierung zwischen „overfitting" und „underfitting"

Kommentar zum Beitrag „Modell-Auswahl für Politik- und Verwaltungsentscheidungen am Beispiel der Pocken-Epidemiologie" von Till Grüne-Yanoff

Mit dem Beitrag von Herrn Grüne-Yanoff schließt sich in mancher Hinsicht der Bogen, der mit dem einführenden Vortrag von Herrn Gigerenzer und dem nachfolgenden Kommentar von Herrn Knauff aufgespannt wurde. Der Beitrag illustriert, mit detailliert ausgeführten Überlegungen an einem konkreten Beispiel aus dem Feld der Modellierung, zentrale Aspekte der von Herrn Gigerenzer in seinem Eingangsvortrag in allgemeiner Weise hervorgehobenen Probleme von Entscheidungen unter Unsicherheit. Herr Grüne-Yanoff argumentiert überzeugend, dass auch in der Modellierung Einfachheit Komplexität überlegen sein kann und in dem von ihm vorgeführten Beispiel verschiedener Ausbreitungsrechnungen für Pockeninfektion auch ist. Mehr Information, mehr Komplexität, mehr Rechenoperationen, mehr Zeit, so schlussfolgert Herr Grüne-Yanoff überzeugend, ist nicht immer besser. Im Gegenteil, weniger Aufwand führt zu besseren Ergebnissen, wenn die Fehlinformationen, die in den, den Modellen zugrunde liegenden, Daten und angenommenen Kausalmechanismen enthalten sind, durch übertrieben detaillierte Modellierung die Fehleranfälligkeit von Voraussagen erhöhen. Zudem kann komplexe Modellierung es erschweren, die inneren Zusammenhänge eines Modells nachzuvollziehen. Dies ist, so argumentiert Herr Grüne-Yanoff, insbesondere für den Bereich der Politikberatung problematisch, da die Bedeutung von einzelnen potenziellen Maßnahmen zur Beeinflussung von Prozessen schwerer, oder möglicherweise gar nicht mehr, nachvollziehbar ist. Herr Grüne-Yanoff führt eine Reihe von Argumenten aus Statistik und Erkenntnistheorie zur Begründung seiner Schlussfolgerungen auf, die ich nicht im Einzelnen wiederholen und kommentieren möchte.

Auf einen Aspekt des Beitrags von Herrn Grüne-Yanoff möchte ich allerdings genauer eingehen, da er mir als zentral für die Verallgemeinerung der Schlussfolgerungen von Herrn Grüne-Yanoff über die von ihm beschriebenen Modelle hinaus erscheint Er betont zu Recht die allgemeinere Problematik der „Überanpassung" (*Overfitting*) von Modellen. Die komplexere Modellierung des Verhaltens der tatsächlichen und potenziellen Träger des Erregers („Agenten") führt zu mehr Daten, von denen aber keineswegs gesichert ist, dass sie die dem Geschehen zugrunde liegenden Prozesse in angemessener Weise abbilden als eine einfachere Modellierung. Möglicherweise verschleiert die genauere und detaillierte Erfassung von Daten und

https://doi.org/10.1515/9783110600261-016

Mechanismen sogar Zusammenhänge, während ein weniger anspruchsvolles Modell verlässlichere Prognosen liefert.

Der Beitrag illustriert aber nach meiner Ansicht auch die Probleme einer möglicherweise unterkomplexen Modellierung, auf die Herr Grüne-Yanoff nur am Rande eingeht. Dies entspricht zwar der Grundlinie seines Beitrages, mit dem er vorrangig vor dem – naheliegenden – Gedanken warnen will, dass komplexere Modelle prinzipiell einfacheren vorzuziehen seien. Dies widerlegt er sowohl allgemein auch für das von ihm diskutierte Beispiel von Ausbreitungsmodellen für Pocken überzeugend.

Allerdings ist auch zu fragen, wann ein Modell zu einfach gestrickt ist. Das würde sicherlich im Feld der Ausbreitungsrechnungen für ein nicht-dynamisches Modell gelten, das nur mit Strukturvariablen arbeitet. Aber auch bei dem von Herrn Grüne-Yanoff in seinem Beitrag ausführlich behandelten Makro-Modell, in dem die Dynamik innerhalb eines Strukturrahmens von Variablen lediglich durch eine für alle Personen gleiche Infektionsrate erzeugt wird, bestehen, wie auch Herr Grüne-Yanoff diskutiert, Zweifel an dessen Angemessenheit und damit auch der Verlässlichkeit der darauf beruhenden Empfehlungen für die beste Art der vorbeugenden Impfung, etwa gemessen an der Zahl der zu erwartenden Todesfälle. In der Diskussion des Beitrages während des Symposiums wurde insbesondere hinterfragt, ob ein Modell, in dem die Übertragung von Erregern von Mensch zu Mensch nur durch eine für alle geltende Infektionsrate erfolgt, nicht von vornherein Massenimpfungen gegenüber einer lokalisierten Impfung bevorzugen muss. Herr Grüne-Yanoff berichtet in seinem Beitrag von einer Debatte zwischen verschiedenen Modellierern, in dem diese zeigen, dass dies nicht für alle strukturellen und Ausgangsbedingungen der Fall ist. Damit bleibt aber die Gefahr, dass bei einem tatsächlichen Ausbruch, bei dem diese Bedingungen möglicherweise nicht bekannt sind, das einfache Modell nicht die bestmögliche Erklärung liefert. Das bedeutet zwar nicht, dass im Umkehrschluss das komplexere Modell bessere Voraussagen und Modelle liefert. Da das aber so sein kann, muss auch die „Gegenseite" des *overfitting* betrachtet werden.

Grundsätzlicher wird damit der Blick auf die Problematik der „Unteranpassung" (*underfitting*) in Modellen gelenkt. Modelle, die zu einfach sind, können genauso wie zu komplexe Modelle, zu suboptimalen Projektionen und Handlungsempfehlungen führen. Generell ist bei problematischen Daten und Annahmen über Mechanismen zu erwarten, dass Modelle mit einem mittleren Grad an Komplexität die besten Prognosen liefern, wobei dieser im konkreten Fall aufgrund der zugrunde liegenden Beziehungen unterschiedlich ausfallen wird. Wo dies möglich ist, sind empirische Überprüfungen von Prognosen unterschiedlich komplexer Modelle an Hand von Daten, die nicht in deren Formulierung und Kalibrierung eingegangen sind (*out of sample*), das allgemein empfohlene geeignete Mittel, den optimalen Mittelweg zu finden. Im Fall der Ausbreitungsmodelle, die Herr Grüne-Yanoff diskutiert, ist dies – zum Glück – für den Pockenfall nicht möglich. Umso wichtiger erscheint es mir daher in solchen Fällen, möglichst relevante Analogien zu finden und für diese den bestmöglichen Grad an Komplexität zu ermitteln. Die Übertragung der Ergebnisse auf den Pockenfall ist zwar keine Garantie für die beste Wahl der Komplexität, liegt aber aus Plausibilitätsgründen nahe. In gewissem Sinne wird Unsicherheit über die Verbreitung von Pockenviren in das Risiko überführt, das bei bekannten Infektionen besteht. In der Diskussion des Beitrages wurden von den anwesenden Experten für Epidemien Vorschläge gemacht, welche anderen Infektionen sich möglicherweise für die empirische Überprüfung von Modellen, die für Pockeninfektionen erstellt werden, anböten.

Der Beitrag von Herr Grüne-Yanoff ist auch aus einem weiteren Grund stimulierend. In ihm werden Agentenbasierte Modelle (ABM) unterschiedlicher Komplexität behandelt. ABMs sind der Versuch das Verhalten von Typen von Akteuren („Agenten") in Abhängigkeit von Umweltfaktoren und/oder Heuristiken, mit denen diese unter verschiedenen möglichen Optionen wählen, dynamisch *bottom up* zu erfassen. Das Verhalten der einzelnen Agenten entscheidet über die Entwicklung eines Systems zumindest mit. Vorteile von ABM sind die Möglichkeit verschiedenen Agenten unterschiedliches Verhalten zuzuschreiben, Abhängigkeiten im Verhalten von Agenten untereinander abzubilden, Entscheidungsheuristiken in Modelle einzubauen und damit spieltheoretische Elemente aufzunehmen. ABM eignen sich besonders gut für die Modellierung von ergebnisoffenen Prozessen. ABM sind daher immer wieder als besonders vielversprechend angesehen worden, etwa in den Wirtschaftswissenschaften und der Konfliktforschung. Trotzdem haben sie sich nicht in breiter Front durchgesetzt.

Der Beitrag von Herrn Grüne-Yanoff legt einige Gründe dafür nahe. ABM unterliegen, das zeigt Herr Grüne-Yanoff, in dem er einfache und komplexe ABM gegenüberstellt, einer Reihe von Restriktionen, sowohl was die Datenerfassung wie die Komplexität der Beziehungen der Agenten untereinander betrifft. Mehr Detail bedeutet nicht immer größere Vorhersagefähigkeit. Auch für ABM gilt, dass die Modellierung von Zufälligkeiten oder gar Fehlern in Daten und Beziehungen der Agenten untereinander zu einer scheinbaren, aber tatsächlich irreführenden, Genauigkeit des Modells und damit der Vorhersage von Prozessen oder Ereignissen führt. Das gilt insbesondere unter Unsicherheit, wenn Informationen oder Theorien über das Verhalten von Akteuren (Agenten) nicht als gesichert gelten können. In dem von Herrn Grüne-Yanoff vorgestellten komplexen ABM, das auf Portland/Oregon, zugeschnitten ist, wird dies deutlich. Es ist zum einen nicht sicher, ob die komplexen Annahmen über das Agentenverhalten und damit die Übertragungswege der Infektion zu besseren Prognosen führen als die von einfacheren ABM. Selbst wenn dies für Portland der Fall sein sollte, dürfte dies bei der Anwendung auf andere Städte und Regionen eher nicht zutreffen. Wie Herr Grüne-Yanoff argumentiert, sind hier generische Infektionsmodelle vorzuziehen.

Etwas anders dürfte die Empfehlung aussehen, wenn die Entscheidung über die Art der Impfung nicht vor dem Ausbruch einer Epidemie erfolgt, sondern erst in deren Verlauf erfolgen soll. Mit zunehmendem Vorliegen empirischer Daten über die Ausbreitungswege eines Erregers wachsen die Möglichkeiten, Modelle auf ihre Vorhersagekraft hin zu untersuchen und den bestmöglichen Mittelweg zwischen Overfitting und Underfitting zu finden. Die Optimierung von ABM in einer solchen Situation bleibt zwar weiter von den Fehlern in den zugrunde liegenden Daten und modellierten Interaktionen zwischen Agenten dominiert, aber die Möglichkeiten der Validierung, welcher Grad an Komplexität die besten Vorhersagen liefert, wachsen. „Big Data", das Vorliegen großer Mengen an Informationen über das Verhalten von Personen, kann dabei hilfreich sein, Fehler zu minimieren. Da das grundlegende Problem von Overfitting bleibt, kann das Ziel dabei nicht die maximale Erhöhung der Komplexität des Modells sein, sondern nur die bestmögliche empirische Fundierung des dominanten Verhaltens der Agenten. Ohne eine auf guten Daten beruhende empirische Überprüfung der Vorhersagekraft unterschiedlich komplexer Modell bleibt die Bestimmung optimaler Komplexität unbestimmt – ein weiterer Grund, warum „Big Data" auch bei ABM zunehmend beachtet wird. Ein Beispiel, in dem diese Art der Kalibrierung von ABM mit Hilfe von „Big Data" versucht wird, ist die quantitative Forschung zu Eskalationsprozessen von Unzufriedenheit über Protest bis hin zu politisch motivierter Gewalt, sowohl für spezielle Fälle als auch fallübergreifend [1]. Im akademischen Feld, aber auch bei politischen Institutionen von Geheimdiensten bis hin zu den Vereinten Nationen, werden aktuelle ABM für die Vorhersage von Konfliktdynamiken entwickelt, die mit „Big Data" gefüttert werden. Theoretische Grundlage sind dabei häufig Theorien über die Dynamik politischen Streits (*politics of contention*). Das Ziel ist die Identifizierung von politischen Maßnahmen, um die Eskalation zu politischer Gewalt zu vermeiden. Nicht immer sind diese Bemühungen auf das Motiv der Verhinderung von Gewalt beschränkt, sondern es geht den Initiatoren vor allem um die Stabilisierung politischer Verhältnisses. Wie auch in anderen politischen Kontexten kann „Big Data" als Datenbasis für ABM sowohl politische Veränderungen befördern als auch behindern. Was die Modelle selbst angeht, sind sie durchaus erfolgreich für die Vorhersage der Dynamik spezifischer Konflikte, nicht jedoch für politische Gewalt allgemein.

Ein letzter Aspekt des Betrages von Herrn Grüne-Yanoff, den ich kommentieren möchte, betrifft die Bereitschaft von Entscheidungsträgern, Modelle als Grundlage für ihr Handeln zu akzeptieren. Nach seiner Erfahrung ziehen Entscheidungsträger komplexe Modelle vor, da diese scheinbar der Realität näherkämen, allerdings dabei die von ihm herausgearbeiteten Probleme solcher Modelle ignorieren. Ich habe eher die Erfahrung gemacht, dass Entscheidungsträger sich gegenüber Modellen, die sie nicht nachvollziehen können, unterschiedlich verhalten. So werden im Allgemeinen Klimamodelle als Grundlage für politisches Handeln akzeptiert (zumindest in Westeuropa, offensichtlich nicht durch die gegenwärtige US-amerikanische Führung), weil sie als naturwissenschaftlich angesehen werden, nicht hingegen sehr häufig Modelle, mit denen Gesellschaften und deren Verhalten nachvollzogen werden soll (wobei dies für ökonomische Modelle vor der Finanzkrise 2008 teilweise anders war). Mir scheint, dass Entscheidungsträger dort besonders skeptisch gegen Modelle sind, wo menschliches Handeln als erratisch und schwer vorhersagbar eingestuft wird. Hier verlassen sich Entscheidungsträger lieber auf ihr eigenes Urteil, gerne nach der Diskussion mit anderen Entscheidungsträgern unter Einbeziehung qualitativen Expertenwissens.

Wie Untersuchungen politischer Entscheidungssituationen gezeigt haben, ist das in vielen, aber nicht allen, Fällen auch weiterhin das beste Verfahren [2].

Das Problem ist zu entscheiden, wann sich Entscheidungsträger besser auf Modelle stützen sollten und wann lieber nicht. Was wiederum auf die anfängliche Diskussion im und nach dem Beitrag von Herrn Gigerenzer zurückverweist. Für den vorliegenden Fall einer Pockenepidemie scheint mir offen, welche Bedeutung im Ernstfall Modelle, egal wie komplex, für Entscheidungen über die richtige Art der Impfung haben würden. Viel dürfte davon abhängen, wer auf der Grundlage welcher früheren Erfahrungen mit ähnlichen Krisensituationen die Entscheidungen treffen würde. Das ändert nichts am Wert der Warnungen von Herrn-Grüne Yanoff vor dem Glauben an die Überlegenheit komplexer Modelle von Epidemien, der aber möglicherweise weniger weit verbreitet ist, als Herr Grüne-Yanoff befürchtet.

Literatur

[1]   Cederman LE, Weidmann N. Predicting armed conflict: Time to adjust our expectations? In: Science. 2017;355(6324):474–476.
[2]   Tetlock PE, Mellers BA, Scoblic JP. Bringing probability judgments into policy debates via forecasting tournaments. In: Ibidem. 481–483.

Stichwortverzeichnis